EDITORA ELEFANTE

CONSELHO EDITORIAL
Bianca Oliveira
João Peres
Leonardo Garzaro
Tadeu Breda

PREPARAÇÃO & REVISÃO
Tadeu Breda

PROJETO GRÁFICO & DIAGRAMAÇÃO
Bianca Oliveira

CAPA
Ana Carolina Soman

ILUSTRAÇÃO DA CAPA
Shutterstock.com

João Peres
Moriti Neto

ROUCOS E SUFOCADOS

—

A INDÚSTRIA DO CIGARRO
ESTÁ VIVA, E MATANDO

CONTEÚDO

6   PREFÁCIO
As muitas estratégias da indústria
Silvana Rubano Turci

10   APRESENTAÇÃO
Sempre há mais por trás da cortina de fumaça
Anna Monteiro

14   INTRODUÇÃO COM *SPOILER*
João Peres & Moriti Neto

33   CAPÍTULOS

1. Tragédia em disfarce, 33
2. O real absurdo, 47
3. Respirando pela fresta, 61
4. Quem liga para Eva na corda?, 81
5. As vozes nos chamam de volta, 99
6. Nem só de *trolls* vive o Vale, 107
7. Eles levam a sério, 129
8. Toda contradição faz sentido, 135
9. A indústria fala, 149
10. Gato ou rato?, 163
11. Morde e assopra, 173
12. Em busca de novas terras, 181
13. Quem ganha?, 189
14. Não somos ignorantes, 205
15. Os reis da confusão, 219
16. Esse jogo não é um a um, 233
17. Porta giratória, 255
18. O futuro já começou, 263

278   REFERÊNCIAS

298   SOBRE OS AUTORES

300   CETAB

302   ACT PROMOÇÃO DA SAÚDE

PREFÁCIO

AS MUITAS ESTRATÉGIAS DA INDÚSTRIA

A saúde pública brasileira tem enfrentado desafios no combate a epidemias e no controle de vetores. Vamos tomar como exemplo o mosquito *Aedes aegypti*, que vem causando enfermidades como dengue, zika, febre amarela e chikungunya. Para eliminá-lo, as autoridades sanitárias devem estar alertas e adotar estratégias eficientes. Assim também é com a indústria do tabaco. Funciona como um vetor. Causa graves enfermidades, como doenças respiratórias, cardiovasculares e câncer, matando anualmente mais de sete milhões de pessoas em todo o mundo. Para conter essa epidemia, em 2003, a Organização Mundial da Saúde (OMS) propôs aos países-membro da ONU que adotassem a Convenção-Quadro para o Controle do Tabaco (CQCT).

Em seus 38 artigos, este tratado demonstra que, para reduzir os danos causados pelo tabagismo, os países devem desenvolver políticas públicas que reduzam a demanda e o consumo de produtos derivados do tabaco. Especificamente, o artigo 5, subitem 5.3, estabelece que "as Partes deverão agir para proteger essas políticas dos interesses comerciais ou outros interesses da indústria do tabaco", considerando que as empresas adotam diferentes estratégias para comprometer ações que resultem no efetivo controle do tabaco. Portanto, é necessário e urgente que os Estados se posicionem e monitorem as atividades de uma indústria que tudo faz para impedir a implementação dessas políticas.

O Brasil, ao ratificar o tratado, em 2005, tornou-se legalmente vinculado aos seus dispositivos e passou a adotar uma série de importantes medidas, que resultaram no acentuado declínio na prevalência de fumantes. Em 1989, o índice de tabagismo em adultos no país era de 34,8% e, em 2013, chegou a 14,7%, segundo a Pesquisa Nacional de Saúde (PNS). Todo este esforço será comprometido se a indústria, através de seus lobistas, conseguir afetar os avanços capazes de reduzir ainda mais essa prevalência.

Nesse sentido, o Centro de Estudos sobre Tabaco e Saúde da Escola Nacional de Saúde Pública Sergio Arouca da Fundação Oswaldo Cruz (CETAB/ENSP/Fiocruz) destaca o brilhante trabalho investigativo apresentado neste livro. A narrativa nos remete a histórias sobre como a região que planta tabaco no Sul do Brasil se tornou refém da indústria, e sobre quanto essa indústria colabora com a perpetuação do ciclo de pobreza e adoecimento das pessoas, além de causar prejuízos ao meio ambiente, na contramão dos objetivos do desenvolvimento sustentável propostos pela ONU. *Roucos e sufocados* nos mostra estratégias usadas na tentativa de controlar a mídia, o poder político e o Judiciário tanto nessas regiões como em outras partes do país.

Silvana Rubano Turci[1]
Outono de 2018

---

[1] Integra o Centro de Estudos sobre Tabaco e Saúde (Cetab) da Escola Nacional de Saúde Pública da Fundação Oswaldo Cruz (Fiocruz).

APRESENTAÇÃO

SEMPRE HÁ MAIS POR TRÁS DA CORTINA DE FUMAÇA

A implementação das medidas da Convenção-Quadro para o Controle do Tabaco trouxe uma mudança de paradigma ao Brasil, como a redução da aceitação social do tabagismo e a desnormalização do uso do cigarro. O principal resultado foi a queda drástica no número de fumantes.

A ideia de promover a investigação jornalística que resultou em *Roucos e sufocados* surgiu para expor as vozes discordantes do controle do tabagismo e fortalecer a desnormalização da indústria do tabaco, que, afinal, fabrica um produto que mata metade de seus usuários. Basta publicar qualquer notícia sobre os males do tabagismo que as vozes dissonantes surgem, mais para dispersar a atenção sobre os fatos apresentados do que para oferecer contrainformação, uma vez que jamais trazem dados concretos, baseados em evidências e que possam ser levados a sério. Tais vozes trazem a discordância simplesmente pelo prazer de discordar e tumultuar o debate. Ao fazê-lo, acabam por atacar as instituições que trabalham e pesquisam sobre o controle do tabagismo. Demos o nome de *troll* a essas vozes — *troll*, termo surgido do verbo *trollar*, da novilíngua da internet, com o sentido de zombar, caçoar. São *haters*, fenômeno da contemporaneidade, que usam a rede para disseminar ódio a alguma pessoa, causa ou instituição. Melhor não respondê-los, achamos.

Queríamos saber o motivo de esses *trolls* terem o trabalho de seguir nossas publicações e parceiros, deixar comentários hostis e agressivos, mandar cartas para jornalistas que fazem reportagens sobre o assunto ou nos citar em notícias e artigos. Depois de uma apuração minuciosa, chegamos à conclusão de que há muito mais que *trolls* ou *haters* nesta causa. Descobrimos que as vozes da indústria do tabaco são mais diversas, amplas e perigosas do que imaginávamos. Elas se espalham pelos poderes Legislativo, Executivo e Judiciário e, muitas vezes, formam organizações que atuam de forma sub-reptícia, com tentáculos, forjam números e estatísticas, ameaçam produtores de tabaco e aqueles que são menos poderosos.

Assim, este livro conta uma série de histórias a partir das variadas vozes que foram descobertas, e tenta mostrar o controle do tabagismo por ângulos diversos. Mas sem se esgotar aqui. Afinal, quando se fala da indústria do tabaco, sempre há algo mais por trás da cortina de fumaça.

Anna Monteiro[2]
Outono de 2018

---

2 Diretora de Comunicação da ACT Promoção da Saúde.

INTRODUÇÃO COM *SPOILER*

"Esse tal de fumo foi um atraso de vida que, meu Deus: o que nós sofremos...", contou Augustinho Paizani, um senhor bonachão, com nariz largo, sorriso constante, o chapéu pregado na cabeça e uma cesta de espigas de milho nas mãos. Fazia um frio de doer os ossos no inverno paranaense de 2011. Mas ele não parava de gargalhar. "Agora ele não esquenta mais a cabeça, porque perdeu todo o cabelo", tira sarro do filho, Hamilton, calvo depois de anos de preocupação.

Augustinho ri para compensar o que ficou guardado durante cinco anos, enquanto a família cultivou tabaco. As dívidas acumuladas chegaram a R$ 27 mil, e a saúde foi embora devido ao desgaste psicológico e físico de uma cultura agrícola que é dura na queda e no trato. "Ninguém planta fumo por esporte", dizem os mais altos defensores desse segmento. Então, por que planta? Dinheiro, respondem eles, e nós fomos checar se isso era verdade.

A história começa com a leitura de uma denúncia apresentada em 2007 pelo Ministério Público do Trabalho no Paraná contra as grandes compradoras de folha de tabaco. A procuradoria calculava haver oitenta mil crianças nas lavouras, e cobrava a responsabilização das empresas, que, devido às duras condições financeiras impostas aos produtores, acabavam forçando as famílias a lançar mão de trabalho infantil. A investigação conduzida ao longo de anos encontrou breve — e negativo — desfecho quando fez um pouso forçado em Brasília, como veremos.

Em 2011, fomos ao Paraná. Ficamos surpresos com a informação de que o Brasil é, desde 1993, o líder mundial em exportação de tabaco, tendo ultrapassado as oitocentas mil toneladas ao ano em duas oportunidades. Rio Grande do Sul, Santa Catarina e Paraná, nessa ordem de grandeza, concentram quase toda a produção. O gaúcho Vale do Rio Pardo é o centro administrativo e, como também se verá, o propagador das ideias em defesa do cigarro.

O que nos chamou atenção desde o início da apuração foi o discurso dos produtores, que via de regra são agricultores familiares. A grande maioria admite que a situação é ruim, que adoraria sair dessa, mas defende o setor. Ou, olhando pelo outro lado, defende o setor, mas admite que a situação é ruim, que adoraria sair dessa. Passado algum tempo, já não foi surpresa ver que alguns que à época se queixavam das empresas hoje têm relações próximas ou trabalham diretamente para elas. É uma contradição que faz todo o sentido quando se conhece essa realidade.

Quatro anos depois das primeiras reportagens, publicadas pelo site *Rede Brasil Atual*, decidimos retomar o caso com uma investigação que recebeu menção honrosa no Prêmio da Associação Nacional dos Magistrados do Trabalho (Anamatra) em 2016, após ser publicada pela *Agência Pública*.[3] Desde então, praticamente não largamos do cigarro — ou melhor, da observação das vozes que defendem a indústria do cigarro.

Decidimos abordar de maneira sistematizada a formação da rede estratégica da indústria do tabaco no Brasil — e também a formação discursiva que coloca na arena do debate público os diversos atores sociais que indiretamente fazem a defesa das empresas para que as próprias não precisem gastar a voz. O grande número de famílias produtoras de folha de tabaco garante às corporações fumageiras uma forte mobilização contra a agenda regulatória e em benefício da eleição de parlamentares

---

[3] "Sob a fumaça, a dependência", em *Agência Pública*, 26 out. 2015. Disponível em <https://apublica.org/2015/10/sob-a-fumaca-a-dependencia>.

ligados diretamente ao cigarro. Uma situação *sui generis*, porém muito típica.

Nosso cotidiano foi tomado por extensa pesquisa, incluindo a leitura de livros e de muitos trabalhos publicados na internet, desde reportagens, passando por pesquisas acadêmicas de diversos níveis, até documentos legislativos e decisões judiciais. E, claro, pé na lama. Por três vezes fomos ao interior do Rio Grande do Sul conversar com produtores, políticos, comerciantes, funcionários das grandes empresas, sindicalistas, técnicos do setor de saúde, membros da academia, líderes de organizações da sociedade civil, empresários, advogados e juízes, entre outros.

Antes de entrarmos nos pormenores da investigação, é necessário conceituar o que resolvemos chamar de "rede do *lobby* da indústria do cigarro". Durante a apuração, se mostrou óbvio que as empresas de tabaco se adaptaram muito rapidamente às novas dinâmicas impostas pela proibição da publicidade do cigarro e por outras restrições que limitaram a presença pública do setor, em especial a partir da década de 1990. Para tanto, a indústria se adiantou em questões de comunicação e tecnologia que, hoje, principalmente após o advento e a massificação da internet, são muito visíveis na sociedade.

Uma reportagem publicada no começo de 2017 pelo jornal inglês *Financial Times* relata que o êxito da indústria do tabaco em causar confusão sobre fatos irrefutáveis foi um ensinamento para as corporações como um todo e para o mundo político-partidário — aquilo que se tornou mais ou menos conhecido como "pós-verdade".[4] Desde muito cedo essas empresas aprenderam que, na dúvida, as pessoas se apegam àquilo que lhes parece mais fácil ou que guarde maior sintonia com suas ideias. "A grande indústria

---

4 "The problem with facts", em *Financial Times*, 9 mar. 2017. Disponível em <https://www.ft.com/content/eef2e2f8-0383-11e7-ace0-1ce02efodef9>. Para uma versão traduzida, ver "Na era da pós-verdade, os fatos precisam de defensores", em *Folha de S. Paulo*, 10 mar. 2017. Disponível em <http://www1.folha.uol.com.br/mundo/2017/03/1865256-na-era-da-pos-verdade-os-fatos-precisam-de-defensores.shtml>.

do tabaco foi tão hábil em adiar o dia da prestação de contas que a tática que ela adotou vem sendo imitada desde então. Além disso, inspirou um setor crescente do mundo acadêmico que estuda como esse truque foi realizado", diz o texto.

Olhando para trás, somos tentados a imaginar que os danos provocados pelo cigarro sempre foram conhecidos por todos. E certamente é esta a versão que a indústria gosta de ouvir, já que faz dos consumidores os principais responsáveis pelos problemas decorrentes da dependência. Mas não é bem assim. Uma ampla pesquisa divulgada no começo de 2017 pelo Instituto Nacional do Câncer dos Estados Unidos e pela Organização Mundial da Saúde mostra que boa parte da população até sabe que fumar faz mal, mas não tem mais que uma noção genérica a respeito.[5] E isso depois de várias campanhas sobre tabagismo.

Foi só na década de 1960 que começaram a surgir os primeiros estudos globais associando tabaco e câncer. Até então, a imagem do cigarro era aquela transmitida pelas corporações: juventude, rebeldia, vigor sexual, intelectualidade aflorada. E assim seguiu durante muito tempo, alimentada por milionárias campanhas publicitárias. Na década de 1990, os governos dos Estados Unidos e de alguns estados norte-americanos moveram ação para que a indústria reparasse os custos provocados pelo fumo ao sistema de saúde. O resultado foi um acordo gigantesco, que, além de estabelecer restrições às atividades das empresas, como a necessidade de liberar documentos, mostrou que o setor privado tinha evidências da relação entre doenças e tabagismo muito antes que qualquer autoridade pública pudesse imaginar — e que, a despeito disso, o marketing continuou direcionado a

---

5 U.S. National Cancer Institute & World Health Organization. "The Economics of Tobacco and Tobacco Control". National Cancer Institute Tobacco Control Monograph 21. NIH Publication nº 16-CA-8029A. Bethesda, MD: U.S. Department of Health and Human Services, National Institutes of Health, National Cancer Institute; and Geneva, CH: World Health Organization; 2016. Disponível em <https://cancercontrol.cancer.gov/brp/tcrb/monographs/21/docs/m21_complete.pdf>.

ocultar a verdade e a atrair mais e mais jovens.[6]

Em sentença histórica proferida em 2006, a juíza Gladys Kessler, da Vara Federal do Distrito de Columbia, em Washington, atestou que a indústria atua em conjunto e coordenadamente para enganar a opinião pública, os governos, a comunidade de saúde e os consumidores.[7] Mas o *Big Tobacco*, como são conhecidas as grandes corporações do setor, não admitia publicamente as consequências do tabagismo para a saúde. Note que nós estamos falando deste século, quando levávamos décadas de estudos sobre os danos do cigarro.

"Graças a suas pesquisas internas e externas, os réus dispunham de informações que os levaram a concluir, bem antes das agências de saúde pública, que a principal razão pela qual as pessoas fumam é para obter nicotina, uma droga viciante", conclui a magistrada. Desde a década de 1970, a indústria sabia que o repúdio provocado pelos efeitos sobre o fumante passivo era uma incômoda arma para o antitabagismo. Por isso, fez todo o esforço possível para negar a existência do problema, criando um instituto de pesquisas específico que gastou US$ 60 milhões em 150 projetos que resultaram em 250 artigos acadêmicos. Quando, em 1999, essa organização foi obrigada a fechar as portas, o *Big Tobacco* garantiu a criação de outras do mesmo tipo.

O Observatório sobre as Estratégias da Indústria do Tabaco, mantido pelo Centro de Estudos sobre Tabaco e Saúde (CETAB) da Fundação Oswaldo Cruz, conta que as táticas de responsabilidade social corporativa foram inclusive reforçadas. "Um exemplo bem cínico de boa cidadania corporativa e da contratação de especialistas independentes foi o financiamento pela Philip Morris de um centro de pesquisas na Duke University, nos Estados Unidos,

---

6 Conhecido como Tobacco Master Settlement Agreement, o acordo foi firmado em 1998 e está disponível em <http://www.publichealthlawcenter.org/sites/default/files/resources/master-settlement-agreement.pdf>.
7 Trechos da sentença traduzidos ao português podem ser lidos em <http://www.actbr.org.br/uploads/conteudo/176_sentencaKesslertraducao.pdf>.

que ajudava as pessoas a pararem de fumar."[8]

Apesar da condenação pela juíza Kessler, demorou mais onze anos para que as corporações esgotassem todos os recursos judiciais. O resultado foi a obrigação de exibir anúncios em emissoras de televisão, páginas de internet, jornais e revistas esclarecendo a população sobre a letalidade do cigarro e sobre as táticas usadas para esconder o problema.[9]

Por aqui, as primeiras medidas mais fortes contra a indústria do cigarro também foram adotadas na década de 1990, e reforçadas ou implementadas no começo do século 21. O surgimento de evidências incontestáveis de que o setor privado havia enganado a sociedade e as autoridades fez com que o tema fosse levado à 52ª Assembleia Mundial da Saúde, em 1999. O Brasil assumiu papel de liderança quando a OMS passou a discutir o primeiro tratado internacional de saúde pública da história.

"Foi uma das funções mais difíceis que tive. O número e a variedade de atores envolvidos eram algo muito complicado", disse o embaixador Celso Amorim, que presidiu o órgão responsável por determinar o acordo global. A Convenção-Quadro para o Controle do Tabaco é um instrumento de atuação conjunta para normatizar questões relativas a propaganda, advertências sanitárias, tabagismo passivo e controle de preços e de impostos. Os países que aplicaram seriamente as medidas sugeridas pelo acordo apresentaram redução na prevalência do tabagismo.

Contudo, o Brasil tardou a ratificar a Convenção-Quadro, que foi acatada em nível global em maio de 2003. A aprovação definitiva pelo Congresso veio apenas em outubro de 2005. O motivo? A mobilização promovida pela indústria sobre os produtores de tabaco do Sul do país, com ajuda de deputados e senadores.

---

8 Um resumo dessas estratégias está disponível em <http://observatoriotabaco.ensp.fiocruz.br/index.php/CSR_Tactics>.
9 "U.S. Racketeering Verdict, Big Tobacco guilty as charged", em Campaign for Tobacco-Free Kids, nov. 2017. Disponível em <https://www.tobaccofreekids.org/what-we-do/industry-watch/doj>.

— A indústria interfere em todos os elementos da Convenção-Quadro. Interfere naquilo que significa dar autonomia aos produtores, que estão em suas mãos. Porque é através dessa massa de manobra que conseguem controlar a política local, a economia local, e a partir daí ter incidência federal — lamenta Tânia Cavalcante, secretária-executiva da Comissão Nacional para Implementação da Convenção-Quadro para o Controle do Tabaco (Conicq).

A Convenção-Quadro fala claramente em promover "alternativas viáveis" para os agricultores, mas não proíbe o cultivo. A estratégia de distorção da realidade não é nenhuma novidade: sempre foi assim. E seguirá a ser, sempre que os lucros das corporações do setor se virem minimamente ameaçados.

Foi nessa virada de século, quando as evidências sobre os males do tabagismo estavam mais do que claras, que a indústria abraçou em definitivo a estratégia de se fingir de morta. Raramente encontraremos entrevistas públicas de diretores das grandes corporações, salvo em veículos direcionados à elite da elite empresarial. A essa altura, para essas companhias, quanto menos se fale sobre o cigarro, melhor. Apesar disso, elas mobilizam altos recursos em relações públicas.

Para nós, então, o melhor a fazer é falar sobre o cigarro. Falar muito. E em alto e bom som. Não é outro estímulo senão a clara compreensão de que necessitavam ampliar os canais entranhados em diversos grupos sociais que fez com que as empresas se preocupassem em investir na formação de redes flexíveis e porosas que superassem a noção clássica de um sistema rígido de "vozes oficiais". A aposta na ideia de "sociedade em rede" — descrita pelo sociólogo espanhol Manuel Castells em 1999 — serve perfeitamente para compreender as modificações ocorridas, e que acabam por atingir os espaços de atuação simbólicos e concretos em jogo.

Em termos mais objetivos, é evidente que o setor tabagista fez a transição da era industrial para a era da informação de maneira bastante competente, passando da forma de produção simbólica em massa para a forma de produção simbólica flexível, garantindo uma transformação organizacional como resposta à necessidade de lidar com um ambiente fragmentado e em constante mudança. Assim, intensificou investimentos nas novas tecnologias de informação, aderindo ao modelo de "empresa em rede", num formato de meios constituído pela intersecção de segmentos de sistemas aparentemente autônomos.

Como autêntica e poderosa representante do capitalismo, a indústria do cigarro se apropriou de um conceito utilizado por atores coletivos e movimentos sociais, e que se refere a uma estratégia de ação coletiva, ou seja, a uma nova forma de se organizar e agir coletivamente (em rede). Dentro da lógica das dinâmicas que o capital reproduz historicamente, o setor tabagista cooptou esse conceito importante à cidadania e o manipulou para utilizá-lo em favor das forças sistêmicas que atuam dentro das regras e dos valores dominantes do modelo, sempre lastreado na cultura do consumismo. E, nessa rede estratégica criada a partir de um conjunto de partes integradas, as empresas ocupam papel central, coordenando e dirigindo os elos, o fluxo de informações e o alcance das ações.

Descortinada essa posição de coordenação e direção, pode-se afirmar que a indústria não se furta em orientar discursos simplificadores — para não dizer simplórios — e argumentos que obstaculizam o senso crítico. Em uma aposta clara pelos lugares comuns, a decisão é orientada muito mais pela quantidade de agentes a defendê-la do que pela qualidade das falas. Seja com as táticas de enxame e ruído de *trolls* — perfis criados para tumultuar o debate na internet —, seja pelo trabalho de agentes políticos, como parlamentares nos níveis estadual e federal, a fundamentação argumentativa importa pouco. O que ganha relevância na estratégia da indústria são as frases de efeito, os chavões e a via discursiva que busca o constrangimento dos atores que lhe fazem oposição. Apesar de adaptada a uma ideia com ares de modernidade (o conceito de rede), a estratégia é velha:

repetir mentiras incansavelmente para que se tornem "verdades" perante uma parcela da sociedade.

Daí se pode extrair que o setor fumageiro, sabedor de que os argumentos científicos estão do "outro lado" — a saber, o lado dos atores e movimentos que configuram o que denominaremos aqui de rede antitabagismo —, constrói posições de confronto a partir do entendimento de que é mais importante ter o domínio de uma rede estratégica do que se preocupar com a qualificação do debate. Enquanto de um lado — o da rede antitabagismo — é imprescindível o entrelaçamento e o embasamento de variáveis (ciência, saúde, ambiente, política, cultura, economia) para a formação de discursos complexos, as vozes da indústria atuam de forma monolítica, buscando, via de regra, desqualificar os argumentadores que a enfrentam.

Outra estratégia bastante utilizada pela indústria do fumo para fazer prevalecer interesses que lhe são caros está no fortalecimento de um aparato permeado por instrumentos e agentes capazes de erguer um verdadeiro bloqueio institucional que atue em favor das empresas nos campos simbólico-discursivo, e também de ação política, econômica e social. Por exercerem influência em escritórios de advocacia, laboratórios de pesquisa, universidades, sindicatos e associações, mídia, representantes dos poderes instituídos — onde os *lobbies* são poderosos — e mesmo em institutos que se colocam como defensores de uma pretensa ética de mercado, as multinacionais do setor seguem a espalhar tentáculos de forma meticulosa e ardilosa.

Uma olhada no Conselho de Administração da Souza Cruz, por exemplo, evidencia o quão profundamente esses tentáculos estão mergulhados nas entranhas das instituições nacionais, e como o bloqueio por dentro delas se levanta. No órgão da transnacional estiveram nomes de peso dos cenários político e jurídico, como Pedro Malan, Nelson Jobim, Ellen Gracie Northfleet, Carlos Ivan Simonsen Leal, Luiz Felipe Lampreia e João Pedro Gouvêa Vieira Filho. Em todos esses casos, há um encadeamento de acontecimentos que explica as relações com a indústria.

Longe de se esgotar em ambientes que aproximem figuras de expressão dos interesses mais imediatos do setor, as relações institucionais se espalham por municípios, principalmente no Sul do país, onde prefeitos e centenas de vereadores estão envolvidos com a rede de *lobby*, e se estendem até os poderes centrais, em Brasília, onde, a depender da conjugação de forças, elas avançam mais rapidamente.

Tais relações de ação e discurso contemplam, ainda, a mídia. A proibição de fazer publicidade não exauriu totalmente o alcance midiático da indústria tabagista. Seja por meio de textos institucionais publicados em jornais de grande circulação para bradar contra o contrabando de cigarros, seja em outros temas da seara econômica que possam render notas e artigos assinados por sindicatos e associações que escondam os reais autores, o setor se faz presente e influente no cotidiano dos principais periódicos do país. Sem falar no financiamento a cursos de treinamento para jovens jornalistas, como os patrocinados pela Philip Morris na *Folha de S. Paulo* (Programa de Treinamento Folha) e em *O Estado de S. Paulo* (Curso Estado de Jornalismo). A *Folha* tem ainda um curso de jornalismo sobre agronegócio patrocinado pela Philip Morris, e no segundo semestre de 2017 organizou um seminário em conjunto com a empresa para discutir o tabaco aquecido, próxima aposta das corporações do setor. A cooptação dos meios de comunicação locais, sobretudo em regiões de plantio de tabaco, são favas contadas.

Verifica-se, mais uma vez, a capacidade de as empresas se reinventarem de acordo com as necessidades e os desejos que cada período histórico exige. Apesar do banimento da publicidade nos meios de comunicação de massa, um conjunto de ações e símbolos acionado pela indústria do tabaco ainda perpassa o dia a dia da sociedade. Todos os filmes indicados ao prêmio máximo do Oscar 2018 tinham cenas de pessoas fumando. O levantamento da organização Smoke Free Movies [Filmes livres de tabaco] mostrou que dezoito produções listadas na premiação exibiam cigarros — algumas delas, mais de cem vezes.[10]

Em setembro de 2017, a Philip Morris renovou o contrato de patrocínio com a Scuderia Ferrari por um valor estimado em R$ 600 milhões ao ano. Não importa que a marca-chefe da empresa não apareça mais nos carros da equipe italiana de Fórmula Um: o importante é promover festas e eventos que associam as duas marcas.[11]

Ou seja, além de investirem em uma perspectiva macro, as empresas atuam também no micro, principalmente amparadas pela tecnologia e pelo marketing viral.

Em 2017, a Souza Cruz se valeu do desregulado mundo da internet para promover a marca Kent. Pessoas com influência no ambiente digital compartilharam em perfis do Instagram fotos em que apareciam fumando. A corporação tentou negar a ação de marketing, mas foi desmentida pela revista *Exame*, que constatou que uma agência especializada no mundo digital havia sido contratada para a tarefa. As pessoas que divulgaram as imagens ganharam cachês que variavam de R$ 3 mil a R$ 8 mil.[12] O público mais presente e frequente na web é composto por jovens, o que reforça a avaliação de que as empresas agem cada vez mais pensando em influenciar faixas etárias menores para conquistar novas gerações de consumidores de cigarros: fregueses por toda uma vida, ou enquanto durarem os pulmões.

À medida que a situação ficava mais difícil nos países mais ricos, a indústria do cigarro fez um duplo movimento: em direção às camadas mais pobres da população e às nações mais pobres do

---

10 A contagem completa está disponível em <https://smokefreemovies.ucsf.edu/sites/default/files/sfm_ad124_answers_web.pdf>.
11 "Por que, mesmo sem aparecer há 10 anos, gigante do cigarro paga R$ 600 mi e até 'manda' na Ferrari", em *ESPN*, 5 set. 2017. Disponível em <http://espn.uol.com.br/noticia/724432_por-que-mesmo-sem-aparecer-ha-10-anos-gigante-do--cigarro-paga-r-600-mi-e-ate-manda-na-ferrari>.
12 "Campanha de cigarro usa publicidade ilegal e disfarçada", em *Exame*, 25 out. 2017. Disponível em <https://exame.abril.com.br/marketing/disfarcada-campanha-cigarro-kent-instagram-influencers/>.

globo. No Brasil, 14,3% das pessoas com menos de oito anos de escolaridade fumam, segundo os dados do Ministério da Saúde em 2016.[13] O índice cai a 6,9% entre os que estudaram mais de doze anos. Nos Estados Unidos, os estados mais pobres ou onde não existe regulação ostentam as mais altas taxas de tabagismo. Na Virgínia Ocidental, em 2015, chegava a 37% da população, que foi o índice nacional de 1974.[14]

Cerca de um bilhão de pessoas segue a fumar em todo o mundo. Isso significa que um em cada sete seres humanos compra e consome cigarros diariamente. Não é trivial. Se considerarmos apenas quem tem mais de 15 anos de idade, trata-se de um em cada cinco — entre os homens, dois em cada cinco, aproximadamente. Mas como, se justamente existe uma convenção global para tentar reduzir a prevalência de tabagismo? Porque a indústria não está morta. As estratégias mudaram muito rapidamente desde que as restrições começaram. Hoje, 80% dos fumantes vivem em países de média e baixa renda, segundo o estudo divulgado em 2017 pela OMS.

Outra pesquisa, feita em 2017 pela Euromonitor, calculava em 5,5 trilhões o número de cigarros vendidos anualmente. O faturamento em 2016 foi de US$ 683 bilhões, o que colocaria o tabaco, se fosse um país, entre as vinte maiores economias do mundo. Entre 2002 e 2016, o volume de vendas avançou 1,3%, enquanto o faturamento cresceu 27,6%.[15]

---

[13] *Vigitel Brasil 2016 Saúde Suplementar. Vigilância de fatores de risco e proteção para doenças crônicas por inquérito telefônico: estimativas sobre frequência e distribuição sociodemográfica de fatores de risco e proteção para doenças crônicas nas capitais dos 26 estados brasileiros e no Distrito Federal em 2016*. Disponível em <http://www.ans.gov.br/images/Vigitel_Saude_Suplementar.pdf>.

[14] "Big tobacco still sees big business in America's poor", em *The Guardian*, 13 jul. 2017. Disponível em <https://www.theguardian.com/world/2017/jul/13/tobacco-industry-america-poor-west-virginia-north-carolina>.

[15] Um resumo dos dados pode ser encontrado no blog da Euromonitor <https://blog.euromonitor.com/2017/06/latest-research-tobacco-2017-edition-data.html>.

O documento da OMS projeta que o número de mortes por doenças relacionadas ao tabaco crescerá de seis milhões para oito milhões ao ano até 2030, com mais de 80% dos casos ocorrendo em países de média e baixa rendas. Estima-se que o uso de cigarro cause 12% das mortes de pessoas com mais de 30 anos de idade.

Um estudo feito pela Fiocruz e pelo Instituto Nacional de Câncer (Inca) calculou em R$ 57 bilhões as perdas anuais provocadas pelo cigarro no Brasil, entre mortes, gastos ao Sistema Único de Saúde (SUS) e problemas de produtividade no trabalho.[16] Só os custos com assistência médica — R$ 39 bilhões em 2015 — equivaliam a 8% do orçamento geral da saúde. Enquanto isso, a arrecadação fiscal com o produto no mesmo ano ficou em R$ 13 bilhões, ou seja, menos de um quarto dos estragos causados.

Metade dos fumantes se concentra no Sudeste Asiático e no oeste do Pacífico, justamente as áreas onde as grandes corporações resolveram apostar todas as fichas para garantir seus níveis de mercado. Os países de média renda passaram de pouco mais de 400 milhões de fumantes em 1980 para 609 milhões em 2013, segundo o Atlas do Tabaco. Estamos falando da Indonésia, com quase 70 milhões de fumantes para 260 milhões de habitantes, da Rússia, que tem um terço da população fumando, da Índia e da China, que contribuem com mais de 400 milhões de fregueses. De acordo com o Atlas, a China responde, hoje, sozinha, por um consumo igual ao dos outros 29 maiores países consumidores. A estratégia claramente funcionou: existe uma grande chance de que não se consiga cumprir a meta de reduzir em 30% o consumo global de tabaco até 2025.

De quebra, algumas nações foram escolhidas para potencializar a produção da folha de tabaco. Não vamos nem pensar na China, recordista absoluta, com mais de três milhões de tone-

---

16 PINTO, M. *et al.* "Carga de doença atribuível ao uso do tabaco no Brasil e potencial impacto do aumento de preços por meio de impostos". Documento técnico IECS nº 21. Instituto de Efectividad Clínica y Sanitaria, Buenos Aires, mai. 2017. Disponível em <www.iecs.org.ar/tabaco>.

ladas ao ano, nem na Índia, sempre à perseguição do Brasil na vice-liderança. Moçambique, Zâmbia, Gana, Mali e Camboja são os países que apresentaram maior crescimento proporcional no cultivo ao longo deste século. Em números absolutos, o Zimbábue recobrou forças e reside agora na sexta posição. E a Indonésia passou para o quinto lugar. Uma posição não muito legal. A situação no país asiático é ainda mais precária que a registrada no Brasil.

Um relatório da ONG Human Rights Watch[17] publicado em 2016 dá conta de um grande uso de mão de obra infantil nas mais de quinhentas mil propriedades voltadas à produção de tabaco na Indonésia. No geral, são unidades muito pequenas, de menos de dois hectares, nas quais se flagrou trabalhadores de 8 anos. Entre os entrevistados, 132 crianças e adolescentes entre 8 e 17 anos, metade já havia tido algum sintoma relacionado à intoxicação causada pela liberação de nicotina decorrente do contato com a folha verde do tabaco. No Brasil, embora a situação tenha melhorado, continua longe do mundo ideal, como veremos.

De acordo com o estudo da OMS, reproduzindo informações do Atlas do Tabaco, a planta é cultivada em 124 países, mas de novo há uma enorme concentração (92%) nos países de média e baixa rendas: um movimento ocorrido desde a década de 1970, e em especial no último vintênio, em busca de mercados com menor regulação e de governos mais dispostos a fazer concessões e vistas grossas. O Brasil irrompe com força total nessa estratégia, recebendo a demanda antes direcionada aos Estados Unidos, onde subsídios foram cortados e as exigências dos produtores subiram. Os trabalhadores rurais, que a indústria faz mobilizar como seus grandes defensores e como as grandes vítimas das campanhas antitabagismo, ficam com 3% do mercado global de

---

17 "The Harvest is in My Blood: Hazardous Child Labor in Tobacco Farming in Indonesia", em Human Rights Watch, 24 mai. 2016. Disponível em <https://www.hrw.org/report/2016/05/24/harvest-my-blood/hazardous-child-labor-tobacco-farming-indonesia>.

tabaco, estimado em 2013 em US$ 783 bilhões.

Segundo a British American Tobacco (BAT), uma das grandes do setor, o mercado gira em torno de US$ 470 bilhões e US$ 500 bilhões. Em nossas terras, a empresa controla já há um século a Souza Cruz, líder absoluta do setor. Em todo o mundo, a compra de tabaco e a venda de cigarros mantêm-se concentradas. Apenas cinco empresas — Philip Morris, BAT, Japan Tobacco International (JTI), Imperial Brands e China Tobacco — detêm mais de 80% da atividade.

Embora seja conhecida a estratégia de aliciamento dos mais jovens pela indústria, não deixa de ser essencial atentar para as situações que compõem a forma de ação junto às faixas etárias da sociedade mais interessadas em novas tecnologias — tecnologias que se cruzam com outros meios encontrados para "limpar" a imagem do *Big Tobacco* no imaginário coletivo da juventude. Destacam-se aí os argumentos de "responsabilidade institucional e corporativa", que buscam mostrar preocupações sociais e ecológicas.

Não são poucas as iniciativas das transnacionais do fumo no sentido de atrelar a imagem à criação e ao desenvolvimento de programas ambientais, de erradicação do trabalho infantil nas lavouras de fumo e de diversificação de culturas, entre outros, sempre fundadas no discurso do "desenvolvimento sustentável". Uma extensa lista das iniciativas existentes no Brasil pode ser encontrada no já mencionado Observatório. Até mesmo "campanhas de prevenção" a respeito de fumo e saúde são feitas em escolas, essencialmente naquelas situadas nos estados do Sul. O objetivo óbvio é mostrar que as fumageiras não visam às crianças para constituir mercado consumidor. No entanto, as campanhas são geralmente pouco convincentes, ineficazes e contraditórias, já que, nos mesmos territórios em que fazem o discurso da diminuição do consumo de tabaco entre os jovens, as empresas estimulam vorazmente a competição entre agricultores para que produzam mais e mais folhas de tabaco sob um regime de trabalho penoso e perpassado por violações de direitos. Além disso, como se verá ao longo do livro, há um discurso de "honra" e de naturalização cultural do trabalho de crianças e adolescentes.

Afora isso, o que as empresas realizam por meio de tais "campanhas de prevenção" nos municípios onde estão sediadas é não menos que uma ocupação do espaço que deveria ser preenchido pelos poderes constituídos escolhidos pelo voto popular. Com a inversão de papéis e a predominância do interesse privado sobre o público, o que se vê são prefeituras e governos eximidos de fazer programas próprios e independentes dos objetivos da indústria. Assim, a ferramenta de marketing se sobrepõe aos reais valores democráticos e vulnera a população, especialmente crianças e adolescentes.

Esta introdução, antes de se propor como síntese do livro, busca construir uma análise das situações que encontramos como retratos bem acabados do tipo de atuação da indústria do cigarro: um oligopólio em rede que se apropria de culturas, espaços institucionais e mesmo de afetos territoriais para neles introduzir uma lógica cruel de individualismo e consumismo, seja pela via do campo discursivo, seja por meio de lobistas. Portanto, o que essas linhas objetivam transparecer é o que a soma de nossas pesquisas e nosso trabalho empírico de campo nos levou a constatar. Não é apenas a toxicidade viciante dos produtos comercializados o que mantém as transnacionais do tabaco atuantes e influentes no Brasil: um controle meticulosamente projetado sobre vários aspectos institucionais garante altos ganhos a uma minoria privilegiada em detrimento do trabalho penoso e da saúde de muitos.

Se vamos falar sobre as vozes roucas, temos também de recordar as outras vozes, aquelas que corajosamente se mobilizam contra a indústria do cigarro. Várias estão listadas ao longo deste livro. Temos de agradecer especialmente à ACT Promoção da Saúde, que valoriza o jornalismo investigativo e acolheu este projeto com coração e mente abertos, e ao Centro de Estudos sobre Tabaco e Saúde, que não poupou esforços para mobilizar parte dos recursos necessários à realização deste trabalho. Devemos também saudar a coragem de quem abriu as portas de casa ou do trabalho nas regiões produtoras. Sabemos que não é fácil.

Como repórteres, não temos a pretensão de esgotar assuntos, de fazer livros "definitivos" sobre nada. Oferecemos apenas o retrato de um momento, o resultado de nossas observações. Há centenas de pessoas que conhecem essas histórias há mais tempo e melhor do que nós. Faz parte das desvantagens e dos riscos de ser jornalista. Nossa tarefa não é prescindir nem atropelar esses conhecimentos, mas interpretá-los e colocá-los no papel para que mais pessoas possam tomar ciência dessa realidade.

É comum que se diga que trabalhos críticos à indústria do cigarro desrespeitam o ponto de vista dos produtores rurais. Faz parte da confusão criada para apagar as linhas que existem entre pequenos agricultores e megacorporações. Ouvimos algumas dezenas de fumicultores nos últimos anos. Tentamos ser respeitosos e fiéis àquilo que disseram. Mas não abrimos mão de registrar e interpretar o que vimos e ouvimos.

João Peres
Moriti Neto
Outono de 2018

TRAGÉDIA EM DISFARCE

1

Rouca, a voz da morte atravessa esta história. Representada de formas diversas, ela se camufla no discurso da alegria e do sucesso. Sussurra ilusões sobre progresso e riqueza. Na maioria dos casos, o verdadeiro tom se revela tarde demais, quando elementos físicos e simbólicos, corpos e saberes, já estão destroçados. De fato, é difícil perceber tragédias onde são distribuídas fantasias de perfeição. A região do Vale do Rio Pardo, no Rio Grande do Sul, é um desses locais. Antes de prosseguir, um aviso: o que será contado não revela sagas heroicas; somente vítimas, algozes e alguns resistentes.

Esperamos ser perdoados se este parágrafo soar como um teste de conhecimento, mas optamos por correr o risco: você sabe que as maiores transnacionais de cigarros têm sede num pequeno município de 773 quilômetros quadrados e 127 mil habitantes, localizado no Sul do Brasil? E que esse lugar é considerado a "capital mundial do fumo" e o grande responsável por fazer do país o maior exportador de tabaco processado do planeta, além de ser o vice-campeão mundial em produção da folha, atrás apenas da China? Caso saiba, ótimo. Se não, divida conosco uma angústia: tardamos também a obter tais informações e, essencialmente, demoramos a descobrir os graves problemas sociais, políticos, econômicos e culturais que se escondem debaixo delas em Santa Cruz do Sul e na microrregião que a rodeia.

Fundada em 6 de dezembro de 1877, a cidade fica a 155 quilômetros da capital gaúcha, Porto Alegre, e é um dos principais núcleos da colonização alemã em solo brasileiro. A complexa combinação entre a prevalência da cultura germânica e a presença da indústria fumageira — como é chamado o oligopólio das transnacionais do cigarro na região — concede outro título ao local. Para além de "capital mundial do fumo", Santa Cruz aparece como uma "campeã de mortes". Está na lista do *Mapa da violência*, publicado com base em dados do Sistema de Informações sobre Mortalidade do Ministério da Saúde, como uma das líderes no ranking de suicídios no país — teve a sétima maior taxa geral em 2012 e ocupou a 29ª posição quando considerada apenas a população jovem. A vizinha Venâncio Aires ficou no quinto lugar quanto às maiores taxas de suicídio entre jovens e em 15º lugar quanto à população em geral.[18]

Para que se tenha uma breve ideia, são trinta as pessoas que se suicidam diariamente no Brasil — em média, onze mil anualmente —, o que supera os números diários de vítimas de alguns tipos de câncer. O Rio Grande do Sul, apesar de abrigar somente 14% da população brasileira, é cenário de 23% dos casos anuais (2.518), com 10,7 suicídios a cada 100 mil habitantes, o dobro da média nacional (de 5,4), sendo o Vale do Rio Pardo um dos pontos mais alarmantes. Em 2014, o *Mapa da violência* já apontava que, das vinte cidades de maior índice, onze são gaúchas. Entre elas, três estão na região das fumageiras: Santa Cruz do Sul, Venâncio Aires e Encruzilhada do Sul.

Órgãos municipais também acompanham a situação. E a confirmam. Em 2015, em Santa Cruz, suicidaram-se dez pessoas. O ano seguinte teve um salto: 22 casos. Em 2017, outros dezenove entraram para a lista, conforme o Comitê Municipal de Combate aos Suicídios. Venâncio Aires, município habitado por 65 mil pessoas, chegou a ser classificado com a menção nada honrosa de

---

18 WAISELFISZ, J. J. *Mapa da violência 2014: os jovens do Brasil*. Rio de Janeiro: Flacso, 2014. Disponível em <https://www.mapadaviolencia.org.br/pdf2014/Mapa2014_JovensBrasil.pdf>.

"capital mundial do suicídio" devido a um surto em 1995, quando ocorreram 37 casos por 100 mil habitantes — 60% em área rural.[19] Conforme a Vigilância Epidemiológica municipal, em 2015 foram quinze óbitos, onze em 2016 e mais dezoito em 2017. Já na pequena Encruzilhada do Sul, com 25 mil moradores, foram registrados seis suicídios em 2015. Em 2016, outros dois.

Estranhos números em uma região que, de longe, é vista como próspera. Santa Cruz, por exemplo, carrega boas marcas econômicas. É o quinto colocado entre os municípios rio-grandenses no que se refere ao Produto Interno Bruto (PIB), chegando ao montante de R$ 7,8 bilhões em 2017. A renda per capita média mensal em 2010, de R$ 1.036,87, era maior do que as médias do Brasil e do Rio Grande do Sul, de R$ 793 e R$ 959, respectivamente. As corporações do fumo e aqueles que as seguem se proclamam os responsáveis por esse "desenvolvimento", mas pouco ou nada falam sobre o envolvimento do cultivo de tabaco com mortes e tentativas de suicídio. Os fatos, dados e pesquisas que conectam essa relação são diversos e não pautam a mídia tradicional. Vamos, aqui, buscar descortinar os motivos dessa tragédia disfarçada.

---

19 Para relatos de médicos e agricultores sobre a década de 1990, ver "Venâncio Aires convive com a depressão e enforcamentos", em *Folha de S. Paulo*, 29 nov. 1996. Disponível em <https://www1.folha.uol.com.br/fsp/1996/11/29/brasil/35.html>; "Uma epidemia de suicídios", em *Galileu*, edição 64, nov. 1996. Disponível em <http://revistagalileu.globo.com/Galileu/0,6993,ECT356206-1708-5,00.html>.

UMA SUPOSTA DIVERSÃO

Soa contraditório, mas festejos podem começar a elucidar o sufoco imposto a uma região campeã de produtividade e com picos de suicídios. Além de conhecida por sediar o poderoso sistema agroindustrial do tabaco e ser o carro-chefe regional, Santa Cruz do Sul é, em menor escala, também movimentada economicamente por atrações turísticas. A principal delas é a Oktoberfest, realizada quando o calendário, ano após ano, se arrasta até os outubros invariavelmente quentes.

Fora a predominância da ascendência alemã entre muitos agricultores do tabaco e festeiros da Oktober, há outros tantos pontos a ligar as lavouras à celebração típica. A começar pelo período. É no décimo mês do ano que, na maioria das cidades da região, se inicia a colheita das folhas. Até mesmo festivais em comemoração à safra ocorrem nos municípios, caso da Festa da Colheita, em Venâncio.

Outubro de 2016 nos coloca nesse cenário. É o décimo-sexto dia do mês e parece caber toda a alegria do universo na muitíssimo bem divulgada 32ª edição da Oktoberfest. É a data de encerramento das celebrações e as pessoas se apressam, literalmente, para se divertir. As ruas do centro estão tomadas, o que dificulta o trânsito. Com a bagagem já retirada do porta-malas, às nove e quinze da manhã nos preparamos para pisar o primeiro degrau da entrada do hotel. Somos, então, atropelados por um casal que corre de mãos dadas e, ao mesmo tempo, segura copos plásticos transbordantes. Eles nem olham para trás. Prosseguem na velocidade para alcançar uma rua localizada duas quadras acima. De onde estamos, conseguimos ver o mar de gente — boa parte aglomerada em torno de um carro alegórico.

Um rapaz alto e magro, cabelos ruivos em corte curto, nos atende na recepção. Rápido no gatilho, ele diz: "Bem-vindos! Chegaram para a festa? Sabem que é o último dia?". Balançamos a cabeça afirmativamente. "Não deixem de ir. É bonita. Vão se sentir na Alemanha", propagandeia. Perguntamos se conhece a Alemanha. "Não, mas a gente ouve falar muito, né?"

O hotel em que nos alojamos, no geral, é simpático. Construído com tijolos à vista, assemelha-se a um casarão. Está situado em local estratégico, a poucos metros da prefeitura, do movimentado comércio local e das principais praças da cidade. Ficamos no andar superior, em uma pequena suíte com cama, mesa, cadeira e TV, tudo bem apertado. A janela dá para a rua. De cara, constatamos duas coisas: teremos problemas para dormir com o barulho vindo de fora, e a promessa de uma internet boa não se confirma. Devemos ir à festa. Somos os visitantes indesejados que, por onze dias, percorreriam uma região ainda em clima de festejos para tocar em assuntos que poucos desejam comentar.

Subimos as mesmas duas quadras por onde seguiu o casal por quem fomos atropelados. Em meio ao barulho, a primeira tentativa de puxar conversa é com um trio de rapazes. Não descobrimos os nomes, mas escutamos: "Não somos daqui, viemos pra festança." O sotaque não é gaúcho. Os três somem. Música altíssima. Cacofonia. Cores que se misturam. Difícil manter o foco. Passamos a observar as ruas e os enfeites, cujo estilo deixa bem claro: o evento é preparado para reforçar a identidade germânica. Ou, mais objetivamente, é regado a um identitarismo que, no passar dos dias, descobrimos, engole a região em vários aspectos. O discurso sobre a prevalência dos alemães por ali serve bem a senhores que atuam de forma feudal em pleno século 21.

A placa na esquina mostra que a rua onde a farra se concentra se chama Marechal Floriano, uma homenagem ao segundo presidente da República do Brasil, Floriano Peixoto (1891–1894), também conhecido pelo apelido de "Marechal de Ferro", por ter governado o país com extremo autoritarismo. A mão pesada de Floriano faria bom par com outras que hoje controlam Santa Cruz e arredores.

Em meio à multidão, percorremos a rua. Os arcos metálicos espalhados pelos 3,6 quilômetros de extensão da Marechal dão a impressão de que o local foi cortado em fatias e rebatizado. Todos estão cobertos de preto, vermelho e amarelo, reverenciando a bandeira da Alemanha. Mas não é só isso. Algumas das estruturas de aço marcam a divisão das quadras e também carregam nomes — não de personagens da história brasileira ou alemã, mas de organizações transnacionais que detêm um poder secular: Souza Cruz, Philip Morris, Universal Leaf Tobacco são as mais visíveis por sobre o aglomerado. E esse é só um dos pontos que mostram a apropriação do espaço público pelo interesse privado.

Formado por centenas de árvores da espécie tipuana, um belo corredor verde cobre dez quadras da rua. Traz algum conforto. Então, percebemos que demoramos demais no hotel. São dez e cinquenta da manhã. O sol está a pino. A disputa pelas copas arbóreas, que oferecem sombras nas calçadas e mesmo em parte do asfalto, está praticamente decidida. Entre os muitos que se acotovelam, vencem as famílias e os grupos de amigos que chegaram mais cedo.

Lemos em *A Gazeta do Sul*, principal jornal da região, que o coordenador do desfile, João Goerck, projetava um número de vinte mil pessoas para assistir às bandas típicas alemãs, além de carros de som e alegorias. A ideia, segundo ele, "é fazer com que o público fique bem animado e se sinta atraído a ir até o Parque da Oktoberfest". Lá estariam as diversas barracas de comida, além das tendas e palcos de shows. E chope, centenas de milhares de litros para satisfazer os 150 mil pagantes que compram ingressos de R$ 10 a R$ 20.

Por falar em chope, entendemos o motivo de tanta euforia em torno do carro alegórico que havíamos avistado da porta do hotel. É o carro que oferece a bebida no desfile. Pessoas sorridentes com canecos nas mãos erguem brindes um atrás do outro. Tudo tão sincrônico que quase esquecemos o trabalho. Realmente, é fácil acreditar em perfeição em meio àquela cena.

É o *Deutschtum*, palavra alemã que traduz o conceito de "germanismo" como uma ideologia que se refere à conservação das características culturais, sociais e raciais dos grupos formados por indivíduos de origem germânica. Inevitável recordar as pesquisas e entrevistas anteriores ao trabalho de campo. Cabe como poucos aqui um trecho do artigo "História, identidade e representação social: o caso da comunidade afrodescendente de Santa Cruz do Sul", do historiador Mateus da Silva Skolaude, santa-cruzense de nascença e hoje professor do ensino médio no município:[20]

> No caso de Santa Cruz do Sul, a década de 1970 é paradigmática no sentido de afirmar a identidade germânica, pois o município apresenta grandes transformações sociais, políticas e econômicas ocasionadas por um intenso processo de urbanização, acompanhado por um considerável crescimento demográfico, decorrência do grande fluxo de migrantes vindos de municípios vizinhos e do interior do município, motivados pela perspectiva de trabalho no setor fumageiro, que se encontrava em plena ascensão econômica. Assim, algumas estratégias foram articuladas pelo poder público municipal para a invenção de uma tradição germânica para a cidade.

Caminhamos uma quadra. Paramos ao lado de uma lanchonete e compramos uma garrafa d'água. Mesmo ato de uma senhora que estava logo atrás de nós na fila da geladeira. Leda Rothman, alta, loura de cabelos em cachos, se mostra simpática quando nos apresentamos. Não é santa-cruzense, mas de Blumenau, Santa Catarina — curiosamente, o município conhecido por organizar a maior Oktoberfest do Brasil. Nossa pergunta é a mais óbvia:

— Por que vir à Oktoberfest de Santa Cruz sendo de Blumenau?

— Aqui a festa é muito mais organizada. Tem mais controle, sabe? Não é o Carnaval que virou a de Blumenau — explica.

— A senhora não gosta de Carnaval?

---

20 SKOLAUDE, Mateus da Silva. "História, identidade e representação social: o caso da comunidade afrodescendente de Santa Cruz do Sul", 2010. Disponível em <http://www.escravidaoeliberdade.com.br/site/images/Textos5/skolaude%20mateus%20silva.pdf>.

— Não gosto. Prefiro festas mais disciplinadas, como a daqui.
— Mas por que a senhora vê esse controle aqui?
— Venho nessa festa há mais de vinte anos. Sempre tudo bonito, ajeitado e, apesar de muita gente, quase não se vê brigas, tumultos, conflitos, entende?

Área controlada, quase livre de conflitos. O ideal para uma sociedade "pacificada". Queremos saber dela se já desejou se mudar para Santa Cruz. Sem cerimônias, vem a resposta:

— Ô, se já! Mas a família me prende. Aqui tem riqueza, tem empregos, tem as fumageiras. Eu viria tranquilamente morar, né?

Uma última pergunta:

— A senhora reparou que os nomes das empresas rebatizam o espaço público?

— Sim, sim, sempre é desse jeito. A cidade é delas, né? E tá certo. Essa região só prospera porque elas estão aqui.

São 11h44. A fome aperta. Pedimos um lanche rápido, num bar. A garota do balcão mexe nos cabelos louros e arregala o olhar azul como se buscasse descobrir por que turistas em época de Oktoberfest se preocupam em encontrar comida ali, já que o ponto final do desfile traria atrações gastronômicas múltiplas. Quase nos sentimos na obrigação de explicar que acabamos de chegar de uma viagem sem café da manhã. De toda forma, ela indica o cardápio. Em vinte minutos, entre preparo e deglutição, um misto-quente e um suco de laranja resolvem parte do nosso apetite. Vamos ao caixa. A mesma jovem do balcão é quem passa o cartão de débito e nos direciona uma questão que lhe parece inevitável, gravada numa espécie de programação mental:

— Tão gostando da festa?

O primeiro instinto, baseado na experiência muito recente dos corpos e das memórias, é responder um singelo "não sei", mas optamos por uma saída cordial:

— Vimos pouco até agora. Tem coisas bonitas, mas estamos cansados e com muito calor. Não formamos opinião ainda.
— Aproveitamos a deixa: — As ruas têm placas das empresas de

tabaco. É sempre assim?

— Em toda Oktober, elas [as fumageiras] põem. Cada uma patrocina uma parte do desfile e fica com um pedaço da Floriano — conta a moça.

De acordo com o locutor oficial da 32ª Oktoberfest, que é quem nos faz saber que o evento também é chamado de "Festa da Alegria", tudo se resume a uma palavra: encanto. Ele anuncia que vários carros alegóricos passam pela via, e que a estimativa é de 1.500 figurantes "enfeitando" a rua Marechal Floriano com trajes típicos.

O primeiro carro alegórico traz a marca da Souza Cruz, subsidiária brasileira da British American Tobacco e líder do mercado de cigarros no Brasil. É o "Trem da Amizade e Integração", representando as boas-vindas à cultura e à tradição dos antepassados oriundos da Alemanha.

Com destaque, chega o segundo carro, trazendo as "soberanas" do evento, a rainha Aline Regert e as princesas Aíscha Garcia Schlittler e Ana Carolina Lau, que, na voz do locutor oficial, atraem os olhares da multidão "pela beleza, divertimento e simpatia". Todas de pele alva, cabelos louros, olhos cintilantes.

Dali para a frente, as fumageiras, concretamente, fazem a festa. Com apoio da Associação dos Fumicultores do Brasil (Afubra), a associação que deveria representar os produtores da folha de tabaco, entra o carro de número quatro, o das recordações de infância germânica. Com o tema "Música e Integração", o quinto veículo tem o apoio da norte-americana Universal Leaf Tobacco. A alegoria de número seis ressalta a dança e o apoio da também estadunidense Philip Morris, numa ode aos diversos grupos folclóricos existentes no território colonizado pelos alemães.

As lições estão sendo dadas. Esqueça o Brasil, não estamos nele. Dona Leda, de Blumenau, sabe do que fala. É o que corrobora a jornalista Bruna Porciúncula, da versão online de *Zero Hora*, na cobertura do evento:

Organização, diga-se, é uma das palavras de ordem na Oktoberfest, ainda que o imaginário comum sobre uma festa em que cerveja e chope são protagonistas se acomode na ideia de uma orgia etílica conjunta. Não é bem assim. Bebe-se muito, é verdade — no ano passado, foram quase 120 mil litros de chope e essa marca deve ser superada —, mas o clima se mantém ordeiro. No palco do desfile, nada de cordão de isolamento delimitando o que é passarela e o que é plateia, o público naturalmente sabe o local adequado para se acomodar, e quem desfila não deixa que a coreografia invada o espaço dos que assistem. Esqueça os valões de copos de plástico e latinhas espalhados pelo chão. Por mais que se beba, o caminho até a lixeira não é esquecido. Dá até vontade de suspirar diante de tanto capricho. A Alemanha é aqui.[21]

Tudo ordeiro, hierárquico. Os derradeiros carros que desfilam conspiram para que sejam costuradas as pontas da formação do tecido sociopolítico local, ao menos aquele produzido a partir da perspectiva dominante: a da supremacia do colonizador alemão, disciplinado, caprichoso, trabalhador. Uma fartura de qualidades para o modelo de sociedade de controle é traduzida pelas figuras que se apresentam na sequência. Um carro representa a Bíblia, as "soberanas" das edições anteriores da festa vêm logo após, perseguidas de perto pelo 7º Batalhão de Infantaria Blindado do Exército — que tem instalações na cidade. Falta pouco, mas ainda há espaço e tempo para os representantes de entidades santa-cruzenses do terceiro setor e funcionários das empresas patrocinadoras (alguns vestindo, de fato, as camisas das fumageiras) transpirarem na passarela. Uma visão inesquecível, que seria seguida por outras.

---

21 "Comer, beber e dançar: passeio pela Oktoberfest de Santa Cruz do Sul", em *Zero Hora*, 13 out. 2016. Disponível em <https://gauchazh.clicrbs.com.br/comportamento/viagem/noticia/2016/10/comer-beber-e-dancar-passeio-pela--oktoberfest-de-santa-cruz-do-sul-7775368.html>.

Chega a família-símbolo da Oktoberfest. O casal Fritz e Frida, e os filhos Max e Milli. São pessoas fantasiadas com vestimentas típicas alemãs desproporcionais. Braços curtos e ombros pequenos acompanham cabeças enormes. Imitam bonecos. Deve ser quente ali dentro. Dá pena, mas só até a chegada da nova surpresa: a bicicleta coletiva Zig Zag Zug, uma comprida estrutura amarela, dourada e azul, com dez assentos, dez capotas e vinte pedais. Todos os compartimentos têm três rodas e um está acoplado ao outro. Em movimentos pretensamente coordenados, os homens e as mulheres que a pilotam usam roupas tradicionais germânicas, com direito a chapéu verde e vestidos bufantes.

A Marechal Floriano se torna uma descida intensa. A voz oficial se manifesta de novo, convidando a massa a ir até o final da rua, ao "Parque da Oktober", espaço pertencente ao município, para almoçar. E o evidente é reforçado. O principal ponto de shows do lugar, no qual já se apresentaram de Racionais MC's a Wesley Safadão, exibe o nome de Arena Souza Cruz. A mensagem sobre quem dá as cartas fica cada vez mais descarada.

A Oktoberfest é mais do que uma intersecção simples de duas indústrias — a turística e a do cigarro. Além de lucrativa, vende a imagem do sucesso de uma sociedade organizada, predominantemente branca, de espírito colonizador e que atrai a atenção de um dos setores econômicos mais poderosos e influentes do mundo, capaz de financiar e de se beneficiar desse *status quo*.

A Oktober de Santa Cruz nasceu em 1984. Antes, nas décadas de 1960 e 1970, o festejo maior da região era a Fenaf, a Festa Nacional do Fumo. Realizado a cada seis anos, em 1966, 1972 e 1978, o evento objetivava mostrar o poderio econômico da matéria-prima do cigarro e a capacidade de influenciar os mercados nacional e internacional a partir da fortaleza erguida ali. No entanto, as denúncias mundiais que cresciam contra os males do tabagismo forçaram uma mudança de estratégia. "Com o crescimento do movimento antitabagista internacional, as forças políticas regionais chegaram a um acordo. Era necessário manter o fumo como aspecto central do desenvolvimento econômico, mas também o era dar ênfase ao discurso étnico, com diversas iniciativas voltadas para o resgate do passado e da cultura alemã", avalia o historiador Mateus Skolaude.

Recebemos de uma adolescente um mapa da Oktoberfest, que mostra aos turistas as entradas e saídas do município. Mas não todas. As que passam pelas áreas periféricas mais pobres não constam do desenho: os acessos para outras cidades que atravessam bairros, como Renascença, Bom Jesus, Cohab, Menino Deus e Macaca foram ignorados.

"Um, dois, três... Um, dois, três... Testando, testando", diz o locutor oficial, já dentro do Parque da Oktober. O microfone falha. Algo, ao menos, não soa à perfeição. Sentimos alívio quando escutamos de um senhor que não haverá desfile noturno, diferentemente de anos passados. Parte significativa da multidão ainda caminha pela Marechal Floriano. Andamos todos — muitos inconscientemente — ladeira abaixo.

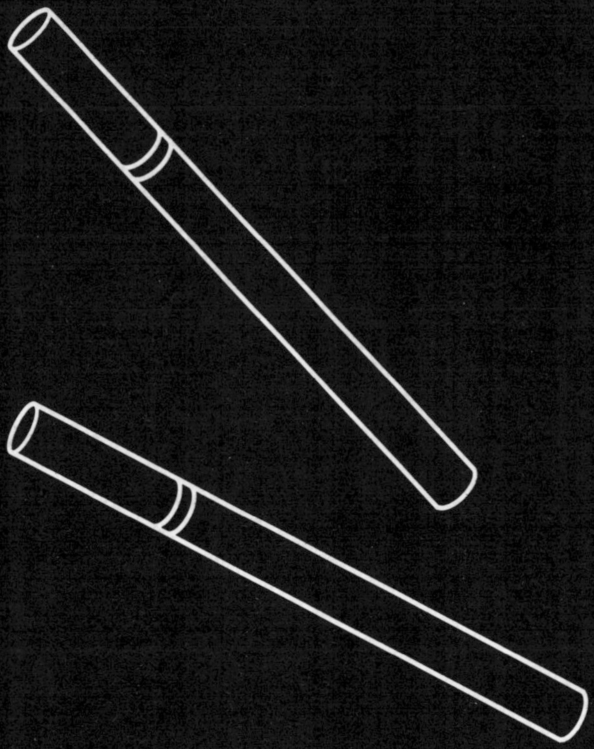

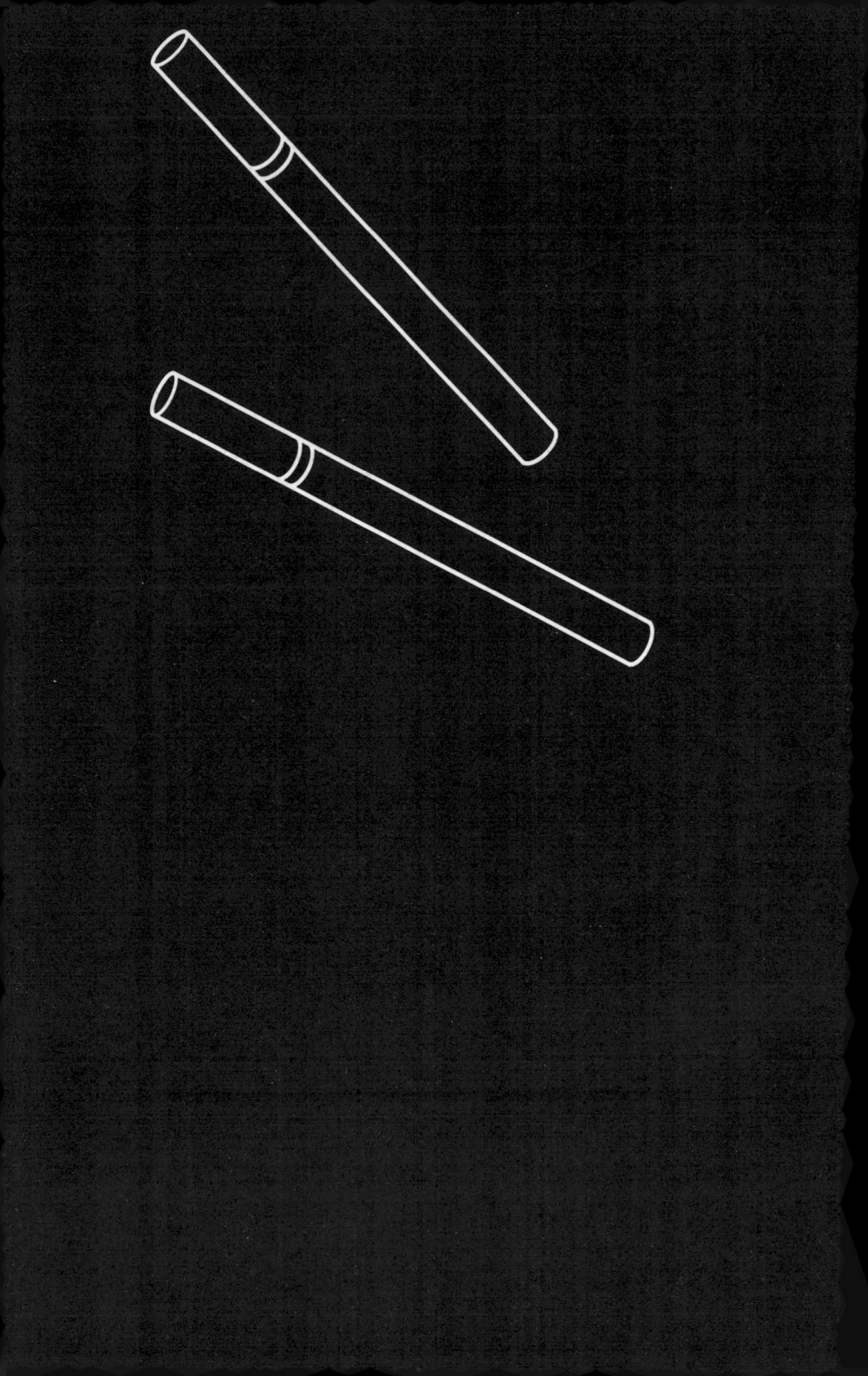

O REAL
ABSURDO

2

Apesar de escolher a Oktoberfest de 2016 como referência para sintetizar, num único evento, o domínio da indústria fumageira na região, nosso contato com o Vale do Rio Pardo começa antes. Atraídos por uma ação do Ministério Público do Trabalho no Paraná, iniciamos uma apuração jornalística em 2011 e publicamos alguns textos sobre casos ocorridos em solo paranaense. O tema, porém, exigia aprofundamento.

Colocamos os pés no Vale do Rio Pardo pela primeira vez no último dia de agosto de 2015, às vésperas da campanha do "Setembro Amarelo", movimento internacional de prevenção ao suicídio. Entramos na região por Santa Cruz do Sul, e a passagem pelo portal da cidade — chamado de pórtico pelos moradores locais — é uma experiência que, de cara, demonstra muito do grau de poder da indústria. Cravado na madeira da estrutura, se vê, ao longe, o sobrenome: Cruz. E o nome inicial: Souza. Àquela distância, quem erra o trajeto e entra no trecho por acaso pode muito bem considerar que o município se chama Souza Cruz, tal é o destaque dado ao logotipo da fumageira em detrimento do brasão municipal. Gravada na mente e repetida seguidas vezes, a cena intimida. A sensação é a de que, atravessada a "porta", o que ficou para trás é outro mundo e que dificilmente algo se abrirá à frente em termos de diálogo. Um cerco se forma. Dali em diante a vigilância se apresenta diversas vezes pelo caminho.

A busca pelos encontros e entrevistas iniciais na cidade-polo da região é um fracasso retumbante. Ninguém "pode" nos atender nos sindicatos de trabalhadores nem na universidade local, muito menos na Prefeitura ou na Câmara de Vereadores. Mesmo com as indicações de dirigentes sindicais e lideranças políticas feitas pela Federação dos Trabalhadores na Agricultura do Rio Grande do Sul (Fetag-RS) e pelo Movimento de Justiça e Direitos Humanos, de Porto Alegre, a coleção de "nãos" é considerável.

Decidimos parar os trabalhos. São quase nove horas da noite e o hotel não oferece jantar. Pedimos dicas de lugares para comer. A senhora na recepção faz questão de apontar "o melhor restaurante da cidade". Ao colocar os pés para fora, vem o baque: a temperatura despencou. Atravessamos a Praça Getúlio Vargas e logo estamos na Rua Tenente Coronel Brito, em cuja esquina fica o restaurante e churrascaria Centenário. Amplo, decoração tradicional, comida farta. Os funcionários são atentos e simpáticos. O dono do estabelecimento, descobrimos, é o sujeito calvo e de bigode branco a cuidar do caixa. Jogo de futebol na tela da TV e muitos homens de terno e gravata às mesas. "É gente que trabalha com o tabaco", responde um garçom, para matar a nossa curiosidade. "Gente de fora." São os compradores de fumo, que chegam de vários países para adquirir as folhas produzidas nas pequenas propriedades do Vale do Rio Pardo. Gente que chega de várias partes do Brasil e do planeta. Jantamos observando o curioso ambiente até que o cansaço bate. Hora de voltar ao hotel e tentar descansar. O dia seguinte promete muitas andanças.

Manhã de 1º de setembro. Chegamos no horário combinado ao Sindicato dos Trabalhadores Rurais de Venâncio Aires. Pontualmente, às nove horas. Vinte minutos depois, Sandra Helena Wagner, então secretária-executiva da entidade, vem ao nosso encontro. Alta, cabelos castanho-escuros, movimentos calculados, ela mexe nos óculos e rascunha um sorriso forçado:

— Olá! O Elemar vai recebê-los agora — diz, sem cerimônias.

Poucos passos são necessários para o encontro com um homem de 66 anos, esguio, cabelos tingidos de acaju. Elemar

Francisco Walker ocupa o cargo de presidente do sindicato desde 1995. Enraizado na cadeira, ele nos recebe com olhar desconfiado, numa sala em que todos os objetos parecem verdes, tal a predominância da cor "oficial" da instituição.

Sandra puxa uma cadeira e se senta ao lado dele.

— Ela vai participar da entrevista, ok? — diz o presidente, apontando para a mulher.

A secretária se justifica:

— Tem números que eu tenho comigo, sabe? E o seo Elemar, às vezes, esquece.

Números. Com percentuais, vírgulas e frações. Em regra, é o que recebemos, principalmente pelas palavras de Sandra, como resposta a cada questionamento. Quase sempre em defesa da indústria fumageira.

— O que a indústria cria de vagas de emprego por aqui ninguém nunca criou nem criará. Muita gente se fez no fumo, que é a nossa riqueza — comenta Elemar Walker. — Mas claro que apoiamos o produtor, a gente pressiona as empresas a melhorarem a compra do tabaco, por um melhor preço na compra do fumo. Fazemos negociações com elas com o objetivo de chegar a um acordo sobre o preço e a garantia da compra do fumo junto aos produtores.

— Mas, e se não houver acordo, vocês estimulam e organizam protestos, paralisações? — indagamos.

— A gente já fez. No passado, fizemos até protestos grandes. Hoje, é difícil necessitar disso, está tudo mais flexível — rebate Elemar. Sem especificar os itens desse "tudo" que está mais flexível, ele manobra o assunto: — Nossas responsabilidades como sindicato aumentaram. Temos que ser maduros nas negociações. Elegemos até um deputado federal — destaca, em referência a Heitor Schuch, ex-presidente do irmanado Sindicato de Trabalhadores Rurais de Santa Cruz do Sul e parlamentar em Brasília pelo Partido Socialista Brasileiro (PSB).

A entrevista dura mais do que devia. Já são onze e meia da

manhã. Saímos da sala de Elemar Walker e tomamos um café. Sandra reaparece. Perguntamos se ela tem nomes e contatos de agricultores de tabaco para indicar.

— Tenho uma listinha, mas eles só vão receber vocês se eu for junto, vocês se importam?

Queremos saber o motivo.

— Os colonos são desconfiados. Só aceitaram dar entrevista porque eu intermediei. Também fui plantadora de fumo e conheço muitos deles.

Pode ser interessante captar o comportamento dos agricultores na presença da sindicalista.

Meio asfalto, meio terra batida. É o caminho para a comunidade da Linha Olavo Bilac, bairro rural de Venâncio Aires. Nossa passageira confessa, antes de o deslocamento completar dois quilômetros, que a maioria dos agricultores da região do Vale do Rio Pardo não crê em porta de saída da cultura do fumo. Ela explica que as propriedades à margem da estrada são antigas, herdadas dos alemães que chegaram no século 19, fundadores da comunidade. Casas e lavouras refletem o discurso de Sandra Wagner. As construções e plantações guardam lembranças de avós e bisavós ou mesmo de antepassados mais distantes, precursores no plantio de tabaco, explicando a penetração da cultura na memória social. O trabalho está cravado em mentes e corpos como parte da genealogia. Idosos, jovens e crianças. Mulheres e homens. A herança faz com que gerações sigam a espalhar o monocultivo das folhas de fumo por quilômetros de solo. Na maioria das vezes, sem pensar nas consequências. Doenças, suicídios e trabalho infantil são exemplos de questões naturalizadas por um sistema que violenta os saberes de milhares de famílias de agricultores, provocando abalos emocionais e fragilidade física, além de uma nociva dependência econômica — individual e coletiva.

Uma das casas, grande, nos é apresentada pela sindicalista. O dono é Elemar Walker, o presidente enraizado. "O Elemar é um homem rico. Enriqueceu plantando fumo. Hoje, tem casas, empresa, é bem-sucedido", ela faz questão de dizer.

Mais dois quilômetros e Sandra indica uma curva à esquerda e uma propriedade no topo da estrada. "Aqui vocês vão ver um casal que planta faz muito tempo, remediado. Não adianta eu levar vocês nos muito pobres porque aí é só reclamação sobre as fumageiras, sem admitir que eles mesmos são desorganizados", enfatiza a mulher que deveria representar os interesses dos agricultores ricos, dos remediados e, fundamentalmente, dos mais pobres.

Adentramos os 22 hectares de terra pertencentes a Glacy e Hugo Bohn, que persistem com o cultivo de tabaco. Casa simples em meio ao terreno. Somos convidados a sentar nas cadeiras de uma pequena varanda. Suspeitamos que dali vem uma entrevista sem tempero. Qual a surpresa — mais para Sandra do que para nós, evidentemente — quando, já nas primeiras frases, a persistência do casal não mostra nenhuma harmonia com o desejo de seguir na cultura fumageira.

Com mais de seis décadas de vida, o marido reconhece que herdou automaticamente hábitos que mal sabe como começaram. Fala das lavouras cultivadas pelo pai, nascido em 1916. Conta que, antes disso, com o avô, ainda no século 19, o fumo já dominava o cotidiano da família. Do pouco que guarda sobre o início do próprio trabalho, diz que ao menos desde os 13 anos já se envolvia na produção.

— São pelo menos cinquenta anos trabalhando — murmura, com ar cansado.

O casamento levava 37 anos quando conversamos. Dele, vieram três filhos, todos homens. Hoje adultos, preferiram cortar os laços com a lavoura. Depois de auxiliarem no cultivo até a adolescência, desistiram de plantar fumo e foram procurar novos ares, migrando para áreas urbanas.

— Ninguém quis saber da propriedade — explica Hugo, sem esconder o pesar.

O casal, no entanto, admite que recentemente também "tentou sair". E assume: foi recapturado.

— Faz três anos, deixamos o fumo, tentamos plantar milho — conta Glacy.

Voltaram ao tabaco, mas sem vontade. Hugo brinca com a situação:

— Voltamos querendo sem querer.

O voltar "sem querer" é explicável, assim como o desinteresse dos filhos do casal em permanecer no campo. Os agricultores revelam que o cultivo do tabaco exige demais. O trabalho é todo manual, delicado. Não há mecanização que possa assessorar o produtor nas tarefas mais duras, especialmente em áreas pequenas. Geralmente em maio, no caso do Vale do Rio Pardo, inicia-se a feitura dos canteiros, o que dura até junho. De julho a setembro, milhares de mudas são plantadas, uma a uma. Na sequência, vem o ciclo de manutenção e a aplicação de agrotóxicos. O corpo fica em contato frequente com o veneno, essencialmente as mãos. Entre outubro e janeiro, é época da colheita, que se dá por etapas. Verifica-se o amadurecimento de cada folha. Debaixo de forte calor, o agricultor as retira meticulosamente para garantir que tenham boa qualidade e aparência, algo de que vai necessitar muito no momento de negociar preços com os representantes das empresas.

São três meses na colheita. O dia é longo. Horário de verão. E a noite não traz refresco, principalmente porque, depois de retirada do solo, a planta é levada a fornalhas para secagem. Além de trabalhar o dia todo na terra, é necessário cuidar do forno. O fumo é pendurado numa estufa. A lenha mantém a temperatura alta, o que permite a qualidade do processo de cura. De madrugada, o agricultor deve acordar várias vezes para verificar a quentura da fornalha, que, a depender do momento, varia de 90 a 170 graus Celsius. O tempo para o descanso é mínimo. Até sirenes são instaladas nas estufas para garantir que o produtor não perca a hora.

Glacy é quem sente mais, e revela os males que lhe atacam o corpo. Mas não em tom de desabafo. Conta a situação quase como uma confissão de culpa.

— Fico ruim se colher fumo molhado de sereno. Tenho ânsia de vômito, dor de cabeça, acabo de cama. É a nicotina [liberada pela folha], acho, quando a folha do tabaco está verde. — E aponta para o marido: — Ele nunca teve nada, o problema é só comigo. Não sei se é porque sou mulher, mais fraca...

A agricultora de 61 anos não considera que os agrotóxicos possam ser os culpados pelo mal-estar que a acomete, mas, num repente, explica desde quando trabalha e que seu corpo não é o único a reagir negativamente:

— Eu já ia para a roça com o meu pai desde os 10 anos para colher fumo. — Em seguida, confidencia ter dois irmãos que iam parar na cama com o mesmo problema, os mesmos sintomas. — Aí o pai e a mãe tinham que fazer sozinhos, porque não dava pra ficar nem em pé. A gente não conseguia esticar os braços, as pernas. A dor começava na cabeça e tomava todo o corpo.

Nossa pergunta é inevitável:

— Por que voltaram, então?

Entreolham-se.

— O fumo dá um pouco mais de dinheiro do que o milho. Um pouco mais — comenta Hugo. Contudo, ele admite que não diversificaram cultivos na propriedade. — Aí o custo da produção [do milho] foi aumentando e não tivemos como escapar.

Saíram de uma monocultura e pularam para outra. Aposentaram-se três anos antes, mas voltaram ao tabaco para complementar a renda.

Sandra Wagner se apressa em dizer:

— Uma das vantagens do tabaco, se o agricultor fizer tudo direitinho, é a garantia de boa renda.

Contudo, o argumento de que o fumo pode aumentar a renda se comparado a outras culturas não parte dos agricultores com a mesma convicção. Não é o suposto melhor preço o que fez o casal retornar "sem querer", mas, sim, um contrato com a fumageira Alliance One, transnacional com sede nos Estados Unidos, compradora de tabaco em 35 países e vendedora de derivados em outros noventa. É ela que traz a "certeza" de compra aos Bohn e os empurra a cultivar vinte mil pés de fumo.

— Chegamos a 55 mil em outros tempos, quando a gurizada ajudava. Eles [os filhos] eram obrigados a fazer, tinham que ajudar, era trabalho da família — ressalta Glacy.

A naturalidade com que Glacy e Hugo Bohn encaram o trabalho infantil em família resulta da mesma força que os arremessa novamente ao plantio de tabaco, negligenciando os riscos à saúde. Estão presos a um esquema poderoso que enreda toda uma região.

Saímos. Nós, com a entrevista. Sandra, com uma impressão de arrependimento. Trocamos poucas palavras pelos três quilômetros percorridos até outra propriedade na mesma comunidade.

— Aqui é um casal jovem, que gosta de plantar — afirma a sindicalista.

— Jovens? São exceções, não? — provocamos.

— Sim. A maioria [dos jovens] não quer saber de ficar no campo.

Avistamos um homem com enxada nas mãos em meio a folhas de fumo. É Maicon Inácio Wagner, então com 35 anos. Ele é objetivo nas respostas, quer conversa rápida. Os avós foram os primeiros a se instalar na localidade, diz.

— Que eu sei, sempre foi com o plantio do fumo que trabalharam. Meus pais continuaram e, depois, eu.

Maicon conta que o único irmão decidiu sair da "roça" e foi trabalhar "na cidade", mais precisamente em Bento Gonçalves, município da Serra Gaúcha. "Eu não tive essa alternativa", faz questão de destacar. Sobre gostar do trabalho que restou, é breve: "Decidi seguir. Não adianta dizer que não gosto." E ele segue. Está desde os 12 na lida com a terra e com o tabaco, e interrompeu os estudos no sexto ano do ensino fundamental.

Vende o que produz para a Universal Leaf, líder mundial no comércio de tabaco em folha. A empresa, como fazem também as concorrentes, tem contrato de exclusividade com o agricultor, o que o obriga a comprar todos os insumos e equipamentos necessários para o cultivo do fumo somente dela. "É o ano inteiro, direto. Vendem tudo", diz.

Quando a conversa se encaminha para o fim, o agricultor se abre um pouco mais. Avisa que já passou mal na colheita do fumo, mas pondera: só uma vez.

— Uma vez aconteceu. Foi na lida com o fumo molhado, logo depois de uma chuva. Fui colher e senti um mal-estar. Sensação de ânsia de vômito, tontura, dor de cabeça. Nem foi aqui, estava ajudando um colega meu.

Uma mulher se aproxima. É a esposa de Maicon, Sandra Beatriz Hochscheidt, um ano mais velha que o companheiro. Trabalha com o plantio do fumo desde 2003. Ainda mais calada do que ele, não reclama. Ao contrário, diz que gosta: "Nunca passei mal e está bom assim." Mas, e se mudassem de cultivo, diversificassem? "Para mim, tanto faz." Ao lado dela, o filho de apenas três anos já corre entre os cinquenta mil pés que o casal cultiva todo ano.

Passa das quatro da tarde entre quilômetros corridos e entrevistas com agricultores. Sandra nos observa e, depois de horas, sorri.

— Agora, vou te levar até uma família bem de vida, que enriqueceu com o fumo.

O destino é a Linha Hansel, em outro extremo da zona rural de Venâncio, mais precisamente na propriedade da família Haas. Terras abundantes. Mais de uma casa no interior do terreno cercado por muros altos. Veículos novos nas garagens. Plantação de folhas de tabaco até onde a vista alcança, e além. Nesse palco é José Henrique, de 51 anos, quem nos atende. Natural de Venâncio Aires, hoje é ele quem comanda os negócios. O gosto pelas lavouras de fumo é herança do pai, Beno Alberto Haas.

— Vim para cá com 6 ou 7 anos, quando a família se mudou para esta propriedade. Sempre estava junto na lavoura. Em épocas de escola, ia para a aula e, quando podia, ajudava. Não tinha por que ficar sentado em casa.

Enquanto apresenta parte da propriedade, José garante ter testemunhado o crescimento econômico proporcionado pelo tabaco. Relata que antes havia a erva-mate, mas que o fumo dá condições para aumentar a renda dos produtores e prevalece, engolindo outras culturas. "Aqui está o nosso sustento, nosso pão. Tudo que você vê, vem do fumo", afirma, apontando para uma imponente caminhonete e as casas construídas nos 23 hectares de terra, onde 85 mil pés de fumo estão plantados para a safra 2015–2016. Um rendimento que garantiu sua vitória na 16ª edição do Concurso Fumicultor Modelo, da Festa Municipal do Tabaco de Venâncio Aires.

Estamos agora numa parte do terreno que separa duas boas casas. Somos apresentados ao patriarca da família, Beno, e à esposa e às filhas de José Henrique. Cadeiras são trazidas pela mulher e o chimarrão passa a ser servido. Sentamos em círculo. Perguntamos sobre doenças advindas do cultivo do tabaco. Apesar de reforçar os ganhos materiais, José não nega que o trabalho lhe trouxe problemas físicos.

— Quem não se cuida, está sujeito. Quem vai colher o fumo molhado e não se protege pode passar mal. Você se molha e, até por causa do calor, por causa do sol, dá a reação. Tem alguma parte tóxica que o corpo não resiste, mas nem todos têm problema. Eu já tive, mas, agora, estou me protegendo, usando as roupas para a colheita, o que não é muito bom para usar, mas a gente usa.

Só depois da menção sobre o uso do equipamento de proteção individual (EPI) é que a voz da esposa do agricultor, Dulce, se apresenta: "A gente coloca [o EPI] e chega certa hora, tipo nove, nove e meia, a hora que o fumo está mais enxuto, e a gente tira. Daí, coloca roupa comprida normal", comenta. Logo em seguida, o marido retoma a palavra, para cair em contradição: "Não dá pra ficar [com o EPI]. É muito quente", confirma, voltando-se à mulher, e repetindo algo dito por dezenas de agricultores que entrevistamos no Paraná e no Rio Grande do Sul.

Os Haas têm contrato de prestação exclusiva com uma das fumageiras.

— Só faço negócios com a Souza Cruz, nunca mudei. Desde que eu comecei, meu pai já estava com eles, e assim ficou. Tem outras, mas optamos pela exclusividade — explica José, que hoje arrenda terras para outras duas famílias de agricultores, os chamados "sócios", pessoas que plantam na propriedade alheia e pagam com trabalho. Em outras regiões, são conhecidos como meeiros.

Dos membros da família, somente José Henrique e Dulce vão à lavoura de fumo. Beno não planta mais. Dessa forma, usam mão de obra de terceiros, principalmente na colheita, por três meses. "No último ano, assinei até carteira pra eles", declara José, com o tom de quem faz um favor ao registrar quem trabalha, entregando mais uma evidência de que o normal na região — não exatamente no caso dos Haas — é a precarização das condições laborais.

O "normal", também, é o trabalho de menores de idade. Após uma pergunta sobre os motivos de os jovens da região não gostarem do plantio do fumo, a resposta vem cortante:

— Porque é um serviço mais pesado. Se o jovem ficou até os 18 anos sem fazer aquilo, vai no que é mais fácil depois — opina José Henrique. — Desde pequenino, eu ajudo, não deixei de estudar. Não fiz faculdade, mas estudei até o segundo grau, ia para a aula, chegava em casa e ajudava. Não me fez mal nenhum esse meio dia na roça.

As palavras mais contundentes ditas na propriedade dos Haas, porém, não saem da boca de ninguém da família, mas de Sandra Helena Wagner, a secretária do Sindicato dos Trabalhadores Rurais:

— Hoje, as nossas crianças não trabalham. Se vão ajudar, catam umas folhinhas que caem no chão. A preocupação dos pais é levar os filhos à aula. Se houve isso [trabalho infantil] faz muitos anos, mas, mesmo assim, as crianças que ajudaram na roça aprenderam uma profissão. Sou um exemplo, trabalhava na roça desde pequeninha. Aprendi a ser gente, ter valores, princípios, ter respeito pelos mais velhos, pela sociedade.

O discurso prossegue e o teor se acentua. Com uma crítica desmedida às gerações mais jovens e a defesa nada sutil do trabalho infantil, a representante do sindicato arremata:

— Sou uma cidadã que trabalha, que tem carteira assinada, mas, e a geração de hoje, quer trabalhar? Estamos criando uma geração de vadios que só tem estudo, que acha que não pode mais trabalhar. E que geração vai ser essa, no futuro? Nem todo mundo pode ficar empregado no escritório. E se não tiver gosto de trabalhar em qualquer área? O que a gente mais vê hoje é um bando de vadios se drogando, outros se prostituindo, uma sociedade doente por falta de se ocupar desde pequeno.

Já é a noite de 1º de setembro em Venâncio Aires. Do ponto em que partimos de Linha Hansel até o sindicato são só cinco quilômetros. O corpo sente o cansaço de quem circula desde as primeiras horas da manhã, e a mente está atordoada depois das declarações na propriedade dos Haas, das quais a protagonista ocupa o banco do passageiro. Ela desce e se despede. Dessa vez, o sorriso é de missão cumprida. Começamos a entender.

Ainda havia 31 quilômetros a percorrer até Santa Cruz do Sul. Ao menos uma parada era necessária antes da partida. Num bar, a conversa com o proprietário tenta virar uma entrevista, barrada sem cerimônias. "Falar o quê do fumo? É ele que faz girar meu bar, que faz girar esta cidade. Sem tabaco, isso tudo aqui quebra. Você quer que eu fale dessas coisas delicadas?", indaga o comerciante, que nem chega a se apresentar.

Os agricultores e a economia regional estão enclausurados. Comerciantes e trabalhadores urbanos são atingidos em cheio pela "teoria da dependência do tabaco". Rodeados pelas poderosas empresas fumageiras, os pequenos produtores têm apenas brechas para contar a história a partir do ponto de vista de quem trabalha na terra. E são poucos os que desejam escutá-los.

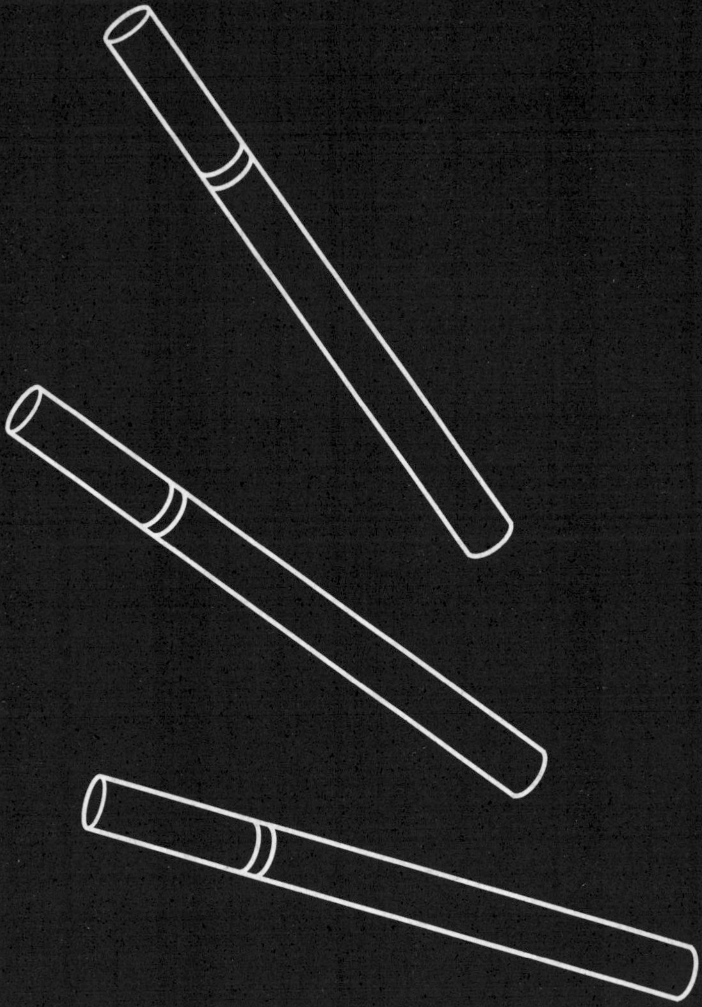

RESPIRANDO PELA FRESTA

3

Trinta minutos de estrada. A música a mil no som do carro como tentativa de aliviar a tensão. Mas o símbolo da líder do mercado de fumo no país dá as "boas-vindas" novamente. Estamos de volta a Santa Cruz do Sul. Souza Cruz jogada na cara. As canções desaparecem. Somos tomados pela angústia com a lembrança das conversas em Venâncio sobre a situação dos trabalhadores nas lavouras da região.

Passava das oito da noite e ainda havia trabalho pela frente. Um telefonema com hora marcada, oito e meia, mas com resposta adiada:

— Não posso ser identificado e não vou poder te encontrar pessoalmente, mas vou te passar alguns contatos que podem render algo sobre o tabaco em Santa Cruz, amanhã — diz a pessoa do outro lado da linha.

Em busca de ar, caminhamos. Precisamos de café. Uma moça, numa padaria, passa um dos bons. Arriscamos o tema. Com 17 anos, ela olha por cima dos nossos ombros, já denunciando o temor de que alguém esteja à espreita.

— Difícil, hein? Só digo que é difícil, a gente tem pouca opção.

É permanente o discurso de que qualquer crítica à indústria do fumo soe como estímulo para que o negócio se vá da cidade. Pagamos a conta. Não por mal, o bom café fica pela metade. E a esperança de encontrar ar num cenário de asfixia quase se esgota.

Dia seguinte: estamos de pé às seis da manhã. Horas a esperar uma ligação, cansamos de ficar pendurados ao telefone ou nas pesquisas de computador. Decidimos almoçar e procurar a rua. A recepcionista nos indica um lugar calmo para a refeição. Aceitamos a dica: é o Parque da Gruta, ambiente público da cidade.

Dois quilômetros e seiscentos metros de deslocamento para perceber que a marca da Souza Cruz estampada na entrada do município, apesar de ser o aviso maior, está longe de ser o único. A estadunidense Universal Leaf está em destaque no parque público. Os nomes das empresas, aliás, são lidos em muitos lugares. Alliance One, Philip Morris, China Tabacos e JTI. Uma miríade de siglas e nacionalidades que confunde quem tenta entender a situação.

Restaurante. Na entrada, plaquinha da fumageira Universal Leaf, de novo. Rodízio. Para quem segue dieta carnívora, comida boa. Serviço rápido e simpático. Aos poucos, os garçons nos enchem de opções. Enquanto isso, a mesa ao lado é ocupada. Três homens, duas mulheres. Todos vestidos socialmente. Começa a conversa. Tabaco, colheita, compradores de folhas de fumo. "Os agricultores são foda. Nunca se contentam com o preço, isso é o que dificulta a nossa vida com as empresas daqui", diz uma das moças, que deixa claro que a turma é "de fora".

O telefone toca. Do outro lado, vem a confirmação do contato que já não esperávamos. Correndo, anotamos o número. E, em seguida, ligamos. Uma voz feminina atende e nos desafoga:

— Aqui é do Capa, sim, e o Sighard está.

Capa é o Centro de Apoio e Promoção da Agroecologia, uma organização não governamental nascida da Igreja Evangélica da Confissão Luterana. Sighard Hermany é quem coordena o projeto.

Um homem alto, barba e cabelos brancos, se apresenta. É Sighard e, pela primeira vez em todos os contatos feitos em Santa Cruz, a resposta sobre falar abertamente da cultura do tabaco é positiva. Suspiros de alívio.

Santa-cruzense de nascimento, o coordenador da organização logo explica que é filho de plantadores de fumo. "Os meus pais sempre plantaram. Tentaram um ou dois anos não plantar, mas voltaram", diz o descendente de alemães, então com 62 anos. Engenheiro agrônomo, Sighard sabe bem dos problemas criados pelo monocultivo. Por isso, partiu da cidade para vivenciar e estudar métodos agroecológicos de diversificação de culturas. "Saí de Santa Cruz por um tempo. Voltei para cá no projeto do Capa, em 1984, para trabalhar em alternativas no campo, mas não é fácil. Nossa estrutura é pequena e os poderes das indústrias são grandes."

O coordenador do Capa fornece detalhes da chegada do fumo ao Vale do Rio Pardo. Com a imigração das primeiras famílias alemãs à região, chega junto o tabaco, em 1849. No ano seguinte, brota a primeira safra. Nas primeiras décadas do século 20 são firmados os contratos da indústria fumageira com os colonos alemães. Quem chega à frente é o português Albino Souza Cruz, que introduz a adubação química do fumo e o sistema integrado de produção. Já em 1914 a BAT controlava o negócio.

— A gente, aqui na cidade, nasce no meio da fumicultura. Praticamente, o ano gira em torno da atividade. Os meus pais [hoje, falecidos] tentaram um ou dois anos não plantar, mas voltaram. Eu era muito pequeno, não sei muitos detalhes. Só sei que eles fizeram a tentativa de parar, porque o fumo é muito oscilante em termos de preço, varia muito de uma safra pra outra. Mas nunca conseguiram deixar de plantar o tabaco.

O problema é sério. E geral. Quase todos os atores sociais de expressão fazem a defesa incondicional do tabaco.

— Se termina o tabaco, termina o mundo — brinca Sighard. — Que o agricultor raciocine assim, vá lá, mas lideranças políticas e empresariais deveriam ter uma visão abrangente. Não precisa dar fim ao tabaco, mas vai construindo alternativas, porque as empresas vão embora um dia, com crítica ou sem. Elas vão quando o mercado mudar de lugar, quando for vantajoso se instalar na África.

Claro que a pressão da crítica social pode inibir as empresas em algum momento, mas não parece o fator determinante. O que motiva um conglomerado é o mercado e o espaço onde ele pode se viabilizar. Ali, não é diferente.

— As empresas vão embora e nós vamos ficar sem rumo. E, quanto mais se faz o debate dos problemas do tabaco com relação à saúde, mais se fortalece a resistência do discurso contrário. As empresas se aproveitam e polarizam, constroem o "nós contra eles".

O tabaco representa a oitava maior receita agropecuária do Sul do Brasil e a 15ª no ranking nacional. Na pauta de exportações, é o décimo produto mais embarcado pelo país. Em 2017, o Brasil, pelo 25º ano consecutivo, foi o líder mundial em exportações de tabaco. Segundo dados do Ministério do Desenvolvimento, Indústria e Comércio Exterior, 462 mil toneladas foram enviadas para além de nossas fronteiras.

De acordo com os últimos números do setor, divulgados em 2017, o tabaco é produzido por 150 mil pequenos produtores, em 566 municípios brasileiros. Na região Sul, 55% dos 1.191 municípios distribuídos por Paraná, Santa Catarina e Rio Grande do Sul contam com áreas de cultivo de folhas de fumo.

Em algumas cidades, a produção chega a representar 90% da arrecadação total, como é o caso da localidade gaúcha de Canguçu. Em Santa Cruz do Sul, polo do Vale do Rio Pardo, a Philip Morris é líder absoluta em valor adicionado fiscal, respondendo por 42% da arrecadação do município em 2017.

Das cidades onde estivemos, Canguçu foi campeã da produção de tabaco no Brasil em 2017, produzindo 23.143 toneladas. Venâncio Aires fechou a safra em segundo lugar, com 22.832 toneladas. Santa Cruz do Sul, com uma colheita de 16.029 toneladas, foi a quinta colocada.

Santa Cruz é o berço de tudo, a casa das fumageiras, o que faz entender tanto medo e tamanha sensação de vigilância. Foi a partir deste município que a região se rendeu ao tabaco. A mola principal do discurso tabacocêntrico é que as iniciativas de plantar outras culturas não têm garantia de mercado. Mas os motivos de se ter chegado a isso, aponta Sighard, não são debatidos com a mesma franqueza.

— É uma relação que está estabelecida com o agricultor. De maneira geral, ele tem a certeza de que consegue entregar o produto. Em teoria, ainda que não se faça uma boa safra sempre, mesmo na baixa, o sentimento é de que não fica nada pra trás.

Em outras palavras: deseducação, aculturação, anulação de saberes. Com cultivos diferentes, o agricultor teria de estabelecer a própria relação com o mercado. A média, no entanto, se acomoda na teia das empresas que oferecem todo o mecanismo de produção. A iniciativa de acessar vias diversas se vai, vira exceção.

Vários estudos na biblioteca do Capa mostram que os fumicultores se frustram com experiências alternativas. Detalhe: especialmente quando essas ações são individualizadas. A leitura, de forma geral, é a de que é necessário estabelecer relações coletivas para encontrar saídas. Contudo, o cooperativismo sucumbiu na região. Isolado, o agricultor vê a chance de a frustração crescer.

Pudera. Também ensinam Sighard e os livros do Capa: é difícil encontrar quem negue que o fumo é a principal fonte de renda das pequenas propriedades agrícolas das cidades do Vale do Rio Pardo, já que é o único produto que tem "garantia de compra", desde que haja contratos entre a indústria fumageira e os agricultores. É assim que se constrói a cadeia que coloca os pequenos produtores na condição de empregados na própria terra, num esquema imposto pelas empresas. Tal lógica persegue "a previsibilidade e a segurança", mas não para o trabalhador do campo. As garantias são voltadas para o cumprimento dos contratos de exportação de fumo em folha com o mercado internacional. O "sistema integrado", como foi batizado pelo oligopólio fumageiro, é a prisão dos camponeses.

O ritual de assinatura dos contratos se repete todos os anos. Nos meses de abril e maio, o agricultor, procurado pelos "orientadores" das empresas, já acertou a venda de tabaco em folha, num acordo de prestação de serviços no qual não há nenhuma possibilidade de negociação. É um documento de adesão pronto, em que só resta espaço para especificar o tipo de fumo (Virgínia, Burley e Comum), o tamanho da área onde será feito o plantio, a variedade de semente a ser utilizada, a estimativa de pés que serão cultivados e a quantidade de tabaco, em quilos, a ser entregue às fumageiras.

Do começo ao fim do processo, o agricultor está amarrado. Desde a compra de sementes, insumos, agrotóxicos e equipamentos de proteção, até a comercialização das folhas de tabaco, que vai ocorrer, em média, a partir de janeiro do ano seguinte, o dono da terra fica comprometido, correndo o risco de se endividar com a empresa se não cumprir a meta prevista na estimativa. Se entregar menos do que prometeu no documento, cai em dívida, já que, além de venderem grande variedade de itens aos camponeses, as fumageiras, muitas vezes, exigem investimentos dos produtores, como a construção de fornalhas e estufas para secagem do fumo.

Não há dúvida de que a relação é muito desigual. Os produtores são obrigados a comprar das empresas um pacote tecnológico. Para isso, têm de fechar um acordo de financiamento que, invariavelmente, é garantido por entidades ligadas à indústria, sempre com juros acima da média do mercado, numa trajetória que resulta em um endividamento que deixa agricultores totalmente atrelados a determinada corporação durante muitos anos. No final de uma safra dura, a comercialização é exclusividade da empresa, sem possibilidade de contestação dos preços apresentados.

Além de acorrentados ao sistema integrado, os camponeses são reféns dos métodos das fumageiras no que se refere ao ritmo do mercado e aos preços do fumo. E as empresas têm peso político. Em 2007, ao chegar ao Ministério da Agricultura, no segundo mandato do presidente Luiz Inácio Lula da Silva, o catarinense Reinhold Stephanes, que fez carreira política e empresarial no Paraná, firmou portaria revogando os dispositivos válidos desde a década de 1990 para a classificação do tabaco, o que baliza os preços impostos ao produtor. O que deveria dar solução a antigas reivindicações dos produtores acabou como nada mais que um remendo.

A nova tabela de classificação de fumo manteve uma margem enorme para que as empresas decidam quanto vale o que o agricultor entrega. No caso da variedade Virgínia, a mais comum no Brasil, há 41 categorias. É um complexo e subjetivo cruzamento de grupos, subgrupos, classes, subclasses, tipos e subtipos. Difícil entender? Imagine ter de fazer isso em questão de segundos, enquanto o trabalho de um ano inteiro rola pela esteira e o técnico da empresa define o valor do produto.

Se o representante da indústria disser que as folhas têm mais de metade da superfície tomada por cores "castanho-claro a castanho-escuro", o fumo terá um valor. Mas, se avaliar que a cor laranja predomina, passa-se a outro patamar. O problema é que ainda será preciso verificar se o produto tem ou não elasticidade e qual o grau dessa elasticidade. Avalia-se, também, se há manchas esverdeadas, pálidas, acinzentadas, avermelhadas. Cruza-se tudo isso e tem-se o preço final da produção. Quem reclama está fora do páreo.

Na prática, a existência de tantas categorias serve para que a empresa opere sobre o preço de acordo com o momento do mercado. Com demanda em alta, os valores sobem. Com excesso de oferta, os valores caem. Não se trata de uma classificação técnica. Aquilo que parece muito bom no começo de uma safra pode ser trágico ao final.

No papel, o acordo soa perfeito: garantia de produção comercializada, assistência técnica, crédito. Entretanto, a Associação dos Fumicultores do Brasil (Afubra) constatou que, entre 2010 e 2017, em torno de 35 mil famílias deixaram a cultura do tabaco. Na comparação com dez anos antes, o número de 140 mil ou 150 mil famílias envolvidas atualmente representa uma saída de quase cinquenta mil, com 150 mil hectares a menos de plantações. Motivo para comemoração? Se todas estivessem envolvidas em culturas menos agressivas e mais rentáveis, sim. Não é o caso.

E, considerando que a Afubra não é exatamente uma entidade insuspeita no que se refere à defesa dos pequenos agricultores, aumentam os motivos para entender a redução do número de produtores. Essa diminuição, na verdade, corresponde às mudanças na conjuntura internacional, como bem observa Sighard Hermany.

A Convenção-Quadro para o Controle do Tabaco tem levado a um desestímulo global ao consumo de cigarros. Os pontos firmados por 180 países mais a União Europeia preveem restrições à publicidade e à produção de variedades atrativas para o público jovem, além de estimular o oferecimento de saídas aos agricultores. No Brasil, a prevalência do tabagismo na população adulta fica em torno de 10%, segundo dados do Ministério da Saúde, uma redução de 30% em relação a 2006, primeiro ano após a ratificação da Convenção-Quadro. No final da década de 1980, um em cada três brasileiros adultos fumava.

À parte essa questão, a produção africana, em particular a do Zimbábue, cresce em "ritmo chinês" e já faz sombra à indústria brasileira. Diante disso, a Afubra e o SindiTabaco, que reúne as empresas compradoras de fumo em folha, resolveram andar de mãos dadas. A tendência de bastidores é deslocar aos países africanos a condição de produtor em larguíssima escala e fazer da produção brasileira uma referência de produtividade e qualidade — "maior valor agregado", em linguagem mercadológica, com certificações e selos. A associação que reivindica o direito de representação dos fumicultores emitiu comunicado no início da safra de 2017–2018 indicando a solução imediata para o problema: reduzir em 12% a produção da variedade Virgínia e em 20% a Burley: um total de 607 mil toneladas, ou noventa mil a menos do que na colheita anterior.[22]

---

[22] "Entidades orientam produtores rurais a reduzir a área", em *Gazeta do Sul*, 16 mai. 2017. Disponível em <http://www.gaz.com.br/conteudos/regional/2017/05/16/94936-entidades_orientam_produtores_rurais_a_reduzir_a_area.html.php>.

O problema é que uma fatia expressiva dos produtores não está nesse seleto grupo. Quase 30% não possuem terras próprias e outros 34,7% produzem em unidades que têm entre um e dez hectares. De acordo com dados da Afubra, a escolaridade é baixa: 89,9% cursaram o ensino fundamental, sem completá-lo, e apenas 6% puderam concluí-lo.[23]

Silvana Rubano Turci, pesquisadora do Centro de Estudos sobre Tabaco e Saúde da Fiocruz, considera que esse é um entre vários fatores que dificultam a migração para outras culturas. Ela e outros pesquisadores reforçaram, em um estudo conduzido com mulheres envolvidas na produção de fumo em Palmeira, no Paraná, uma impressão que já havia aparecido em pesquisas e conversas: a maior parte das pessoas deixaria a produção de tabaco se tivesse alternativa.[24]

"As trabalhadoras são mulheres muito inteligentes. Sabem a capacidade que têm de transformar o ambiente em que vivem. É muito difícil para uma família em pequena propriedade mudar de atividade sem um apoio muito forte para que isso aconteça. Tem que ver qual a vocação da família, qual a vocação do município", diz Silvana. "É um trabalho muito pesado. E isso acaba gerando um êxodo, principalmente das filhas, que vão para a cidade na esperança de um emprego melhor."

Um estudo encomendado pelo SindiTabaco ao Centro de Estudos e Pesquisas em Administração da Universidade Federal do Rio Grande do Sul (UFRGS) reforça essa percepção.[25] Embora busque elencar fatores que mostrariam que o produtor goza de uma vida confortável, a pesquisa feita com 1.145 famílias

---

23 Dados disponíveis em <https://afubra.com.br/perfil-fumicultor.html>.
24 Alguns dos resultados podem ser lidos em REIS, Marcelo Moreno dos *et al.* "Conhecimentos, atitudes e práticas de agricultoras sobre o processo de produção de tabaco em um município da Região Sul do Brasil", em *Cadernos de Saúde Pública*, v. 33. Rio de Janeiro, 2017. Disponível em <http://www.scielo.br/scielo.php?script=sci_arttext&pid=S0102-311X2017001505007&lng=en&nrm=iso>.
25 SLONGO, Luiz Antonio *et al. Produtor de tabaco da região Sul do Brasil: perfil socioeconômico*. Porto Alegre: Centro de Estudos e Pesquisas em Administração/Universidade Federal do Rio Grande do Sul, 2016.

demonstra que a saída dos filhos é a principal ameaça à cultura do fumo. A falta de um sucessor marcou 28,4 pontos, numa escala de zero a cem, seguida pelo desejo da família de deixar o campo. Pouco mais de um quarto dos produtores — 26,7% — declararam não ter quem dê sequência ao cultivo porque os filhos querem outra profissão, entendem que a atividade rural é cansativa e estão insatisfeitos com a renda.

Ao mesmo tempo em que atordoa as fumageiras, esse êxodo dificulta ainda mais a migração para outras culturas. Uma lavoura agroecológica ou orgânica, sem aplicação de venenos, demanda um esforço físico muito elevado, difícil de ser cumprido pelos mais velhos. No ano de ratificação da Convenção-Quadro, o governo federal brasileiro lançou o Programa Nacional de Diversificação em Áreas Cultivadas com Tabaco, sob a coordenação do Ministério do Desenvolvimento Agrário, com o objetivo de encontrar portas de saída para a produção do fumo.

Diversificação, sim. Reconversão, não. As palavras que escolhemos dizem muito sobre nossos objetivos. Quando o projeto teve início, as empresas chiaram. Mas, como de praxe, encontraram um jeito de se acomodar. Foi assim que ficou restrito à ação de algumas ONGs o horizonte de reconversão, ou seja, de voltar ao cultivo de alimentos. "Para a indústria, um bom produtor é o diversificado", diz o presidente do SindiTabaco. Se antes o setor cobrava dedicação quase exclusiva, hoje impõe o cultivo de outras culturas. Motivo? Se o fumo não der dinheiro, pelo menos o sujeito tem o que comer. E, de barriga cheia, ninguém reclama.

A médica brasileira Vera Luiza da Costa e Silva está desde 2014 à frente do Secretariado da Convenção-Quadro para o Controle do Tabaco da OMS, em Genebra. Ela é a responsável por liderar o processo de implementação do tratado. Antes disso, Vera foi pesquisadora no Instituto Nacional de Câncer, professora na Fundação Oswaldo Cruz e uma das fundadoras do Centro de Estudos sobre Tabaco e Saúde da Escola Nacional de Saúde Pública. É "comum" que ela receba mensagens ameaçadoras pela internet de pessoas próximas à indústria.

"Para mim, essa questão do peso econômico do tabaco não é um argumento: é um fato que deve ser considerado pelo governo na medida em que o processo internacional avança", avalia. "É inevitável que se vá pensando em medidas para dar suporte a esses agricultores. Agora, a indústria não está minimamente preocupada com eles. O plantador de tabaco tem uma relação de sujeição e resistência. O cultivo de tabaco é um cultivo onde quem dá as cartas e as garantias, ou não, é a indústria."

No final dos anos 2000, agricultores de São Lourenço do Sul e o então prefeito, Zé Nunes (PT), tentaram criar uma cooperativa. A administração municipal organizou uma excursão à província de Misiones, na Argentina, para conhecer uma iniciativa de produtores de fumo que trabalhavam a diversificação pelo cultivo de laranjas e afins.

"Se a Alliance comprava de uma cooperativa argentina que tem como centro a diversificação, por que não vai comprar de uma cooperativa no Brasil, onde há um baita debate sobre a Convenção-Quadro?", pensou Sidnei Hall, um dos mobilizadores da organização.

A Cooperativa Regional dos Agricultores Familiares nasceu com a ideia de garantir percentuais crescentes de diversificação. Ou seja, nasceu morta. A indústria fechou todas as portas ao diálogo.

"Nossa ideia inicial era que as grandes empresas poderiam entender como positivo esse projeto", recorda Zé Nunes. "Nem comprar a produção eles aceitaram. Eles preferem comprar daqueles comércios clandestinos que sequer sabem a origem do produto. Tem algumas cooperativas na região que são de fachada. Com essas, eles se relacionam. São empresas para vender nota. São Coopergato."

ENTRE A VIDA E O FUMO

A conversa no Capa foi ótima. E não ficou só na teoria. Mesmo no contexto regional difícil, duas pessoas, além de Sighard, se candidatam a falar. Dois agricultores. Origens e idades diferentes. Em comum, o fumo que atravessou suas vidas.

Laércio André Frantz nasceu em Santa Cruz, no terceiro distrito da cidade. Tinha 32 anos quando conversamos. Cultivou tabaco por boa parte desse tempo. Como tantos na região, os avós começaram, os pais herdaram e ele continuou. A diferença é que buscou se libertar da indústria fumageira depois de um tempo. O ano da decisão foi 2006.

— Levei meu pai para o hospital pensando que estava morto. O médico falou pra ele: "Escolhe entre sua vida e o plantio do fumo". Mesmo assim, ficamos mais três anos plantando, só que mudamos para o fumo agroecológico.

A transição deu certo. Em 2009, a família Frantz deixou de vez o tabaco. Hoje, na mesma propriedade, cultivam verduras e frutas, fazem doces e criam gado leiteiro.

— É outra qualidade de vida. Agradeço a minha labuta de hoje, que dá mais saúde para a minha família e garante a nossa renda. Se puder escolher, a última coisa que faço é voltar a plantar fumo.

Nascido no município de Sinimbu, a sessenta quilômetros de Santa Cruz, Guilherme Padilha foi estagiário no Capa, onde trabalhou com assistência técnica e extensão rural. Depois, foi estudar Agronomia na Universidade Federal de Santa Maria (UFSM). Na cidade de origem, mantém os laços com os pais, Paulo Sérgio e Vera Salete, e com os irmãos, Gustavo e Milena, família que ainda vive do plantio de tabaco. Mas nem sempre foi assim.

A atividade no cultivo de tabaco tinha uma pequena representação no trabalho da família, já que ela era, principalmente, produtora de alimentos e diversificava as fontes de renda. Nos anos 1990, a produção de alimentos diminuiu em função das ações da indústria fumageira, que ofereceu crédito às famílias em troca de um aumento na produção de tabaco.

O jovem entra sem receio na polêmica sobre o fumo ser a principal fonte de renda das pequenas propriedades no Vale do Rio Pardo.

— Segue sendo o único produto que tem garantia de compra, mas, em um estudo que realizei sobre a produção de tabaco do meu pai, identifiquei que os custos de produção, com a mão de obra inclusa, chegavam a até 98% do montante produzido.

Impossível não lembrar dos cálculos que havíamos visto alguns anos antes no Sindicato dos Trabalhadores Rurais de Palmeira, no Paraná, uma rara entidade crítica às empresas do setor. As contas consideraram os investimentos realizados e a durabilidade dos equipamentos. Insumos, estufa e paiol, lenha, energia elétrica, combustível, animais de tração e o tempo do produtor levavam a um custo de R$ 4,95 por quilo — na época, a remuneração média era de R$ 4,96 por quilo.

No Vale do Rio Pardo, Guilherme, que trabalhou dos 14 aos 18 anos no cultivo de folhas de fumo, agora auxilia os parentes apenas aos finais de semana, com poucas horas de dedicação, já que passa a maior parte do tempo em Santa Maria. Feliz, o rapaz conta que a família está em um quadro de conversão agroecológica, implementando outras atividades, como pomar, criação de cabras, árvores frutíferas nativas e cereais. Aos poucos, constroem canais de comercialização para esses produtos.

— Além disso, toda a nossa alimentação é produzida na propriedade, o que diminui significativamente os custos fixos.

Há resistência. As asas cortadas parecem querer renascer. Sighard promete mais:

— Se quiser, vai conhecer uma família em Venâncio que é um exemplo de que é possível sair da cultura do fumo e fazer agroecologia.

Somos apresentados a Augusto Weber, então com 33 anos, morador de Venâncio Aires e assessor técnico no Capa de Santa Cruz. Ele se coloca à disposição para nos levar até a família indicada.

Bom de papo, o técnico se abre no trajeto. Entre várias histórias, conta a própria:

— Antes do Capa, eu trabalhava na Afubra.

A Afubra, defendida por alguns e acusada por muitos de pelega, era um dos objetos de nossa investigação.

— A primeira coisa positiva que senti na mudança para o Capa foi parar de vender agroquímicos, por saber o que representam. Fora isso, sumiu a pressão por venda e toda a pressão do capitalismo, ela saiu um pouco das minhas costas para poder fazer um trabalho mais tranquilo.

— Era pesado, na Afubra?

— Sim, pelas metas de vendas dos agrotóxicos. Eu tinha que vender pacotes e orientar os agricultores para tomar cuidado e não se intoxicar. Na agricultura química, tem que vender um pacote fechado para o agricultor.

Não ter mais meta para atingir e levar uma proposta ao agricultor em que não seja necessário aplicar nenhum veneno aliviou Augusto Weber e o permitiu conhecer a família Richter, dona do sítio em que batemos à porta por recomendação de Sighard.

Um rapaz de 20 anos que aparenta ter menos idade nos recebe. O nome é Anderson Rodrigo, membro da família Richter. A ascendência é alemã, algo que fica expresso não apenas no sobrenome, mas no sotaque. De cara, ele nos mostra a propriedade. Difícil acreditar que o solo onde antes só brotava fumo hoje dê morangos tão saborosos. Nem é necessário açúcar: basta apanhar e experimentar o fruto saído direto da terra. Isso é apenas parte do trabalho do jovem descendente do grande fluxo imigratório de alemães do século 19, caso da maioria das pessoas que mora na região do Vale do Rio Pardo.

O terreno na comunidade de Linha Santana em que se localiza a propriedade de Anderson era grande quando Adolfo Richter, o primeiro antepassado de que ele tem notícia, chegou. As casas, a igreja, muito se construiu em torno dela. Outros Richter vieram, formaram as próprias famílias. Dividiram a terra. E o fumo se espalhou por todos os pedaços. Anderson não escapou a essa herança. Conta que, quando se deu por gente, estava cercado de tabaco.

— Nem vi acontecer. Quando eu nasci, já era assim fazia muito.

E foi com a presença intensa desse monocultivo que ele cresceu. Ao lado dos pais, Heitor e Marilei, auxiliou no plantio até os 14 anos, em 2009. Foi então que começou a virada. Naquele ano, iniciou os estudos de agroecologia na Escola Família Agrícola de Santa Cruz do Sul (Efasc), onde se formou, em 2011. Foi uma aposta para escapar da cultura do tabaco e dos agrotóxicos. De início, contou com o apoio de duas jovens: a irmã mais nova, Andressa Rafaela, e a namorada, Micaela Hister, que conheceu na Efasc.

— Quando começamos, tínhamos apenas um pedacinho de terra na propriedade dos meus pais, que não acreditavam que daria certo. Agora, já conseguimos ampliar, e eles estão ajudando — conta o jovem, que sonha com a criação de lavouras demonstrativas para espalhar a cultura agroecológica.

No entanto, a mudança não foi fácil, não só pela resistência inicial dos pais, mas pelo caldo de cultura que influencia toda a comunidade: um contexto erguido a partir da planta do tabaco, que fez brilhar os olhos da indústria ao enxergar a região.

— Lembro de olhar em volta quando era pequeno e só ver folhas de fumo. Não só na propriedade da minha família, mas nas que estão no entorno. Tinha uma sensação de opressão.

Agora, as terras dos Richter não têm um só pé de folhas de tabaco. Os jovens produzem morango, hortaliças, temperos. Entregam em feiras e para iniciativas de compras públicas, como o Programa Nacional de Alimentação Escolar (Pnae). Na busca por diversificar receitas, também vendem a professores das escolas e faculdades da região. O esterco de vacas e porcos é a fonte para o adubo.

— O começo foi duro, mas a gente se libertou com isso. Tiramos os agrotóxicos das nossas vidas e das vidas das pessoas que compram nossos produtos. E saímos da cultura do fumo, que tira a autonomia do agricultor, desconsidera o saber dele. A empresa fumageira que faz contrato com ele decide tudo. O agricultor não é dono do processo que pratica na própria terra. Ele é só mão de obra.

Entre a década de 1950 e o início dos anos 2000, o fumo trouxe "tempos dourados" para Venâncio Aires e região. O tabaco dava dinheiro e, segundo os Richter, era mais fácil se concentrar "só em uma coisa".

— Era como o cara da fábrica que aperta só um botão. As pessoas se especializam em plantar fumo, sem perceber que nem isso é de verdade, porque chegam os técnicos das empresas e dizem como e quando têm que fazer — continua Anderson, referindo-se à figura do orientador das fumageiras, que, na realidade, é quem dita as regras de como deve ser o plantio durante todo o ciclo produtivo.

O rapaz viveu na pele os efeitos da prisão que é a cadeia do tabaco. Trabalhou, ainda criança, nas lavouras de fumo. Viu a família sofrer, inclusive fisicamente. Heitor, o pai de Anderson, começou a plantar fumo aos 14 e passou 26 anos no cultivo.

— Já não ia mais pra escola, nem concluí o ensino fundamental. Não dava pra conciliar. O tabaco desgasta muito e eu tinha que ajudar meus pais — explica Heitor.

Heitor e a família chegaram a cultivar 94 mil pés de fumo nos picos de produção. E os problemas de saúde vieram. Dores de cabeça, indisposição, vômitos e manchas na pele eram recorrentes. Mas o trabalho não podia parar. A dura época da colheita, entre novembro e janeiro, ficou marcada como o pior período. Com chuva forte ou sol escaldante, era preciso colher as folhas e secá-las na estufa. Depois, as plantas secas ficavam depositadas em um pequeno barracão quase sem ventilação. A família se reunia nesse local para classificar o fumo de acordo com a qualidade, o que definia o preço.

— Não podíamos atrasar uma fornada. Senão, não conseguíamos mais o ponto certo do fumo e perdíamos o trabalho — descreve Heitor.

A utilização de agrotóxicos na plantação de tabaco foi compreendida pelos familiares como algo que atacava a saúde e degradava o ambiente. O cultivo manual, a retirada folha por folha, deixava evidente que, independentemente do quanto se usa de veneno nas plantas, se mais ou menos do que em outros tipos de lavoura, era necessário encarar a realidade: os agrotóxicos fazem entrar num ciclo penoso, pessoas adoecem e a terra também. Não sobra matéria orgânica para o solo.

— Os próprios adubos sintéticos perdem a eficácia, pois se espalham pela terra e a planta absorve só no ponto em que está a raiz. Então, tem que aumentar a dosagem para chegar ao que ela precisa para crescer. E, como o fumo toma todo o espaço da terra e as empresas colocam metas de tempo e quantidade para o agricultor entregar, o raciocínio é usar agrotóxico o tempo inteiro — detalha Anderson.

Mesmo nessas condições, Heitor só saiu do plantio do fumo em 2010. Agora, cria gado leiteiro e auxilia os filhos nos cultivos agroecológicos. Queria ter parado antes, mas tinha dívidas com uma fumageira, contraídas na aquisição de produtos e equipamentos prevista em contrato com a empresa.

— Sempre quando eu tinha dívida, o preço que pagavam pelo fumo não era bom.

A saída veio com o leite dado pelas vacas da propriedade e a diversificação da produção, estimulada pelos estudos de Anderson na Efasc. O débito, em 2009, quando o jovem ingressou na escola, já estava perto de ser quitado.

— A dívida, se a gente tivesse feito mais, não ia ter como parar. É nisso que muito agricultor entra, e perde cada vez mais o poder de decisão — salienta Anderson.

Micaela, sua namorada, é nascida em Sobrado, outra cidade da região. De lá, foi para General Câmara, a 66 quilômetros de Venâncio, onde, desde os 10 anos, passou a ajudar no cultivo do fumo, no qual continuam seus pais, Jorge e Traudi Hister.

— A propriedade que meu pai tem hoje [em General Câmara] é um local que uma pessoa comprou e não conseguiu pagar a dívida com a fumageira [Alliance One]. Meu pai assumiu a dívida e ficou com o lote — afirma Micaela.

Mais uma linha do modo de atuar das fumageiras está exposta. Na época do loteamento feito pela empresa, quem comprava uma porção de terra era obrigado a pagar plantando fumo. Muitos pequenos produtores não conseguiram dar conta das metas impostas pelos contratos e perderam os terrenos. Os pais de Micaela não chegaram a passar por isso. De qualquer forma, enfrentaram situações que também os levam a querer parar com a atividade:

— Meu pai começou a plantar porque era a tal história da cultura que tinha venda garantida. Chegou a ter oito hectares de fumo, 210 mil pés por safra — conta a moça.

A fumageira, então, colocava mais metas e exigia novos "investimentos". Vieram as dívidas e a necessidade de muita mão de obra. Jorge passou a ir até a periferia de General Câmara para juntar gente que aceitasse trabalhar na colheita, e lotava a Kombi com moradores de áreas pobres do município. Para agravar a situação, a filha e a esposa tiveram a saúde fragilizada. Micaela conta que, quando morava com os pais, estava "sempre mal", com náuseas. Traudi, a mãe, tem dores de cabeça e tonturas que não a abandonam.

— A fumageira defende que é a nicotina que tem na folha do tabaco que faz mal, mas a gente sabe que o agrotóxico tem parte aí.

Aos poucos, os pais de Mica, como a moça é chamada pelos familiares, diminuíram a produção de tabaco para, em média, "apenas" sessenta mil pés. Passaram, assim como Heitor, a investir no leite, mas ainda têm medo: não estão certos de que "vai dar" se abolirem o fumo e partirem para outra cultura.

— Eles têm muita dívida de compra de máquinas. Mesmo a terra, ainda estão pagando para a empresa — esclarece a jovem.

Anderson acredita que a dificuldade de encontrar alternativas ao tabaco passa pela falta de organização. Para ele, os agricultores engolem o sistema imposto pelas fumageiras e se acomodam. E, se buscam uma saída, vão geralmente na direção de outra cultura que os empurra para condições semelhantes, com a perda da autonomia e do saber camponês.

— Isso não é saída. O agricultor tem que ser o dono do processo e só será se usar aquilo que tiver de experiência em diversas culturas — aconselha, pontuando que, para mudar de verdade, são fundamentais a paciência e a persistência, o que garantiria uma boa transição. — Claro que não é fácil, tem que modificar hábitos, aperfeiçoar a terra, mas dá para melhorar a qualidade de vida e, com o tempo, ganhar melhor do que com o fumo, posso garantir. As pessoas que plantam no sistema oferecido pelas fumageiras são acostumadas a trabalhar com o corpo, e não com a mente. A empresa traz tudo pronto. Quer sair? Então, o agricultor tem que pensar sua produção.

Faltava abordar uma questão mais delicada com os Richter: teriam eles informações sobre os suicídios de agricultores em Venâncio Aires?

— Meu bisavô se suicidou em junho, aqui pertinho, nas terras dele — responde Anderson.

Waldemar Richter plantou fumo praticamente a vida toda. Fazia tempo, era vítima da depressão. Matou-se por enforcamento, aos 85 anos. Anderson crê que o suicídio do bisavô se deu por dois motivos: uma longa vida lidando com agrotóxicos, e dívidas.

— O veneno te leva para o precipício, e o endividamento te dá o ultimo chute. Na comunidade, tem outros casos de suicídio, também com plantadores de tabaco.

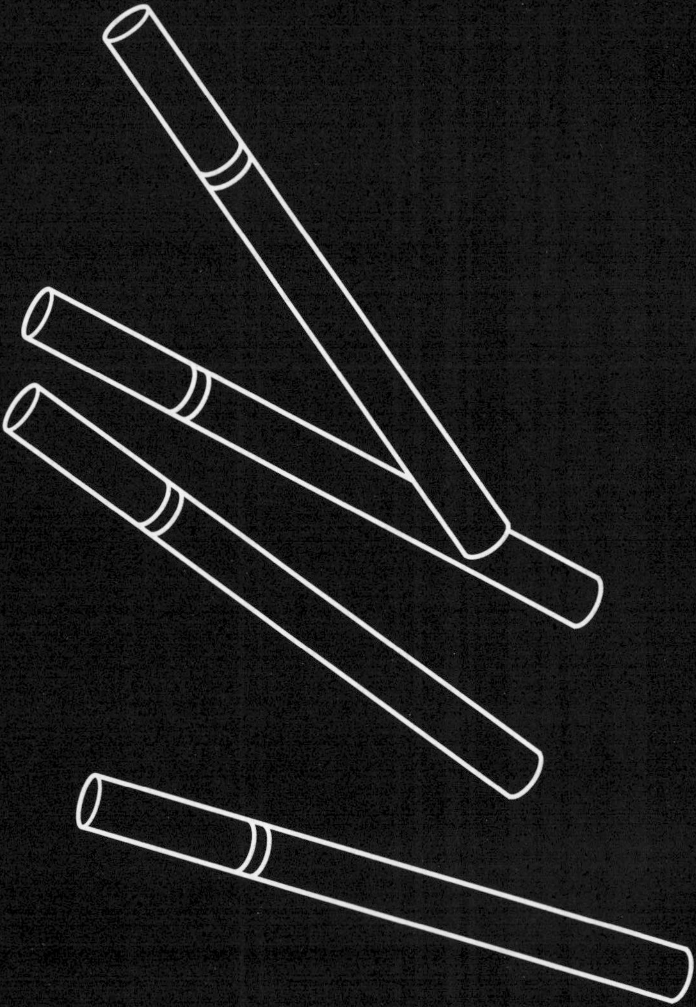

QUEM LIGA PARA EVA NA CORDA?

4

Em 2007, Eva da Silva foi ignorada mesmo depois de morta. Era 2 de fevereiro. Fazia calor. Nove e meia da manhã e o corpo da mulher pendurado numa corda no galpão de um sítio localizado no pequeno muncípio gaúcho de Vale do Sol, também na região do Vale do Rio Pardo, não fazia a menor diferença.

Os homens, um oficial de justiça e seis policiais militares, continuavam trabalhando, como se nada tivesse ocorrido. Todos apressados em atender ao pedido da fumageira Alliance One Brasil Exportadora de Tabacos Ltda., sob ordem do excelentíssimo juiz Marcelo Silva de Carvalho: tomar a produção de fumo da agricultora para o pagamento da suposta dívida com a empresa.

Desesperada, Eva ainda gritou que se mataria. O aviso da idosa de 61 anos não fez eco, mesmo que ela vendesse folhas de tabaco para a Alliance One havia 25 anos. O oficial de justiça, Rodrigo Federezzi, fez a fala de praxe:

— Só estou cumprindo ordens.

A porta do galpão foi arrombada pelos policiais, que carregaram os fardos de fumo sem nenhuma piedade.

Ao ser comunicada do suicídio, a empresa enviou funcionários para aumentar o grupo. Não com o objetivo de prestar auxílio à família, mas de retirar o fumo mais rapidamente. O juiz Marcelo Silva de Carvalho, depois de receber telefonema do oficial de justiça, autorizou o prosseguimento, informação confirmada pelo delegado de polícia que atendeu o caso, Miguel Mendes Ribeiro Neto.

Para a empresa, a morte de Eva só valeu um "comunicado oficial". Nele, representantes da Alliance lamentavam "o ocorrido" e diziam que o suicídio foi uma "fatalidade". A fumageira garantiu que o arresto ocorreu por "quebra de contrato", ou seja, por dívidas que a agricultora não teria pago.

Contudo, Eva não tinha, de fato, dívida. O contrato dela com a fumageira venceria em 31 de julho de 2007 e a execução do arresto veio em 31 de janeiro, com seis meses de antecipação. No ano anterior, a Alliance havia comprado 100% do tabaco da camponesa e renovado o compromisso.

De acordo com uma comissão parlamentar formada por deputados estaduais e federais gaúchos, que acompanhou o caso, notas fiscais comprovavam que não havia motivo para o arresto.

O juiz responsável argumentou que Eva tinha parcelas de uma dívida em atraso e que, mesmo que o contrato novo não estivesse vencido, ele poderia, amparado pela lei, antecipar a cobrança e exigir o arresto em favor da fumageira.

Apesar de estar entre os municípios mais ricos do Rio Grande do Sul, Venâncio Aires, com 65 mil habitantes, teve 105 suicídios entre 2011 e 2017, média de 26,1 casos por 100 mil habitantes. Isso deixa a cidade numa preocupante e mórbida segunda colocação no ranking das cidades onde as pessoas mais tiram a própria vida em todo o país.

Em um lugar que possui baixo índice de criminalidade, a polícia se ocupa muito da investigação de suicídios. E a hipótese predominante ao senso comum é a influência da cultura alemã e o rigor trazido por ela. Do ponto de vista da saúde, a informação oficial é que 10% dos leitos do principal hospital local são reservados para a psiquiatria e que a Prefeitura investe em programas de prevenção, com internações e grupos de ajuda. Uma unidade do Centro de Valorização da Vida (cvv) foi instalada na cidade. Contudo, abrir o leque dos motivos de suicídio no diálogo com moradores, autoridades e associações é um tabu.

A Afubra, que tem sede na cidade, rejeita a relação dos suicídios com o uso de agrotóxicos, mas, ainda assim, faz questão de afirmar que, hoje, o composto é pouco utilizado nas lavouras. Já o SindiTabaco divulga a posição de que "atrelar casos de suicídio ao uso de agrotóxicos na cultura do tabaco é uma afirmação inconsistente". O argumento de que lança mão a entidade é que, dos dez municípios com maior índice de tentativa de suicídios no Rio Grande do Sul, "apenas" três possuem "grande" produção de tabaco: Venâncio Aires, Santa Cruz do Sul e Canguçu.

O Vale do Rio Pardo é tão relevante nessa estatística que foi a região escolhida para o projeto-piloto do Observatório de Análise de Situação do Suicídio no Rio Grande do Sul, voltado exatamente a entender as causas de tantas mortes. As criadoras da iniciativa explicam o motivo da escolha:

> Quanto às características da região, destacam-se a forte influência da cultura alemã e a monocultura do tabaco, que coloca os agricultores em uma posição de dependência em relação às indústrias fumageiras, uma das principais fontes econômicas da região. Dos 343.858 habitantes, 33,6% vivem em zona rural e estão mais expostos aos efeitos nocivos do uso indiscriminado de agrotóxicos, especialmente os organofosforados, que podem provocar alterações no Sistema Nervoso Central, entre as quais estão os transtornos de humor, conforme apontado por vários estudos.[26]

A tentativa de atenuar a importância do sofrimento dos fumicultores parte das autoridades. Foi o que demonstrou, em setembro de 2014, o então prefeito de Venâncio Aires, Airton Artus (PDT). Durante a disputa pela Presidência da República, ele procurou diálogo com a então candidata Marina Silva num evento em Porto Alegre. Artus não hesitou em aproveitar a oportunidade de

---

26 CRUZ, Claudia Weyne et al. "Observatório de análise de situação de suicídio no RS: um breve histórico", em *Anais do III Seminário Internacional de Políticas Públicas*, out. 2017. Disponível em <http://ebooks.pucrs.br/edipucrs/acessolivre/anais/sipinf/assets/edicoes/2017/artigo/41.pdf>.

falar sobre a "importância do setor fumageiro para as famílias de agricultores" e "desmistificar" as informações correntes sobre o segmento.

Ao entregar à candidata um documento sobre o setor, ele mencionou a relevância social e econômica do fumo. Basicamente, o que se fez foi compilar dados ofertados pelo SindiTabaco e pela Afubra:

> Em 2013, o tabaco representou 1,3% do total das exportações brasileiras, com US$ 3,27 bilhões embarcados. Da produção de mais de setecentas mil toneladas, mais de 85% foram destinados ao mercado externo. Para o Sul do país, a cultura é uma das atividades agroindustriais mais significativas. No Rio Grande do Sul, a participação do tabaco representou 9,3% no total das exportações; em Santa Catarina, 10,2%.

Em julho de 2015, Artus foi eleito presidente da Câmara Setorial da Cadeia Produtiva do Tabaco, grupo técnico ligado ao Ministério da Agricultura e que congrega todo o leque de instituições pró-indústria. O ex-prefeito é médico de formação e, além de pretender "desmistificar" a conexão entre o cultivo do fumo e o sofrimento dos trabalhadores, queria mostrar que não existe relação direta entre a produção e o consumo de tabaco. Ele diz que, se o Brasil deixar de plantar, outro país assumirá esse mercado:

> A fumicultura tem considerável importância socioeconômica no Rio Grande do Sul e em toda a região Sul do Brasil. Em Venâncio Aires, o setor tabagista, desde a produção e beneficiamento até a exportação, gera riquezas anuais superiores a R$ 600 milhões, o que representa cerca de 70% do valor adicionado do município.

Um prefeito-médico que entrega um documento da indústria do cigarro a postulantes ao cargo de presidente de um país sem tocar em questões de saúde soa complicado por si só. Mais esquisito é saber que o primeiro arejamento de ideias sobre essa questão veio em um relatório da Comissão de Direitos Humanos da Assembleia Legislativa gaúcha na década de 1990 mostrando que 80% dos suicídios em Venâncio Aires se davam entre agricultores, com aumento expressivo dos casos nos períodos de maior uso de agrotóxicos.

Entrevistamos o engenheiro agrônomo e florestal Sebastião Pinheiro, funcionário aposentado da UFRGS, mas ainda ativo na colaboração com o Núcleo de Economia Alternativa da universidade. Ele foi um dos responsáveis pela pesquisa que avaliava a relação entre o índice de suicídios, o cultivo de fumo em Venâncio Aires e os agrotóxicos.[27]

— As pessoas, adultas ou não, colhem fumo com as mãos e carregam as folhas embaixo dos braços, o veneno entra no corpo e provoca depressão. Depois, a doença se agrava e vêm os suicídios — afirma Pinheiro.

Após o relatório, o Conselho Nacional de Desenvolvimento Científico e Tecnológico (CNPq) financiou um novo estudo, com médicos a bordo, do qual Pinheiro não participou. Alguns levantamentos foram feitos, mas restaram inconclusivos.

— Suicídio não tem uma origem única e direta — rebate Pinheiro. — Assim, um grupo de médicos não tem condições de analisar sozinho alterações no campo eletromagnético [pequenos campos magnéticos que dão estabilidade e equilíbrio às moléculas do corpo humano] de pessoas expostas a praguicidas ou agrotóxicos e, se eles não têm capacidade de avaliar isso, o resultado do trabalho destoa da realidade.

De acordo com o engenheiro, a maioria dos agrotóxicos é responsável por alterações no comportamento das pessoas, o que, entre diversos males, leva à predisposição a doenças psiquiátricas e ao suicídio. Ele mostra documentos internacionais civis e mili-

---

[27] *Relatório Azul 1995*. Comissão de Cidadania e Direitos Humanos da Assembleia Legislativa do Rio Grande do Sul. Porto Alegre: Assembleia Legislativa do Rio Grande do Sul, 1995. Disponível em <http://www.al.rs.gov.br/download/CCDH/RelAzul/relatorioazul-95.pdf>.

tares em que encontrou elementos científicos que comprovam a existência da depressão causada por intoxicação de agrotóxicos.

Embora fatores culturais, como a rigorosa "identidade germânica", ou econômicos, caso das dívidas contraídas pelos fumicultores, pudessem ser computados para explicar o número elevado de suicídios no Vale do Rio Pardo, o fato é que, em 1995, quando houve um recorde de suicídios em Venâncio Aires, os agricultores aplicaram cem quilos de agrotóxicos por hectare, motivados pela ocorrência de uma seca que aumentou os ataques de pragas às lavouras. A média de aplicações em anos anteriores era de cinquenta quilos por hectare, número que pesquisadores já consideravam alto.

Em andanças pela região, Pinheiro — ou Tião, como prefere ser chamado — fez descobertas estarrecedoras. Crianças em idade escolar chegaram, nos anos 1990, a tomar medicamentos fornecidos pela Prefeitura de Santa Cruz do Sul para conter os efeitos da depressão. Segundo Tião, o trabalho com o fumo é algo que necessita muito esmero do agricultor, deve ter mão de obra muito qualificada, mas é mal remunerado e expõe a doenças graves.

— Enquanto isso, uma associação como a Afubra enriquece com o ciclo produtivo do tabaco. Vá até uma loja da associação: tem supermercado, eletrodomésticos. Já vi vendendo até automóvel — diz.

No melhor estilo Casas Bahia, a tudo vendendo em parcelas intermináveis, as lojas da Afubra marcam presença em pouco mais de vinte cidades do Sul. Assim, o dinheiro que sobra do fumo para os agricultores, se é que sobra, retorna a uma representante dessa cadeia produtiva. Do tabaco viestes e ao tabaco retornarás.

Criada em 1955, a associação nasceu com o intuito de fornecer um seguro para o agricultor, e não para defendê-lo. Não demorou para que o setor privado entendesse que, desse modo, ganhava duplamente. De um lado, não tinha de ajudar agricultores em dificuldade e, de outro, conseguia que as famílias se mantivessem motivadas a seguir na atividade, mesmo em um ano de perdas.

O fundador da Afubra, Harry Antonio Werner, pai do atual

presidente, Benício Albano Werner, era um posteiro, ou seja, um comprador de fumo. Ele deixava claro que não tinha qualquer intenção de contestar a indústria. Pelo contrário, buscava reforçá-la. Filiado ao antigo PSD de Juscelino Kubitschek, migrou para a Arena durante a ditadura, com um perfil conservador e defensor do mérito do trabalho individual que dá o tom das relações até hoje entre a associação, os produtores e a indústria.

Em pouco tempo, a Souza Cruz já chamava a Afubra para firmar o seguro com os produtores integrados, tarefa que hoje é feita pelos próprios representantes das corporações, mas ainda com o logo da Afubra na apólice. Foi a empresa quem decidiu que seria uma ótima ideia contar com a associação de fumicultores vendendo seguros em toda a região Sul, e não apenas no estado gaúcho. Os negócios cresceram e chegaram às dezenas de milhões de reais. O produtor precisa pagar em torno de 5% da produção. Se não quitar as parcelas e sofrer danos, não recebe. A Afubra não divulga dados sobre quanto arrecada, mas o pagamento de seguro a lavouras danificadas dá uma dimensão do negócio: na safra 2016–2017, considerada "tranquila", foram R$ 70 milhões, e, no ano anterior, R$ 122 milhões. Imagine quanto fica nos cofres da associação.

Sócia nos lucros, a Afubra se fez passar não por uma das representantes dos agricultores, mas pela grande representante. A associação apagou as linhas divisórias entre trabalhadores e patrões, e adotou a máxima "mexeu com um, mexeu com todos". Desde então, exploradores e explorados juntaram seus escudos numa formação de pelotão-tartaruga para tentar se defender dos ataques externos. Mas, por baixo dessa capa de proteção, a baioneta rola solta — contra os soldadinhos.

Ou contra quem os defende. O conteúdo produzido por Tião a respeito dos suicídios aqueceu o debate, mas, sozinho, pôde fazer pouco à época. Um projeto de lei que tenta banir o uso de agrotóxicos organofosforados chegou a ser encaminhado ao Congresso Nacional, tomando-o como base. Mas ficou parado.

Um grupo de pesquisadores do Instituto Nacional de Câncer

realizou um estudo em Dom Feliciano, zona produtora de tabaco. A ideia foi avaliar a correlação entre pesticidas, confusão mental e agrotóxicos mediante a aplicação de questionários com 869 pessoas entre 2011 e 2012. Descobriu-se que as pessoas que relataram sofrer de depressão tinham uma maior exposição aos venenos, e que a taxa era consideravelmente maior entre quem havia tido contato com essas substâncias antes e durante a adolescência.[28]

Perto dali, em São Lourenço do Sul, pesquisadoras da Universidade Federal de Pelotas ouviram 2.400 produtores de tabaco. As entrevistas nos contam não apenas sobre problemas psicológicos, mas também expõem a dureza dessa cultura: 64% disseram que a atividade é extenuante e 46,7% relataram ter trabalhado pesado de quatro a sete meses ao ano. Durante a colheita, a maior parte dedicava ao serviço mais de doze horas ao dia.

O uso de agrotóxicos se dava em praticamente todas as propriedades. As pesquisadoras analisaram vários tipos de exposição a esses venenos: na aplicação, na lavagem de equipamentos, nas roupas, no transporte, no contato com as folhas. 66% tiveram contato direto com essas substâncias nos doze meses anteriores à entrevista. Quem apresentava exposição a ao menos sete situações tinha 88% mais chances de apresentar distúrbios psicológicos. O estudo encontrou também uma conexão desse problema com dívidas e trabalho extenuante. Do total da amostra, 12,7% tinham ao menos um caso de suicídio na família.[29]

Autor do livro *Fumo: servidão moderna e violação de direitos humanos* (Terra de Direitos, 2005), o pesquisador Guilherme Eidt Gonçalves de Almeida, especialista em direito sanitário pela Fiocruz, chama atenção para a conexão entre os meses de uso mais intenso de agrotóxicos nas lavouras de fumo — outubro, novembro

---

[28] CAMPOS, Ylida *et al.* "Exposure to pesticides and mental disorders in a rural population of Southern Brazil", em *NeuroToxicology*, v. 56, 2016, pp. 7-16.
[29] MULLER, Neice *et al.* "Occupational exposure to pesticides, nicotine and minor psychiatric disorders among tobacco farmers in southern Brazil", em *NeuroToxicology*, v. 45, 2014, pp. 347-54.

e dezembro — e o período com maior número de suicídios. O mês de abril, que apresenta também alto índice de casos, coincide com a época da preparação dos canteiros pelos plantadores, afirma Eidt. E Sebastião Pinheiro lembra que o grau de toxicidade dos agroquímicos utilizados no país não é medido corretamente:

— A classificação é enganosa para atender aos interesses da indústria do veneno. Assim, a periculosidade e a insalubridade a que estão expostos os agricultores não têm tamanho no Brasil. E os mais vulneráveis são os que não podem mecanizar a produção, como os que trabalham com as folhas de tabaco.

A doença da folha verde do tabaco — em que o camponês absorve grandes quantidades de nicotina no contato com a planta, o que pode causar várias reações físicas e psicológicas — é mais um complicador dos quadros clínicos, alerta Tião. Um estudo de 2010 publicado na revista *Cadernos de Saúde Pública*, da Fiocruz, relatou a ocorrência de um surto da doença da folha verde no Brasil, caracterizando-a como uma intoxicação aguda de nicotina decorrente da absorção da substância a partir do contato com a planta.[30]

Para que se tenha uma ideia da incidência da enfermidade entre os fumicultores, o registro foi realizado no Nordeste, região responsável por menos de 2% do plantio em solo brasileiro, segundo dados da Afubra. Ainda assim, 107 casos foram identificados em trabalhadores de onze municípios da região de Arapiraca, em Alagoas. Todos deram entrada em unidades de saúde ou hospitais em apenas uma noite do ano de 2007, e os principais sintomas observados foram tontura, fraqueza, vômito, náusea, cefaleia e cansaço extremo, exatamente os males descritos a nós pelos agricultores do Vale do Rio Pardo e relatados por Tião Pinheiro à Assembleia Legislativa gaúcha.

A absorção da nicotina foi percebida mais intensamente

---

30 OLIVEIRA, Patricia Pereira Vasconcelos *et al.* "First Reported Outbreak of Green Tobacco Sickness in Brazil", em *Cadernos de Saúde Pública*, v. 26, n. 12, dez. 2010, pp. 2.263-69.

quando a folha estava molhada ou quando o agricultor suava. O diagnóstico baseou-se em três fatores: histórico de exposição ao cultivo de tabaco, análise clínica e verificação do nível de nicotina na saliva, sangue ou urina. Os resultados apontaram que, em 77% dos casos, os trabalhadores jamais fumaram. Somente 12% dos pacientes afirmaram ser fumantes regulares.

A longa exposição à substância pode piorar o quadro, segundo os pesquisadores. Como agravante, vem a possibilidade de ocorrência de outras doenças, a exemplo de tumores, patologias pulmonares e cardiovasculares. A predominância de adoecimento ocorre entre homens — maioria dos agricultores que manuseia as folhas —, não fumantes e trabalhadores que atuam na etapa da colheita.

Por fim, o estudo reivindica que o tema entre definitivamente na agenda de saúde pública do país, o que incluiria elaborar uma alternativa econômica sustentável para as famílias que cultivam o fumo.

Como se vê, falta de informação não é desculpa. Aliás, alguns resultados da investigação saíram do Nordeste e chegaram ao Sul antes de serem publicados pela Fiocruz. Em 2009, o Ministério da Saúde enviou dados à Secretaria de Saúde do Rio Grande do Sul — então, sob o governo do petista Tarso Genro — no intuito de difundir orientações a gestores municipais, técnicos de saúde, agricultores e fumageiras.

Naquele mesmo ano, a Secretaria de Vigilância em Saúde do ministério havia mapeado casos de trabalhadores afetados pela doença no município gaúcho de Candelária, que contabilizava quatro mil famílias trabalhando na produção de fumo. A investigação durou cinquenta dias e, dos 46 casos suspeitos, 33 foram confirmados.

Enquanto isso, o SindiTabaco se vangloria de ter desenvolvido uma vestimenta que "protege" o trabalhador. De acordo com Iro Schünke, presidente da entidade, em alguns fóruns, especialmente antitabagistas, ouvimos que a nossa vestimenta não protege o produtor contra a doença da folha verde do tabaco. A publicação de um artigo em uma revista de porte desmantela qualquer tipo de argumento nesse sentido, pois referencia todos os testes e parâmetros seguidos com total concordância aos mais elevados critérios científicos internacionais.[31]

O artigo a que Schünke se refere leva o título de "Avaliação da vestimenta-padrão utilizada durante a colheita das folhas do tabaco e implicações na prevenção da Green Tobacco Sickness (GTS)". Assinado por Cristiana Leslie Correa, Giuliana da Fontoura Rodrigues Selmi e Flávio Ailton Duque Zambrone, o texto foi publicado pela *Revista Brasileira de Medicina do Trabalho*, da Associação Nacional de Medicina do Trabalho, em 2016. É taxativo quanto à conclusão de que o traje confere ao agricultor 98% de proteção.

Uma corrida de olho até o fim do artigo expõe o problema central: a fonte de financiamento do estudo é o Sindicato da Indústria do Tabaco da Região Sul do Brasil. Ou seja, os pesquisadores tiveram financiamento do SindiTabaco para falar bem do equipamento que a indústria bancou. Além disso, o texto teve o amparo de uma assistência em toxicologia — ou, se preferir, uma consultoria. A Planitox, de Campinas, no interior de São Paulo, pertence ao médico Flávio Zambrone, um dos autores do artigo, que relatava em reportagem de 2012 ter faturado R$ 5 milhões anuais atendendo a gigantes mundiais de agrotóxicos, casos de Basf e Bayer.[32] Zambrone também é coordenador-científico da Força-Tarefa de Avaliação de Risco de Agroquímicos do ILSI Brasil, braço do International Life Sciences Institute, organização supostamente científica criada nos Estados Unidos em 1978 e mantida

---

31 "Doença da Folha Verde do Tabaco pauta revista científica", em *AgroLink*, 23 jan. 2017. Disponível em <https://www.agrolink.com.br/noticias/doenca-da-folha-verde-do-tabaco-pauta-revista-cientifica_368686.html>.
32 "Na dose certa em casos de intoxicação", em *Exame*, 6 mar. 2012. Disponível em <https://exame.abril.com.br/pme/na-dose-certa/>.

pelas corporações agroquímicas Arysta, Basf, Bayer, Iharabras e Monsanto. Outras megaempresas, como Coca-Cola, Heinz, Kraft, General Foods e Procter & Gamble, também apoiam o instituto — na verdade, o fundaram, com o objetivo de influenciar políticas públicas de saúde em escala planetária.

Exemplo disso foi apontado num trabalho publicado em 2001 por um comitê de cientistas independentes em parceria com a Organização Mundial da Saúde. O artigo "A indústria do tabaco e os grupos científicos do ILSI: um estudo de caso" delineou uma série de manobras pelas quais a indústria tentou minar os esforços de controle do cigarro nas últimas décadas.[33]

Um dos métodos destacados pelos pesquisadores foi o financiamento das empresas a grupos científicos para manipular o debate público. É apresentada a cronologia das relações do setor fumageiro com o ILSI entre 1983 e 1998. Os resultados mostraram que "funcionários de escritórios sêniores do ILSI" estavam diretamente envolvidos em ações de *lobby* pró-cigarro, financiadas pelas transnacionais British American Tobacco e Philip Morris, principalmente.

Insistentes, personagens como Iro Schünke seguem a distorcer os fatos até que caibam nos interesses que defendem. Para essas figuras, a doença da folha verde só foi descoberta no Brasil recentemente. "Fomos pioneiros no desenvolvimento de uma vestimenta de colheita adequada para evitar a intoxicação. A vestimenta de colheita que os produtores recebem sai ao preço de custo das empresas", diz.

---

33 Tobacco Free Initiative & World Health Organization. *The Tobacco Industry and Scientific Groups ILSI: A Case Study*. UCSF: Center for Tobacco Control Research and Education, 2001.

SEM FUMAÇA, HÁ CIÊNCIA

É farta a documentação da doença nos Estados Unidos desde a década de 1970. O pesquidor William Gehlbach publicou, no longínquo 30 de setembro de 1974, o artigo "Green tobacco disease. An illness of tobacco lanyards" [Doença do tabaco verde. Uma doença de colhedores de tabaco], veiculado no *Journal of the American Medical Association* (JAMA). Já neste estudo constavam causas e sintomas da doença, inclusive identificando grande incidência em crianças que, como no Brasil, trabalhavam nas lavouras de tabaco para ajudar os pais. A doença específica relacionada ao tabaco foi identificada primeiro na zona rural do estado da Flórida, em 1970, e compreendida como um mal capaz de causar a inibição de receptores do sistema nervoso central.

A linha do tempo regride bem, agora: o reconhecimento dos riscos à saúde humana pela produção de tabaco data de 1713. Sim, século 18. De acordo com o artigo "Saúde, ambiente e condições de trabalho na cultura do tabaco: revisão de literatura",[34] das pesquisadoras Deise Lisboa Riquinho e Elida Azevedo Hennington, da Escola Nacional de Saúde Pública da Fiocruz, há mais de trezentos anos o médico italiano Bernardino Ramazzini já notava os sintomas da doença, incluindo cefaleia e cólicas abdominais, entre trabalhadores de regiões da Itália onde o fumo era cultivado.

No Brasil, uma pesquisa a respeito da ineficácia da vestimenta foi realizada em 2014 pela Faculdade de Medicina da Universidade Federal de Pelotas. O estudo foi publicado no *American Journal of Industrial Medicine*, dos Estados Unidos.[35]

---

34 RIQUINHO, Deise Lisboa & HENNINGTON, Elida Azevedo. "Health, environment and working conditions in tobacco cultivation: a review of the literature", em *Ciência & Saúde Coletiva*, v. 17, n. 6, pp. 1587-1600. Rio de Janeiro: Fiocruz, jun. 2012. Disponível em <http://www.scielo.br/scielo.php?script=sci_arttext&pid=S1413-81232012000600022&lng=pt&nrm=iso>.

35 FASSA, A. G., *et al.* "Green tobacco sickness among tobacco farmers in southern Brazil", em *American Journal of Industrial Medicine*, 2014, pp. 726-35.

Entre os entrevistados nos quais se constatou a doença, 72% não eram fumantes.

O trabalho foi coordenado pela médica Anaclaudia Gastal Fassa, que não encontrou evidências de que as vestes protegessem de contaminação. Esse estudo foi feito cinco anos depois da "criação revolucionária" do uniforme que o SindiTabaco tanto comemora.

O Departamento de Estudos Socioeconômicos Rurais (Deser), do Paraná, também tem o que dizer. Está mais do que comprovado que a produção de fumo — tanto pelo uso intenso de agrotóxicos quanto pela liberação da nicotina nas folhas verdes de tabaco, especialmente nos períodos de colheita — ostenta as maiores causas de mortes e doenças no meio rural. Diversos tipos de câncer, intoxicações, alergias e problemas de ordem psiquiátrica, como a depressão e o suicídio, estão diretamente associados à produção de fumo, como atesta uma análise conduzida pelo Deser em 2010.[36]

Apesar de muitos estudos, a dificuldade em popularizar as descobertas científicas persiste. Não que isso seja um problema exclusivo do Vale do Rio Pardo, no Sul, ou de Arapiraca, no Nordeste. Muros altos separam a universidade da população em todo o Brasil. Porém, sem dúvida, lugares mais fechados a informações de fora e controlados por uma voz hegemônica que aposta na deseducação e na manipulação de pesquisas tendem a cultivar maior desconhecimento.

Entre 2011 e 2016, por exemplo, 271 casos da doença da folha verde foram detectados no Rio Grande do Sul, número que é considerado artificialmente baixo por todos os pesquisadores citados aqui, uma vez que os sintomas são confundidos com outras efermidades ou com intoxicação pelo uso de agrotóxicos. O grande índice de subnotificação dificulta o trabalho dos agentes de saúde

---

Disponível em <https://www.ncbi.nlm.nih.gov/pmc/articles/PMC4112803/>.
36 BONATO, Amadeu; ZOTTI, Cleimary & ANGELIS, Thiago. *Tabaco, da produção ao consumo: uma cadeia de dependência.* Curitiba: DESER, ACTbr, 2010.

JÁ QUE ESTAMOS FALANDO DE CIÊNCIA

O ano era 1962 e surgiam os primeiros movimentos para a criação de uma universidade em Santa Cruz do Sul. A partir da fundação de uma associação de educadores — a Associação Pró-Ensino — foram abertas as Faculdades Integradas de Santa Cruz do Sul (Fisc). Trinta e um anos depois, em 1993, vem a transformação em universidade, um projeto de educação superior mais amplo e de personalidade jurídica comunitária, do que se depreende, numa primeira análise, que seja um espaço autônomo do pensar. Com um olhar mais detido e profundo, porém, vê-se que não é livre de influências da indústria: um dos pontos decisivos para a alteração de formato foi o apoio das fumageiras, a começar pela doação do terreno que sedia o principal campus da Unisc.

A relação é tão evidente que se traduz no batismo do maior auditório da universidade. A sala 111 do complexo leva o nome de Auditório Souza Cruz. Um ponto "curioso": embora a região de Santa Cruz tenha relevância econômica clara para o Rio Grande do Sul, as universidades públicas têm baixa presença na região, deixando que a instituição privada prevaleça.

É uma universidade que não goza de autonomia com relação à indústria. Tem ligações históricas e serve de apoio às fumageiras até hoje. Em 2006, por exemplo, quando a China Tabacos instalou um escritório no município, a Unisc cedeu estrutura e profissionais de pesquisa para se certificar de que a qualidade do fumo estava nos padrões exigidos pelo mercado chinês de cigarros.

Marco André Cadoná, que foi professor do Departamento de Desenvolvimento Regional da Unisc e hoje trabalha na Universidade Federal de Santa Catarina, comenta o nível de autonomia da instituição:

— Não sei se tenho uma resposta clara para essa questão, mas tendo a dizer que, sim, há uma posição hegemônica na Unisc, e que essa posição, expressão do que se observa na própria região,

96

municipais e facilita a vida da indústria, ávida por se eximir de qualquer responsabilidade.

Pior: a coordenadora do Capa de Pelotas, Rita Surita, explica que, apesar dos riscos, as empresas ainda conseguem manter o discurso sedutor dirigido às famílias, com promessas de aumento de renda e de *status* nas comunidades. "A ideia é facilitada quando se oferece um pacote tecnológico e de insumos, junto com crédito fácil. Fora que, com o isolamento e a confusão de informações, a culpa de adoecer vai toda para as costas do trabalhador", avalia Rita.

é de colaboração com o complexo agroindustrial do tabaco, o que, inclusive, cria limitações para um enfrentamento mais crítico das contradições presentes nesse complexo.

O historiador e professor da Unisc Olgário Vogt explica que existem grupos com posições divergentes na universidade, mas também acredita que a balança penda a favor das fumageiras:

— A Unisc tem um setor mais ligado às humanas, que tem uma visão mais crítica em relação a essa economia daqui. Só que, nessa cidade, se tu falar mal do setor fumageiro, tu também te colocas em um campo em que tu tens inimigos.

O geógrafo Rogério Leandro de Lima também pondera sobre a questão, mas com uma visão diferente da dos dois colegas: ele acredita na existência de uma pluralidade de pensamento na instituição de ensino superior.

— Nós vamos ter determinados cursos, programas, como é o caso do Desenvolvimento Regional, que têm sempre uma estrutura muito crítica com relação às indústrias, ao modelo de desenvolvimento local, regional. A gente até fica marcado por isso.

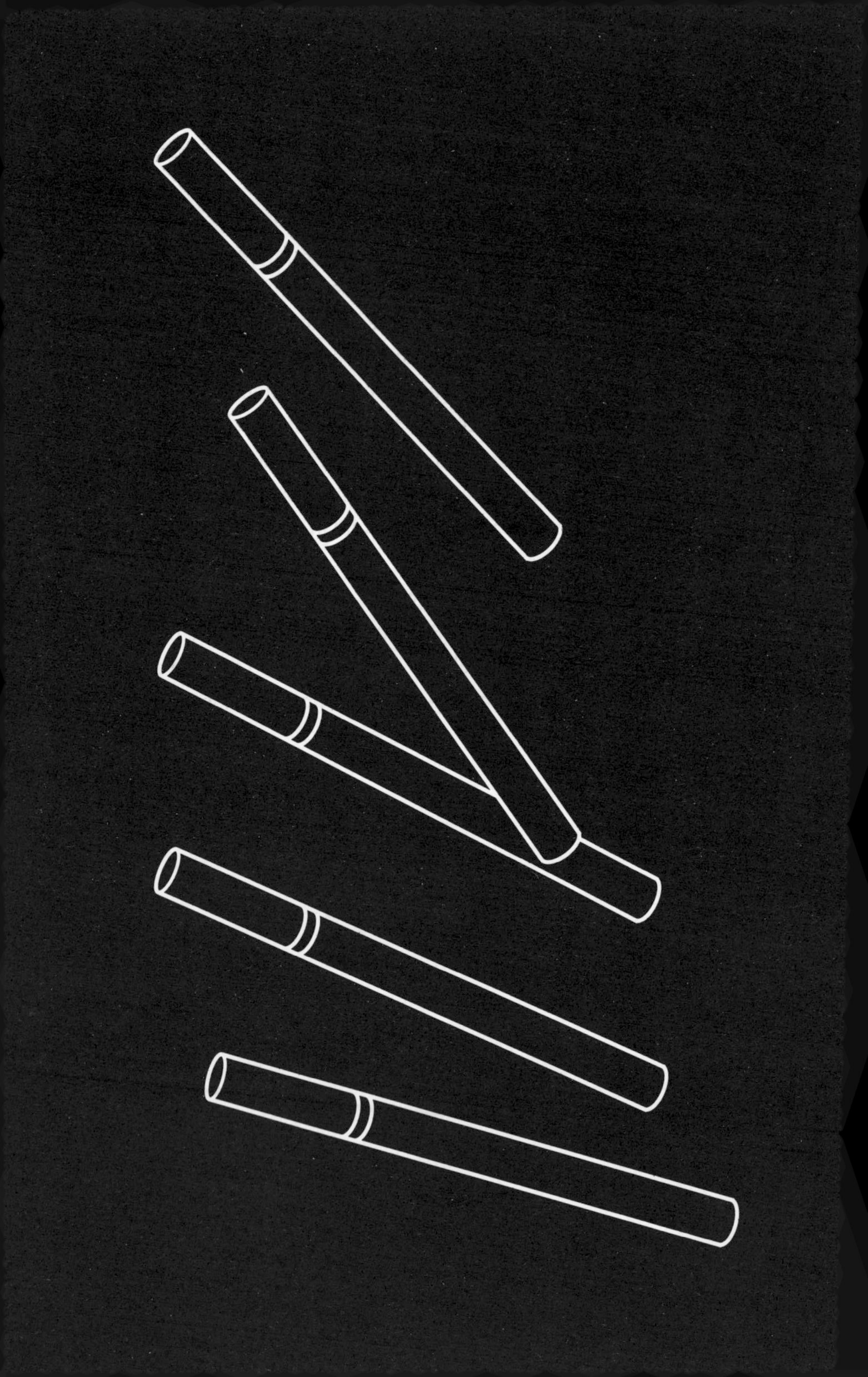

AS VOZES NOS CHAMAM DE VOLTA 5

A fumaça dá o tom do céu cinza quando chegamos a São Paulo, vindos de Santa Cruz do Sul. Dali um mês, publicaremos na *Agência Pública* uma reportagem sobre os efeitos da fumicultura sobre os agricultores e a predominância do cultivo de tabaco naquela região. E então seremos apresentados aos *trolls* da indústria fumageira. São eles a povoar a caixa de comentários logo abaixo de nossa reportagem.

O primeiro vem sob o nome de Josué Luis Pires. A fala resume o tom geral da turma que o seguirá, sempre agressiva, e sintetiza o baixo nível argumentativo dos defensores do *Big Tobacco* na internet. No entanto, ele toma um cuidado: em vez de mostrar o rosto, utiliza a foto fofinha de um coala. Não é um bom disfarce para quem "argumenta" como quem prega a seguidores fanáticos:

> Lúcifer, o contrário do bem, não existe para espalhar mentiras e discórdias entre o povo? A serpente não existe para injetar veneno? Ativista anticigarro é um oprimido, e eles querem oprimir aos outros. Nem vou mais falar, me dá até asco, quando falo desses ativistas anticigarro.

Ele convoca os demais, que atendem seu chamado. Luiz Carlos Pauli, Paulo Machado e Claudio D'Amato aparecem na sequência. As frases são lapidares, de modo que não privaremos o leitor deste livro do prazer de contemplá-las:

Luiz Carlos Pauli
Aliás, se [o cigarro] mata cita nomes e a idade de quem matou, tanto o tabaco, como o cigarro. Vamos ver se realmente mata prematuros, como o ativista antitabaco divulga. De preferência, cita nome de famosos, para que todos possam conferir. Obrigado pelo aparte.

Paulo Machado
SE alguem quiser TIRAR A PROVA, venham visitar as lavouras de tabaco, comprovem na propriedade mesmo, como tudo não passa de grandes falácias. Me passem mensagem inbox. Leiam bem a reportagem e depois venham comprovar. Tem gente que fez isso, e hoje em dia tem verdadeiro pavor de ativistas antitabaco, pois foram enganados nas reportagens.

Claudio D'Amato
Bem, eu estive em plantações de fumo de Santa Cruz e arredores. Não encontrei fumicultores que desejam largar a fumicultura. O fumo é a lavoura que traz maiores retornos financeiros por hectare. Se esse pessoal conseguiu, sorte deles. É bom que haja diversificação. Mas DUVIDO que o mercado tenha condições de absorver a todos os fumicultores que largarem suas plantações por outras alternativas. Não lhes será possível manter o mesmo retorno.

Passados alguns dias da publicação da reportagem e da surpresa inicial, ficamos curiosos. Queríamos saber quem eram as figuras. Passamos a pesquisar os rastros deixados na internet pela turma. Não eram poucos nem discretos seus passos. Havia muitos comentários desses personagens em artigos críticos à cultura do tabaco. De jornalões tradicionais a blogues de cidades do interior, o bando não poupava ninguém.

Ainda que bambeando em discursos frágeis, sempre baseados na exceção — "Oscar Niemeyer fumou a vida inteira e morreu com 104 anos" —, eles cumpriam uma missão: organizar uma tática de enxame, agredir, tumultuar e interditar qualquer debate a respeito do tema.

Depois de mapeá-los em sites diversos e redes sociais, veio a confirmação de um receio: a curiosidade se tornava uma tarefa autoimposta. Precisávamos estar com os *trolls* pessoalmente e, se possível, entrevistá-los. Pelo menos, sentimos um alívio: nem todos usavam coalas inocentes como máscara.

Estava decidido: voltaríamos ao Rio Grande do Sul e procuraríamos a turma de comentadores. Aproveitaríamos, também, para falar com mais agricultores, fontes oficiais e pessoas que fazem parte da história do tabaco no Vale do Rio do Pardo, o que nos fez desembarcar naquela Oktoberfest de 2016 tão descritiva e emblemática.

Dias antes, no entanto, uma rápida viagem ao Rio de Janeiro se fez necessária e, em solo fluminense, a noite de 4 de outubro foi um tanto inusitada. De um lado, estar num bar no bairro do Flamengo sob uma temperatura bastante agradável parecia boa escolha. Por outro, havia uma situação insólita à vista: encontrar o "*troll* carioca". Claudio D'Amato, veterinário de formação, é o homem que faz a voz de paladino das liberdades individuais no grupo de defensores do tabaco e o único dos membros que declara morar fora do Rio Grande do Sul.

Claudio contou que as incursões na internet pela defesa do tabaco se iniciaram em 2009. "Revoltado" com as restrições ao cigarro, disse que começou a comentar em sites de notícias que traziam matérias, segundo ele, "antitabagistas".

— Tive contato virtual com uma mulher que administrava uma página no Facebook, a "Área de Fumantes". Passado algum tempo, essa pessoa abandonou a página e me colocou como administrador — contou o homem, que virou o responsável pela arregimentação e organização de seguidores na "Área de Fumantes", uma imitação da Smokers Against Discrimination [Fumantes contra a discriminação], dos Estados Unidos.

Ali, "conheceu" Luiz Carlos Pauli. De forma confusa, D'Amato tenta convencer de que foi ele quem mobilizou o gaúcho que apresentaremos em minúcias mais à frente:

— Chamei-o para comentar com mais intensidade as notícias e reportagens relacionadas ao tabaco e para atuar de forma mais frequente nas redes sociais.

A relação pela internet o teria aproximado de Pauli, o que levou Claudio e a esposa a visitarem duas vezes o Vale do Rio Pardo, com direito a hospedagem e churrasco na casa do anfitrião. D'Amato só se alarmou quando pisamos no terreno mais pantanoso. Mãos em agito, maços de cigarro de marcas diferentes em cada uma, o carioca, quando perguntado se era remunerado pela indústria, negou:

— Basta a revolta por ter a liberdade individual atacada, é essa a minha motivação! — ressaltou, mostrando como "prova" seu ecletismo de fumante: — Não tenho preferência pelo produto A ou B. Podem ver as marcas diferentes que carrego comigo.

Só de ler os comentários na internet, dá para saber: Luiz Carlos Pauli é o chefe, a liderança que, certamente, arregimenta incautos, como Claudio D'Amato descreve a si mesmo, ou reúne perfis digitais duvidosos, como Paulo Machado e Josué Luis Pires.

Gaúcho, Luiz Carlos Pauli diz ter negócios em Santa Cruz do Sul. Ansiosos, queremos saber por que ele quase sempre é a peça a puxar a fila da engrenagem de comentários que ataca pessoas ou instituições críticas à indústria do tabaco.

Está a serviço da indústria por simpatia? Ou foi recrutado para agir como *troll*? Eram apenas algumas das perguntas que queríamos fazer a Pauli. E a entrevista já estava prometida. Antes de viajar ao Sul e ao chegar a Porto Alegre, contatamos Luiz Carlos. Durante um rápido diálogo ao telefone, ele disse que estaria disposto a conversar pessoalmente.

— Me avise quando estiverem em Santa Cruz, a gente marca de se encontrar — disse a voz de tom oscilante e com forte sotaque do interior gaúcho.

Tais palavras partiam do mesmo homem que havia nos desafiado, nas caixas de comentários, a acompanhá-lo às lavouras do tabaco e "encontrar agricultores descontentes" — não bastassem os que já tínhamos entrevistado para a reportagem veiculada pela *Agência Pública*.

Teríamos o encontro. Iríamos falar com o líder, afinal.

Anunciamos que toparíamos o desafio de percorrer o Vale do Rio Pardo e conhecer todos os agricultores aos quais ele quisesse nos apresentar. Sim, desconfiávamos, com motivos de sobra, que ele nos levaria só "na boa", nos apresentando a fumicultores considerados modelo na região, como a família Haas, entrevistada em 2015. Tudo bem. O que importava era observar o comportamento de Pauli e fazer as perguntas certas.

Santa ingenuidade. Em Santa Cruz do Sul, Luiz Carlos não atendeu a nossas ligações. A irmã dele, Elisabete, foi a única voz da família Pauli que conseguimos escutar depois de colocar os pés no Vale do Rio Pardo em 2016. Pelo telefone da Casa da Colônia, estabelecimento comercial no centro da cidade do qual é proprietária, ela avisou:

— Meu irmão saiu de férias e viajou hoje.

"Hoje" era o dia marcado para a entrevista, e a ligação naquele telefone fixo serviria apenas para combinar o horário.

Restou ligar ao celular de Luiz Carlos. Número confirmado por Elisabete. Treze tentativas. Em todas, ou caixa postal, ou batida na cara, sem cerimônias. Nenhum alô, uma vez que fosse. O *troll* tinha fugido da entrevista que prometeu.

Perguntamos sobre Pauli em várias oportunidades enquanto estivemos na região. Em geral, uma obsevação comum entre as fontes:

— Aquele cara que defende as fumageiras, né?

Mas e os outros, quem eram? Fora D'Amato, todos se diziam da região. Contatamos um por um. As respostas foram, no mínimo, estranhas, ainda mais considerando que o líder do grupo tinha acabado de dar o bolo.

Aqui o que nos disse Paulo Machado, dois meses depois de

receber uma mensagem nossa:

> Olá, amigo, eu sempre estou ocupado na lavoura e no comércio. Mas você tenta o Luiz Carlos Pauli, ele é de Santa Cruz, e ele leva muitas pessoas de outros estados, que querem conhecer as lavouras de fumo. Tenta com ele, entra no Facebook dele, tenho certeza que lhe vai atender bem. Abraços.

Josué Luis Pires, um mês e meio depois de nossa mensagem:

> Meu amigo, tu ainda precisas de alguém para te cicorenear?? Vais em qualquer propriedade de tabaco, e comprove pessoalmente, as fraudes. Aliás, nem precisa, basta ver o portal GAZ [do jornal Gazeta do Sul] de hoje, onde os fumicultores estão aumentando a área de plantio, devido ao bom preço. Ativistas antitabaco, patrocinados pela ind. farmacêutica, é que distorcem as informações. Basta ver que foram banidas da justiça. Abraços.

Josué Luis Pires, novamente, depois de mais uma tentativa:

> Cara, é complicado, aqui quase não tem sinal de celular, e tenho de vir na *lan house* para acessar. Faz o seguinte, tenta pelo Facebook os nomes Paulo Machado, ou Luiz Carlos Pauli, eles poderão lhe ajudar melhor do que eu. oK/ saudações.

Na minúscula Dom Feliciano, nenhuma das pessoas com quem conversamos conhecia Josué Luis Pires, aquele que usa a carinha de coala.

Próximo destino: Canguçu. Lá, não foi difícil localizar Paulo Machado. Ou foi? Muita gente na cidade o conhecia, já que havia trabalhado como fiscal da Prefeitura durante décadas, cargo em que se aposentou.

Localizamos a casa de Paulo com tranquilidade. Ele não estava. Retornamos algumas horas mais tarde e nos deparamos com um simpático senhor que limpava o carro.

— Boa tarde. O senhor é o Paulo Machado?

— Sim, sou eu.

— Eu sou repórter e queria conversar com o senhor a respeito dos comentários que faz em reportagens sobre tabaco. No ano passado, fizemos uma reportagem para a *Agência Pública*, na qual o senhor comentou dizendo que deveríamos vir conhecer as lavouras. Bem, aceitamos o convite.

— Eu?

— O senhor não é o Paulo César Machado?

— Não! Sou o Paulo Roberto Machado.

Pois é. Numa cidade tão pequena, há dois Paulo Machado... Não, não há: há apenas um. Durante uma tarde inteira, passamos a cidade em companhia do Paulo Machado de carne e osso procurando pelo homônimo virtual.

Várias pessoas tinham o *troll* como amigo de Facebook, mas não o conheciam de fato. O perfil simplesmente adicionou "amigos" aleatoriamente para parecer se tratar de alguém real. Mas o *troll* é fantasma. Tanto que nem mesmo um disposto e gentil Paulo Machado conseguiu encontrar o xará de mentirinha.

Em abril de 2018, Paulo Machado resolveu deixar um comentário em uma reportagem que fizemos sobre a indústria de alimentos:

> Esse cartel antitabaco, patrocinado pelo multimilionário Bloomberg, está passando dos limites. Só o que é certo, é o que eles dizem e querem. Na verdade, esse cartel antitabaco, quer impor sua visão, para nada mais, do que difamar as empresa, funcionários, consumidores, usando rótulos que diafamem as nossas industrias.

Tudo muito bom. Tudo muito típico. Mas Paulo Machado deu uma escorregadinha: ao preencher o cadastro para comentar, usou o email de Luiz Carlos Pauli. Bingo.

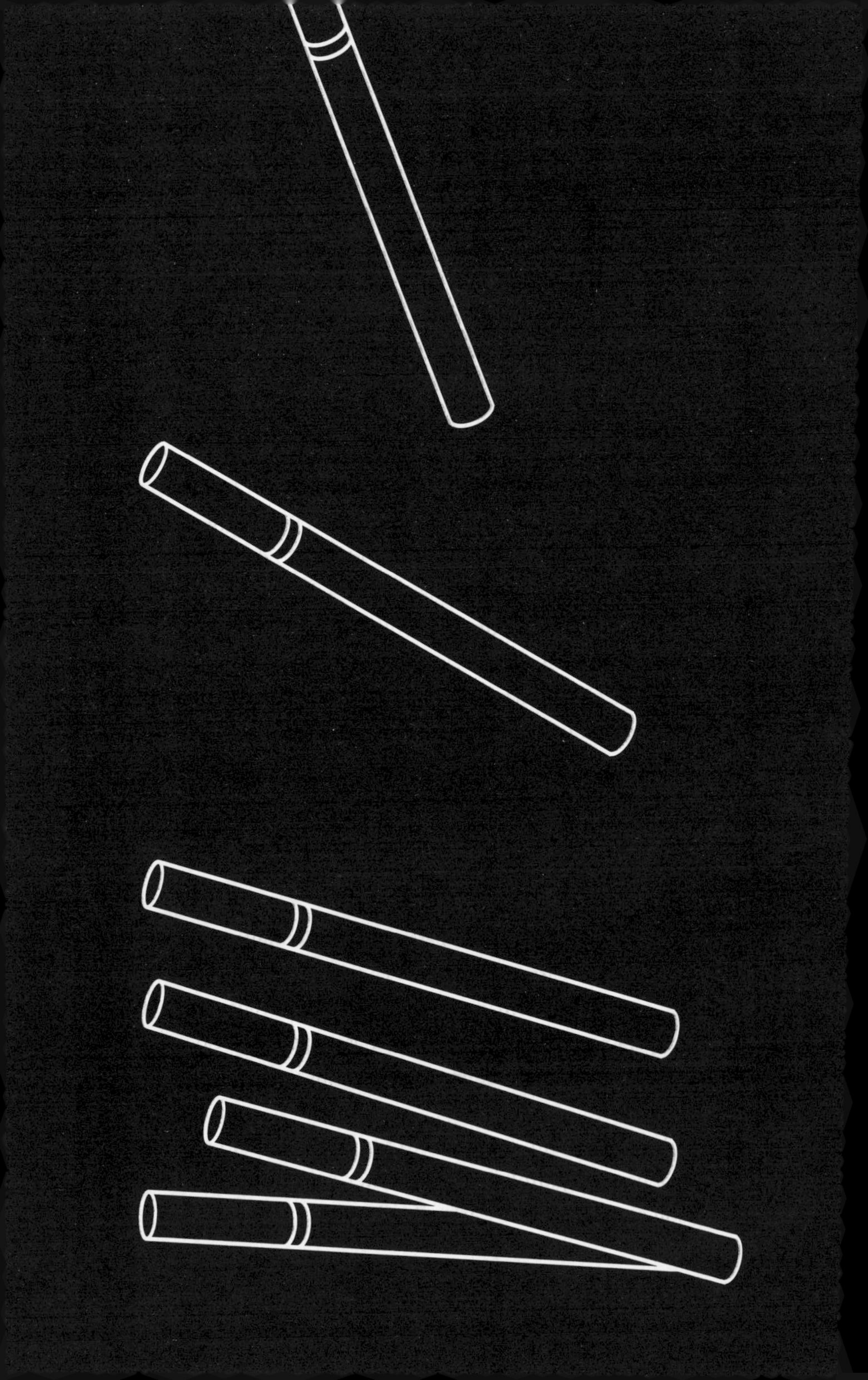

NEM SÓ DE *TROLLS* VIVE O VALE

6

Ante o cerco que sufoca a região, as brechas são poucas e pequenas. Embora raras, há quem ouse penetrá-las. Aloísio Sinésio Bohn é uma dessas pessoas. Dom Sinésio, como é reconhecido no Vale do Rio Pardo, foi bispo da Diocese de Santa Cruz do Sul de 1986 até 2010, quando se aposentou. Mais que um religioso, é considerado uma liderança comunitária fundamental na história do município, tendo como um dos marcos de atuação a luta por encontrar alternativas ao tabaco.

— Quando cheguei aqui, escutei algumas discussões isoladas a respeito de alternativas e comecei a me informar. Depois, a me empenhar na luta. A nossa tese era a de trabalhar por cultivos sem veneno, inclusive o do fumo — recorda o bispo emérito do município.

A motivação e a liderança do religioso fizeram com que iniciasse um projeto de educação política e econômica para os agricultores, em parceria com movimentos sociais e organizações não governamentais.

— Começamos a fazer encontros nas plantações de fumo. Primeiro, estimulamos o plantio agroecológico, sem veneno. Mais tarde, já tínhamos ações que propunham a predominância de alimentos nas plantações e a diminuição ou mesmo a erradicação do tabaco em algumas lavouras.

Foi também o que se deu 145 quilômetros a oeste, em Santa Maria, que durante alguns anos funcionou como uma espécie de capital antifumageira. Dom Ivo Lorscheiter (1927-2007) encorajou os agricultores a encontrar a porta de saída. Já em 1987 foi criado o Projeto Esperança/Cooesperança, e desde 1991 são organizados seminários que promovem alternativas ao plantio de fumo. Para isso, foi fundamental criar canais de comercialização direta, ou seja, a famosa garantia de compra que a indústria tanto usa para "fidelizar" os produtores. Mais de cinco mil famílias rurais são beneficiadas, e a rede de consumidores passa de vinte mil pessoas.

A freira Lourdes Dill, um dos nomes-chave para o projeto dar certo, recorda as pressões vindas da indústria, em particular quando se buscou articular os agricultores para que se posicionassem favoravelmente à Convenção-Quadro.

— Sempre teve resistência daqueles que têm as vantagens das fumageiras, entre eles os políticos que têm financiamento para as suas campanhas ou outras vantagens. Os que estão a favor da vida nos apoiam muito. Os que só pensam em lucro, acúmulo e riqueza são contra nossas ações organizativas dos agricultores e querem o povo alienado e dependente.

Tanto em Santa Cruz como em Santa Maria, tamanha ousadia não poderia passar batido. A reação das fumageiras veio. E foi contundente. Dom Sinésio se tornou *persona non grata* para as oligarquias locais.

— Eu andava pelas comunidades tranquilamente, mas, de repente, passei a ser hostilizado em alguns lugares. Fui ameaçado, inclusive. Havia gente jogando os agricultores contra mim, dizendo que eu queria acabar com a fonte de renda deles, que eu era um agente do comunismo.

As ameaças e constrangimentos foram duros e se expressaram de muitas formas. Desde panfletos difamatórios contra a figura de dom Sinésio até ações inusitadas e escatológicas em locais de reunião pública.

— Nós tínhamos um encontro sobre o fumo com os agricultores numa comunidade de Santa Cruz. Então, quando eu cheguei lá e pisei na calçada que antecedia a porta, estava tudo cheio de merda. Só me dei conta depois de pisar. Eram coisas assim, havia uma hostilidade muito grande.

Com o tempo, dom Sinésio perdeu o apoio dos agricultores, que seguiam os "conselhos" dos orientadores das empresas e abandonavam os programas da diocese. Ainda assim, ele resistia com o que tinha e realizou projetos até se aposentar.

— Fiquei mais de lado, já aposentado, jogador fora de campo, entende? — lamenta.

Apesar de todas as dificuldades, ele avalia que o trabalho tinha potencial para continuar, que até uma fumageira — a Universal Leaf — esteve mais aberta a apoiar o fumo sem veneno. Mas a iniciativa foi interrompida pelo bispo que o sucedeu, dom Canísio Klaus. Vindo de Mato Grosso, ele não tem vínculo com a educação no campo nem com a compreensão sobre os males do fumo. Em 2016, dom Canísio foi transferido para a diocese de Sinop, em seu estado de origem, e o gaúcho Aloísio Alberto Dilli foi nomeado bispo de Santa Cruz do Sul.

— De qualquer forma, tenho fé de que alternativas voltem a ser discutidas e aplicadas seriamente com o apoio da igreja — continua dom Sinésio, lutando contra o próprio ceticismo. — Ainda sou um religioso, não posso deixar de crer, não é?

A EXILADA DE "VENENOS AIRES"

Juliana Lehmen é natural de Venâncio Aires. Filha de fumicultores, chegou a auxiliar os pais durante a infância e a adolescência na lavoura de tabaco. No entanto, inconformada com a relação de servidão a que a família era submetida pelas fumageiras, resolveu tomar outros rumos. Os caminhos, todavia, não seriam suaves.

Desde os 19 anos, a revolta de Juliana com a situação fez com que acumulasse desavenças dentro de casa. Pessoas próximas, mesmo amigos de infância, se tornaram desafetos. Tudo por causa dos discursos que fazia contra a cultura do tabaco.

— Não é um ambiente democrático, o da cultura do tabaco. As relações são sempre muito verticalizadas. São do tipo manda quem pode, obedece quem tem juízo — avalia. — O exemplo das relações das fumageiras com os agricultores, de imposição de cima para baixo, é reproduzido pelas famílias de agricultores. Imagina eu, jovem e mulher, se tinha alguma voz, se seria respeitada. Tive que aprender a gritar e as pessoas se incomodavam muito comigo por isso.

Sentindo-se oprimida e com as relações desgastadas na comunidade de Vila Arlindo, onde morava com os pais e o irmão mais novo, Juliana decidiu se mudar para a área urbana de Venâncio. Lá, conseguiu emprego na agência do Instituto Nacional da Seguridade Social (INSS) e alugou uma pequena casa, que dividia com uma colega de trabalho. Depois, prestou vestibular na Unisc, para cursar administração. As coisas pareciam caminhar. Só pareciam.

— Vi que também na cidade a defesa do tabaco e dos absurdos cometidos pela indústria era intransigente — lamenta. — Na universidade, onde eu esperava mais abertura, percebi que estava num ambiente muito influenciado pela indústria. Até existem algumas ilhas de exceção na Unisc, alguns professores e estudantes que se movimentam para pensar alternativas, mas a regra é preparar o aluno para aceitar as condições impostas pelas fumageiras.

Em 2003, aos 22 anos, Juliana decidiu trocar de ares mais

radicalmente, colocando uma distância física maior em relação à família e aos círculos sociais dos quais um dia participou na cidade natal. Mudou-se para Florianópolis, onde fez um curso de corretagem de imóveis e passou a vender casas para pagar as contas.

— Eu estava ficando deprimida e isolada em Venâncio. Via minha família e amigos se matando, literalmente, na cultura do tabaco. Aí, me propus esse autoexílio.

Em 2011, ela foi aprovada em ciências econômicas na Universidade Federal de Santa Catarina. Influenciada pela situação que viveu em Venâncio Aires, optou por fazer da experiência acadêmica um laboratório de pesquisas sobre o tabaco.

— Peguei o gancho da desigualdade econômica causada pela cultura do tabaco. A região fumageira é meu objeto de pesquisa, principalmente no Sul do Brasil, onde as terras são lavadas com agrotóxico há mais de cem anos, o que se agravou com a instalação das primeiras indústrias de cigarros em Santa Cruz do Sul, no início do século 20, e onde logo abaixo dessas terras, para oeste, está o Aquífero Guarani.

Outra preocupação é com a questão de saúde pública dos trabalhadores, que vivem diretamente sob a influência de agentes químicos nocivos aos seres humanos.

Por um tempo, a saudade imposta pela distância física fez com que as relações familiares de Juliana melhorassem. Ela chegou a visitar os pais e o irmão algumas vezes em Venâncio, mas, depois que avançou nas críticas sobre o tabaco, os laços afetivos voltaram a enfraquecer.

— Eu fazia visitas frequentes à família até 2014, quando tivemos um rompimento e não voltei mais para lá. Só meu pai me liga, às vezes.

Os pais ainda plantam fumo e o irmão trabalha na Afubra, motivo especial de tristeza. Ele é um avaliador de seguros da associação, um dos funcionários que atua para checar estragos nas lavouras. Viaja por todo o Sul do Brasil.

— É triste, porque meus pais, mesmo, foram prejudicados

pela história do valor do seguro, que muitas vezes vai parar na indústria para pagar dívidas que os agricultores têm com as fumageiras. Conheço a realidade daquela gente "ignorantizada", usada, dominada pelos interesses das empresas. Eles são vítimas, não têm condições de entender que aquele ambiente é prejudicial para a saúde.

Juliana é mais uma que, ao pesquisar e fazer as contas, viu que os pequenos agricultores, em média, mal tiram dinheiro para o sustento anual. Só uma vez por ano contam com ganhos, quando contam, pois é comum "negar" uma colheita, seja com granizo, seca ou queima de fornos. É aí que chega o avaliador da Afubra com a proposta de seguro, que tem como objetivo real garantir que as empresas recebam do agricultor.

A JUVENTUDE QUER DISTÂNCIA

Especificamente para Santa Cruz e Venâncio, o impacto da migração da juventude do campo à cidade, também comum em outros municípios, se faz sentir ainda mais. O motivo é a penosa rotina do cultivo do tabaco, que eles não querem herdar dos pais e avós. As indústrias, o comércio, os serviços são atividades que atraem jovens de várias localidades. Por um lado, esse fenômeno os coloca em situação de muita vulnerabilidade. São trabalhadores precários, que disputam empregos precários. Por outro lado, observa-se um esvaziamento dos espaços rurais.

— As famílias agrícolas estão diminuindo, inclusive pela saída dos jovens, que procuram nas cidades condições de trabalho melhores — aponta Marco André Cadoná, autor da pesquisa acadêmica *Dinâmicas regionais de mercado de trabalho: uma análise a partir do mercado de trabalho na cidade de Santa Cruz do Sul (RS)*.

Há aqui uma questão muito importante — que, inclusive, preocupa a própria indústria do tabaco —, pois a continuidade do árduo trabalho nas lavouras fica ameaçada pela diminuição do número de jovens no meio rural. Empresas fumageiras já realizaram pesquisas para encontrar meios de manter os mais novos no campo.

— Os jovens nem sempre querem isso. Uma vez, um jovem me respondeu categoricamente: "Não sou poste para ficar fincado na terra; se encontrar uma forma de sair daqui e encontrar uma vida melhor, eu saio" — pontua Cadoná.

O pesquisador entende que a motivação para que os jovens se envolvam com a agricultura passa por uma transformação no ambiente escolar, que deveria primar pela mudança nas relações, com melhores condições de trabalho, de produção e de inserção política e social. Outra questão importante é que muitos jovens trabalham sem autonomia nas propriedades familiares que cultivam o tabaco, tendo grande dependência dos pais para dispor de recursos financeiros próprios. Em regra, o dinheiro fica concentrado nas mãos do pai, o "chefe da família". Até para ir a uma festa de final de semana, o jovem, ainda que trabalhe muito na lavoura, tem de pedir dinheiro ao patriarca. É aí que o espaço urbano se torna muito atraente.

— Por menor que seja o salário que vai ganhar, quase sempre é superior ao que ganha ficando com a família.

CONSEQUÊNCIAS SOCIOCULTURAIS

A cultura do tabaco desperta graves consequências objetivas, a exemplo do que ocorre do ponto de vista da desigualdade econômico-financeira. Mas não só. Outros problemas de igual gravidade e que contribuem para a manutenção do desequilíbrio são questões imateriais, como o machismo e o racismo, que não são componentes estranhos à cultura brasileira, mas que dão mostras de se acentuar no Vale do Rio Pardo.

— Se for comparar com outras regiões aqui mesmo do Rio Grande do Sul, o Vale do Rio Pardo é ainda mais machista do que o restante. E isso tem, sim, relação com a própria cultura do tabaco, porque a gente vê muito do individualismo servindo como motivação para o homem se colocar como melhor do que a mulher, mais forte, mais capaz — protesta a agricultora Teresinha Weber.

Em 2016, ela foi candidata a vereadora em Venâncio, com propostas calcadas no empoderamento da mulher e na agroecologia. Teve 84 votos.

— Eu me candidatei para marcar posição, nem esperava mais do que isso. O elemento feminino aqui mal consegue fazer número para cumprir as cotas dos partidos. A maioria das legendas tem que pagar para que mulheres se candidatem.

Teresinha Weber é uma expressão daqueles que aproveitam as frestas para criar mecanismos de resistência. Nascida na cidade, passou anos morando na Amazônia, atuando em comunidades indígenas. Dessa experiência extraiu muito sobre a importância do trabalho coletivo e da necessidade de respeitar a produção de alimentos "ao natural". Com orgulho, Teresinha conta que a família nunca plantou uma folha de tabaco na propriedade em que reside até hoje. Com mais de 60 anos, ela jamais viu os pais e os irmãos defenderem o cultivo dominante na região.

— O máximo que fizemos foi plantar milho e soja, mas, logo, a família viu que também eram ruins, que pendiam para o monocultivo. Aí, já entrou direto para essa opção da agroecologia.

Do trabalho de gente como Teresinha e família foi criada, em 2000, a cooperativa Ecovale. Ela começou, principalmente, pelo suporte do Centro de Apoio e Promoção à Agroecologia (Capa), que vinha acompanhando vários grupos no Vale do Rio Pardo e assistia a toda a opressão do tabaco. Isoladamente, os agricultores tinham pouca força para sair e criar alternativas. A assessoria técnica do Capa ajudou a enxergar outras possibilidades. Grupos se formaram, mas ainda não era o suficiente para o surgimento do cooperativismo agroecológico.

— Hoje na Ecovale estamos com 65 sócios. Sei que parece pouco, mas não é, dado o espírito imediatista que predomina aqui. A pessoa pensa que vai ser muito rápido, como o tabaco, e não é assim. Tem também a cultura do individualismo que, na minha opinião, já é forte no alemão e piora muito com o trabalho da indústria do tabaco — explica Teresinha.

Os produtores da Ecovale conseguem vender em algumas feiras da região. E têm até uma feira própria em Santa Cruz. Além disso, fornecem alimento para as refeições de seiscentos funcionários de uma das maiores empresas regionais, a Mercur. Há boa diversidade de produtos. Por exemplo, o grupo de Venâncio Aires tem uma agroindústria que processa arroz, açúcar mascavo, melado e mel, tudo na propriedade de Teresinha. Há outros que fornecem feijão, farinha de milho e arroz.

Outros grupos, inclusive na Universidade de Santa Cruz do Sul, pensam que uma alternativa válida seria aproveitar o tabaco a partir de outra perspectiva: usar o conhecimento dos agricultores a respeito da folha para finalidades farmacêuticas, por exemplo. Algumas pesquisas já mencionam a existência de um tipo de tabaco que produz muita massa em termos de folha e caule, e apontam a possibilidade de aproveitá-lo para a indústria de celulose. A questão é saber se não se trataria apenas de uma nova dependência de outro setor que não o do cigarro.

De um lado, uma ideia central faz esses atores convergirem ao ato de incentivar um conjunto variado de possibilidades que tenha a ver com a característica de cada pedaço do território, com a questão cultural e com a organização das pessoas que já estão nas áreas rurais. Por outro, eles esbarram no problema da ausência de ações articuladas, o que tem muita relação com a influência das fumageiras. Historicamente, as prefeituras da região sempre foram alinhadas com as empresas de tabaco. E é claro que políticos de carreira arrumam um jeito de desarticular as ações que pensam alternativas de maior alcance. Mas o Capa nutre certo otimismo. Segundo o coordenador do projeto em Santa Cruz, Sighard Hermany, há mercado regional para a produção agroecológica. Inclusive, há mais demanda do que alimento disponível. As trezentas famílias envolvidas já não dão conta de atender à procura.

Porém, enquanto Teresinha recebeu 84 votos nas eleições municipais de 2016 em Venâncio, Sandra Helena Wagner, a secretária do Sindicato dos Trabalhadores Rurais do município — aquela que definiu as crianças e jovens de hoje como "geração de vadios", e que normalizou o trabalho infantil durante uma entrevista conosco —, amealhou 1.516 eleitores, sendo a terceira mais votada à Câmara de Vereadores e eleita presidente da Mesa Diretora do Legislativo em 2018.

Teresinha diz que a cultura do tabaco marginaliza a mulher. A mulher é da horta e não é da roça. Não é do plantio do milho e da soja, e muito menos do plantio do tabaco, diz. Para quem defende esse discurso, só homem cuida, negocia, busca crédito. A mulher é "coisa pequena", cuida da casa, dos filhos. Segundo Teresinha, porém, a agricultura familiar e a agroecologia já provocaram pequenas mudanças em algumas comunidades. Ela acredita na força das microalterações de comportamento causadas por trabalhos mais localizados.

— O sistema agroecológico também tem muito a ver com a mulher, a presença da mulher. Porque está muito ligado à alimentação. A agroecologia engloba o alimento bom, a boa saúde. Então, o universo feminino ganha espaço, porque quem quer comer melhor, ainda que seja machista, passa a olhar um pouco diferente.

O racismo é outro forte influenciador cultural atrelado ao fumo. As diferenças entre os germânicos e os descendentes de outras etnias são muito presentes nos discursos dos representantes da indústria.

— Eu estava fazendo um trabalho de campo, com um instrutor da Souza Cruz, e ele me dizia isso: "Olha, professor, dá para ver a diferença. Desse lado da estrada, olha o capricho da produção. Agora, olha o outro lado." O capricho era dos descendentes de alemães. Do outro lado, o trabalho de quem eles, das empresas, chamam de "caboclada" — conta o historiador Olgário Vogt, de Santa Cruz do Sul.

Mateus Skolaude, também historiador e autor do livro *Identidades rasuradas: o caso da comunidade afrodescendente de Santa Cruz do Sul*, explica que o racismo, bastante "comum" no Rio Grande do Sul, foi reforçado por condições típicas na região do Vale do Rio Pardo:

— Porque se vende uma ideia de que a região foi praticamente colonizada pelos alemães que vieram e desbravaram todos os penhascos e morros. O que não se diz é que tinha muito o braço do negro junto, do índio, que plantava muita erva-mate e pouca gente sabe. A questão é que, historicamente, essas outras etnias foram colocadas numa condição de inferioridade diante dos imigrantes alemães. E a indústria investiu pesado em reforçar o identitarismo para fortalecer uma lógica de hegemonia alemã que produz o melhor tabaco do mundo.

O artigo "Sujeitos rasurados: uma análise da construção da identidade afrodescendente a partir dos espaços educativos no território do Rio Grande do Sul", assinado pelos pesquisadores Mozart Linhares da Silva e Viviane Inês Weschenfelder, analisou o racismo no estado.[37] Tendo Santa Cruz como um dos focos, exatamente pelo sabido reforço do identitarismo germânico, o traba-

---

37 SILVA, Mozart Linhares da & WESCHENFELDER, Viviane Inês. "Sujeitos rasurados: uma análise da construção da identidade afrodescendente a partir dos espaços educativos no território do Rio Grande do Sul", em *Revista*

lho atravessou as escolas do município e evidenciou que o maior índice de afrodescendentes e de não brancos está nos bairros mais carentes, na periferia da cidade. Ao contrário, a maioria dos brancos reside nas zonas centrais, mostrando uma espacialidade erigida para barrar a mobilidade social. Negros e negras "sofrem preconceito, tanto pela cor, como pela condição social. E a escola também é responsável por esse processo legitimador, não só pela discursividade étnica, mas, também, pela espacialização, constituída de forma divisória e não agregadora das diferenças. A escola (re)produz a imobilidade a partir tanto do discurso pedagógico quanto pela localização na urbe".

Uma pesquisa sobre a opinião da população de Santa Cruz do Sul, feita pelo próprio Mozart Linhares da Silva, constatou que a miscigenação ainda é vista como negativa entre os naturais do município: expressivos 31,34% apontaram que a "mistura de raças" prejudica o Brasil. No mesmo sentido, 27,39% dos santa-cruzenses de nascença se posicionaram contra a chegada de pessoas de etnias diversas para morar na região. Para agravar, 32,22% dos originários da cidade disseram que a genética é elemento fundamental da criminalidade.

Isso numa cidade em que 13,2% da população se declarava "preta" ou "parda", no Censo Demográfico de 2010. Eram quinze mil na cidade e 43 mil na região. Difícil não conseguir enxergar. Os dados sobre rendimento são ainda mais claros. Entre negros, 90% recebiam até dois salários mínimos, contra 68% entre os brancos.

Mal-Estar e Subjetividade, vol. 10, n. 1, pp. 259–81. Fortaleza: 2010. Disponível em <http://pepsic.bvsalud.org/scielo.php?script=sci_arttext&pid=S1518-61482010000100012&lng=pt&nrm=iso>.

A BRAVURA É LOIRA?

O hino oficial de Santa Cruz do Sul tem muito a nos dizer sobre racismo. Nele, até a "loirice" do imigrante é salientada. De cara, os dois primeiros versos da letra escrita por Elisa Gil Borowsky para a música de Lindolfo Rech dizem:

> Por sobre as nossas lindas terras
> loiro imigrante andou

Somado ao contexto da Oktoberfest e à família-símbolo do município vestida com as roupas de louríssimos bonecos gigantes, o cântico corrobora a afirmação de que a cidade tem uma "nacionalidade", contradizendo a pluralidade de culturas, etnias, descendências e costumes fundantes da região.

Tal desigualdade racial fez com que em outubro de 2016 fosse lançada a campanha "Pretinhosidades". Uma das principais linhas de ônibus municipais, a 310-Murtinho, local conhecido no Rio Grande do Sul por ser um dos mais marcados pela colonização de imigrantes alemães, levava adesivos estampados com fotos de seis crianças negras e um slogan forte: "Santa Cruz também é negra", questionando as representações de beleza, sucesso e inteligência quase sempre vinculadas a modelos e padrões que remetem à herança dos imigrantes de origem europeia.

Negra, a professora universitária e ativista Marta Nunes é uma das idealizadoras do projeto. Ela ressalta os pontos negativos da construção de estereótipos que faz os descendentes germânicos parecerem um ideal a ser alcançado por todos:

— Os indivíduos que não se enquadram em um patamar de tratamento institucional ou pessoal igual [ao dos descendentes de alemães] sentem-se como cidadãos de segunda classe. As crianças negras e brancas, nesse contexto, são cotidianamente expostas a padrões e "aprendem", desde cedo, quem é digno e quem não. Quem é belo e quem não. Qual cabelo é "bom" e qual cabelo é "ruim".

Ao passo em que busca a afirmação de negras e negros, a campanha "Pretinhosidades" também compõe uma forte crítica ao racismo na região. Um racismo enraizado e que persiste em várias camadas: a mais visível, nas propagandas para promover a cidade.

— É um discurso que permanece ao longo do tempo. O que a gente quer é que as crianças se reconheçam como cidadãos santa-cruzenses.

Assim termina o hino do município:

Foi brotando deste afã
Da bravura alemã,
A cidade crente e santa
Que sua Cruz ao sul levanta

Vê-se, então, que a luta de Marta, do coletivo Pretinhosidades, e de milhares de negras e negros que sobrevivem em Santa Cruz é longa e árdua, para mostrar que não só de "loirice" e "bravura alemã" se ergueu e se ergue uma cidade no Rio Grande do Sul.

A POBREZA A SERVIÇO DA INDÚSTRIA

Outro dado importante coloca a especulação imobiliária como fator fundamental para garantir que a precariedade e a pobreza sirvam à indústria. As megaempresas do tabaco estão localizadas no distrito industrial de Santa Cruz do Sul, que fica na periferia da cidade, ao lado dos bairros mais pobres e populosos. A área foi construída a partir de processos migratórios de pessoas muito pobres que vieram de outras cidades. Era gente que já vivia em Santa Cruz, mas que, pelo aumento do valor dos imóveis e do custo de vida, teve de vender o que tinha e ir para um local mais barato.

— No fim, esse pessoal, composto em 80% por mulheres, passou a servir à indústria, se tornando os safristas que trabalham seis meses por ano — comenta o geógrafo e professor Rogério Leandro Lima da Silveira, autor do trabalho *A produção da periferia em Santa Cruz do Sul-RS: o lugar dos safristas na terra do fumo*.[38]

O contraste é notável. De um lado, casas pobres, barracos e conjuntos habitacionais precários da periferia. Vizinhos a eles, os enormes galpões e a estrutura suntuosa das fumageiras. De quebra, na mesma parte do município, vê-se um imponente prédio da Afubra, que serve como centro de armazenamento e distribuição de produtos.

É nessas cercanias que podemos conhecer um elo ainda mais frágil dessa relação. O geógrafo Rogério fez uma extensa pesquisa sobre os safristas. A indústria, entre as décadas de 1980 e 1990, passou por um período de automatização, de incorporação de novos elementos e objetos técnicos no processamento do tabaco, que abriu passagem para a demissão de muitos funcionários especializados e permitiu a contratação de mão de obra com

---

[38] SILVEIRA, R. L. L. *A produção da periferia urbana em Santa Cruz do Sul-RS: o lugar dos safristas na terra do fumo*. Dissertação de Mestrado em Geografia. Florianópolis: Universidade Federal de Santa Catarina, 1997. Disponível em <https://repositorio.ufsc.br/bitstream/handle/123456789/111962/109908.pdf?sequence=1>.

menor grau de conhecimento técnico.

Nos anos 1990, os safristas já eram identificados, sobretudo, como pessoas que saíram do campo porque não tinham mais como produzir nas lavouras de tabaco. Outro grupo, minoritário, era formado por "peões" demitidos de grandes propriedades ao sul do Vale do Rio Pardo. Havia, ainda, os migrantes urbanos, saídos de cidades próximas, gente desempregada. Em suma, pessoas que viviam em áreas periféricas e chegavam para trabalhar na indústria fumageira por não mais do que um salário mínimo.

As empresas tomavam apenas o cuidado básico de cumprir a legislação trabalhista em relação aos safristas — e isso era, certamente, o que atraía essas pessoas: a garantia de ter a carteira assinada e o fundo de garantia depositado no período da safra de seis meses. São pessoas que, fora do período de safra, vão se assalariar na indústria da construção civil, no caso dos homens, e como diaristas, empregadas domésticas ou trabalhadoras temporárias na indústria da confecção, no caso das mulheres.

O trabalho dos safristas pode ser resumido assim: o fumo chega às empresas e é distribuído, passa por esteiras e, ao longo delas, mulheres separam as folhas pelo tamanho das lâminas. A etapa posterior é a umidificação. Depois, vem a fase dos aditivos de sabor. Por fim, o produto é encaixotado e vai para o porto de Rio Grande, para ser exportado.

— Perceba que há um cuidado em colocar as mulheres na separação, porque as folhas de fumo são sensíveis e as empresas entendem que elas precisam de uma mão de obra mais cuidadosa e delicada. Já os homens ficam com as funções mais pesadas, de carregamento, por exemplo — descreve Rogério. O Sindicato dos Trabalhadores nas Indústrias de Fumo e Alimentação de Santa Cruz do Sul e Região (Stifa) estima em sete mil o número médio de safristas. Já foram quinze mil nos anos 1990, mas novos processos de automação e a redução do número de grandes empresas de dezesseis para cinco, fortalecendo o oligopólio, causaram drástica redução de vagas.

DAS BRECHAS, SURGEM AS ALTERNATIVAS

Ainda que num cenário adverso, alguns trabalhos cooperativos se levantam entre os agricultores. Famílias que já sofreram muito com o plantio de tabaco buscam sair do ciclo opressor que cobre a região. Fazem experimentos agroecológicos e conseguem preços melhores para os alimentos que chegam ao consumidor. Com algum apoio do governo federal durante as gestões Lula e do governo gaúcho na administração de Tarso Genro, os trabalhadores da agricultura familiar ampliaram a produção e criaram canais de venda em forma de cooperativas, atuando em espaços públicos, como as feiras, e organizando distribuições volantes.

— Quando a pessoa está em situação grave, ela compreende melhor, ela também aceita mais mudança. Assim, alguns agricultores começaram a cooperar. Conseguimos apoio de mestres da agricultura e de órgãos governamentais, mas percebi que isso diminuiu ultimamente. Quando só vem um apoio repentino e não tem continuidade, fica difícil sustentar — aponta dom Sinésio Bohn.

As limitações não são poucas. E é impossível pensar seriamente na questão do desenvolvimento regional e das alternativas sem levar em consideração o contexto das pequenas propriedades rurais e do saber camponês coletivo, deteriorado pela cultura do tabaco. Mesmo a agroecologia, que surge como a opção mais defendida, tem restrições quanto à produção em grande escala.

— A gente crê que não é uma, mas são várias as alternativas. Algumas famílias vão poder, com apoio, financiamento e capacitação, ter condição de desenvolver produtos no campo do turismo rural, do turismo ecológico, pois há regiões belíssimas aqui. Outros podem viver da gastronomia. Só pensar em agroecologia, não dá — propõe o pesquisador Rogério Leandro Lima da Silveira.

A Escola Família Agrícola de Santa Cruz do Sul (Efasc), projeto que consiste em um modelo diferenciado de educação para a juventude do campo, trabalha a partir da realidade local e capacita o jovem para se tornar um empreendedor no meio rural. O ambiente educativo da escola mistura os trabalhos diários na lavoura com o cotidiano da sala de aula, usando conteúdos e métodos de ensino-aprendizagem embasados na realidade do educando e em fundamentos da Pedagogia da Alternância, que trabalha a produção de alimento no tempo e no espaço. Os estudantes passam uma semana na escola e outra nas propriedades. Além dos conteúdos formais de ensino médio, eles estudam os modelos produtivos para entender a forma predominante de agricultura, baseada no imediatismo e no uso de insumos químicos. As dependências do Seminário São João Batista abrigam em torno de cem jovens oriundos de onze municípios do Vale do Rio Pardo. Todos os estudantes são filhos e filhas de agricultores, saídos de escolas públicas estaduais e municipais. Até hoje, nenhum projeto elaborado pelos estudantes contemplou o tabaco como escolha de cultivo.

A base é a agroecologia, mas leva em consideração a necessidade de pensar outras opções. Os mentores da iniciativa acreditam que a escala produtiva agroecológica pode deixar de ser um problema pela via da educação popular e da colocação da produção no mercado com experiências diversificadas, incluindo frutas vermelhas, pêssegos e produção de leite. Além do processo de conscientização coletiva, os idealizadores da escola têm pleno entendimento da importância do financiamento, por meio de recursos públicos, para poder converter a região.

A Efasc adota outro argumento importante, que objetiva quebrar o paradigma de que o agricultor é alguém historicamente desvalorizado, uma profissão para pessoas que não deram certo na vida. Há casos de jovens cujos pais esperavam que se formassem técnicos e trabalhassem como instrutores das fumageiras. Alguns alunos entraram em conflito com as famílias porque divergiram disso. Como resultado, chegaram a abandonar as propriedades familiares. Nessas horas, a escola cumpre o papel de mediadora.

O trabalho da Escola Família Agrícola deve ser observado com atenção, já que abre, especialmente ao jovem, uma porta de saída do cultivo do tabaco e, ao mesmo tempo, cria condições para mantê-lo no campo. Ainda assim, o projeto vive com contradições, sendo a maior delas o recebimento de recursos da indústria fumageira para compor o orçamento anual. Em 2016, 13% da receita da escola provinha de investimentos da Philip Morris, da Japan Tobacco International e da Souza Cruz. Entretanto, o número já é bem menor do que os 38% aplicados pelas fumageiras até 2013. A maior parte dos recursos vem do Fundo de Manutenção e Desenvolvimento da Educação Básica (Fundeb), dos convênios com nove prefeituras da região e da contribuição voluntária das famílias dos estudantes.

— Claro que é um projeto que tem contradições, mas é o mais efetivo na discussão sobre a agricultura familiar e sobre o que significa criar condições favoráveis para que o jovem seja um agricultor — enaltece o professor Marco André Cadoná.

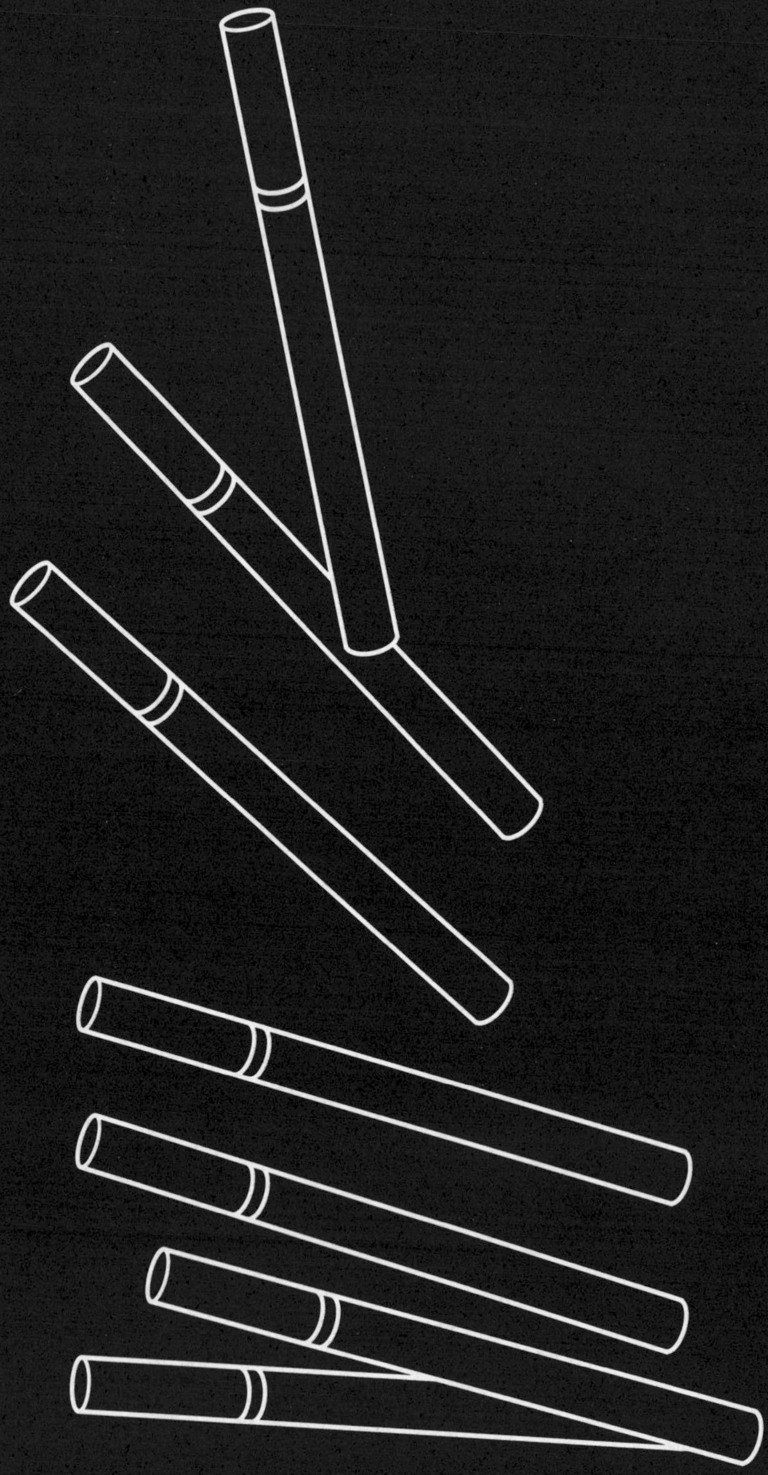

ELES LEVAM A SÉRIO

7

Quando saímos a campo pela primeira vez, em 2011, tínhamos na memória as ações movidas quatro anos antes pelo Ministério Público do Trabalho. Basicamente, os processos apresentados simultaneamente no Paraná e em Santa Catarina afirmavam que o contrato de compra e venda do tabaco imposto aos produtores rurais era, em verdade, um contrato de trabalho, que deveria ser reconhecido como tal, o que implicaria o pagamento de direitos trabalhistas a dezenas de milhares de famílias do Sul do país.

O grupo da procuradora Margaret Matos de Carvalho, do Paraná, constatou que a submissão dos agricultores superava até mesmo o previsto na Consolidação das Leis do Trabalho (CLT). Pelas cláusulas, o produtor era obrigado a aceitar um seguro comercializado pela Afubra, a orientação técnica da empresa, o financiamento no banco e a venda exclusiva a essa empresa, com preços definidos por ela.

"Quanto mais endividado estiver o agricultor, mais submisso ficará, trabalhando ainda mais e cobrando menos", diz Margaret, resumindo a ação.

Em um inquérito aberto em 1998, a procuradora queria investigar os produtores pelo uso de mão de obra infantil. Mais tarde, chegou à conclusão de que eles eram vítimas, e não criminosos, porque acabavam forçados a contar com a ajuda de filhas e filhos na lavoura devido às duras condições. "Tais pessoas mantêm com as empresas fumageiras verdadeira relação de emprego, mas assumem elas próprias o risco da produção. Ora, tal situação revela enriquecimento ilícito das fumageiras, ao transferirem para os trabalhadores o risco do seu negócio", continua.

Riscos que não são pequenos. Os olhares de todos mostravam tristeza, como se estivessem à espera de notícias ruins em um corredor de hospital. Sobre a casa de Lídia Maria Bandacheski do Prado pairava constantemente uma névoa de tensão. Ao fundo, finalmente, ela aparece, sentada — ou depositada — sobre uma cadeira. Não se permite sorrir em momento algum durante as horas de conversa. Não tem motivos. Até hoje.

Na virada do século, Lídia começou a apresentar náusea, perda de força muscular, desmaios, falhas de memória. Os primeiros médicos, sem saber o que fazer ou sem querer entender o problema, davam uma dose de soro e a mandavam de volta para casa.

— Já cansei de passar mal e apagar, não lembrar de nada — conta Lídia, que é de Rio Azul, cidade do centro-sul do Paraná. — É difícil porque você tem filhos, quer lutar e dar o melhor para eles. Mas não posso mais dar o meu melhor.

Quando tinha 9 anos, o pai morreu, e a garota teve de assumir tarefas pesadas da produção de fumo para que a mãe não sofresse tanto.

— Eu dormia em cima das sacas que deixavam no paiol. A mãe cozinhava dentro do barracão. A gente ficava lá a semana inteira, nas terras arrendadas. Misturava o veneno com a mão, sem luva. Falavam que o veneno só fazia mal pro bichinho. Nunca a gente pensou que ia fazer mal pro ser humano.

Mas faz, Lídia é a prova disso. Em 2009, depois de muitos anos de peregrinação hospitalar, finalmente os médicos começaram a descobrir de que se tratava o caso. E ela virou o ponto de partida de uma pesquisa do Núcleo de Estudos em Saúde Coletiva da Universidade Federal do Paraná (UFPR). Lídia relata que algumas vezes chegou a ter paralisia dos músculos dentro da empresa que lhe comprava o tabaco, durante o processo de pesagem. Ninguém lhe ofereceu auxílio. Pelo contrário. Acabou descadastrada e, de quebra, terminou com uma dívida que não tinha mais como saldar.

Quatro anos depois do encontro tenso em Rio Azul, telefonamos a Lídia. A tristeza continuou a marcar a conversa.

— Eu pensava que ia ter uma cura. Pelo menos voltar a andar, ter uma vida normal. Com o tempo, as coisas pioraram, e agora já estou numa situação que não tem mais o que fazer.

Sem poder sustentar a vida no campo, ela e o marido se mudaram para a cidade, onde tiram o sustento apertadinho do auxílio-doença da Previdência Social e do salário de servente de pedreiro.

— Fiquei tão abalada... É difícil. Você leva uma pancada. Pensei várias vezes em acabar com a minha vida, mas continuo aqui pelas minhas filhas.

No começo de 2018, a Vara do Trabalho de Irati decidiu extinguir o processo no qual ela cobrava da Alliance One o pagamento de pensão vitalícia. Como o contrato era celebrado com o marido dela, o juiz entendeu que não havia como reconhecer um vínculo trabalhista entre Lídia e a fumageira.

O caso foi um dos mais dramáticos com que cruzamos, mas não é único. O roteiro exploração-doença-expulsão é comum. E é um dos muitos motivos que levaram à apresentação de ações do MPT no Paraná e em Santa Catarina, simultaneamente, cobrando a responsabilização das empresas e da Afubra, vista como entidade que não só não representa os fumicultores como reforça a atuação das corporações. No Rio Grande do Sul, estado em que os jogos de pressão são mais fortes, os procuradores não ingressaram com processos.

— Eles [as empresas] levam a sério. Rejeitaram todas as propostas que foram feitas. Não tinha como conciliar. Nenhum ponto era fácil de chegar a acordo. De um início de conversa, a gente passou a divergências sérias — diz a procuradora Margaret Matos de Carvalho. Para ela, o passar do tempo deixou claro que não havia possibilidade de acordo. — Tudo é muito escabroso, muito impactante. Falam desse contrato de integração como se fosse uma coisa tão comum, como se não tivesse nenhuma ilegalidade. É muito naturalizado.

A maior parte dos pontos do contrato continua em vigor. Quando as ações foram apresentadas, a indústria do tabaco correu para deslocá-las a Brasília sob o argumento de que apenas na capital federal se poderia delimitar regras comuns que teriam validade para todo o Brasil. As empresas sabiam que, no Sul, a chance de vitória era menor. No Paraná, o juiz Cássio Colombo Filho havia concedido liminar suspendendo os contratos de compra e venda. Pouco depois, o magistrado teve de aceitar o deslocamento do caso.

"Ora, se o Ministério Público do Trabalho já investigou a fundo a questão e ajuizou esta demanda, há pelo menos um razoável indício de prova de que os contratos são celebrados de forma abusiva e necessitam ser IMEDIATAMENTE revistos", protestou, em seu último despacho, no qual registrou a existência de pressões econômicas, sociais e políticas envolvendo o assunto.

Em 2011, o processo chegou à capital. E foi resolvido subitamente.

— Os procuradores de Brasília não participaram da investigação, que foi uma investigação cuidadosa, que demorou muito tempo para a gente amadurecer, decidir qual tipo de ação seria apresentado. Em menos de quinze dias, fizeram acordo. Minha investigação era de dez anos — critica a procuradora, claramente medindo as palavras na tentativa de evitar novos problemas.

O que o acordo expressa é, basicamente, a linha de argumentação das empresas em seguidos pareceres, documentos e materiais de divulgação. Os produtores passam de vítimas a culpados por tudo o que ocorra de ruim na produção de fumo. Na questão dos agrotóxicos, de modo geral, o problema deixa de ser entendido como uma consequência da falta de opção do camponês diante de custos altos, e as dívidas passam a ser uma questão de ignorância que deve ser combatida mediante o oferecimento de cartilhas informativas.

No Paraná, a Justiça do Trabalho já havia reconhecido que a Afubra não tinha a menor condição de representar os trabalhadores. Em Brasília, a entidade voltou a figurar como parte da cadeia de divulgação das boas práticas do setor, em parceria com o SindiTabaco. Ambos deixam de ter responsabilidade central no caso, devolvendo a bomba ao produtor.

— Se fosse para fazer aquele acordo, eu teria feito há muito tempo aqui — afirma Margaret. — Não é uma ação para ser resolvida por acordo. São coisas inconciliáveis. O certo seria a indústria pagar ao produtor como empregado, o que as empresas não aceitariam jamais.

Sem poder mexer em um tema sobre o qual o MPT firmou acordo, Margaret e outros procuradores do Sul buscam alternativas. Para ela, o que resta é tentar encontrar a porta de saída dessa cultura, ampliando a oferta de ações de diversificação de cultivos.

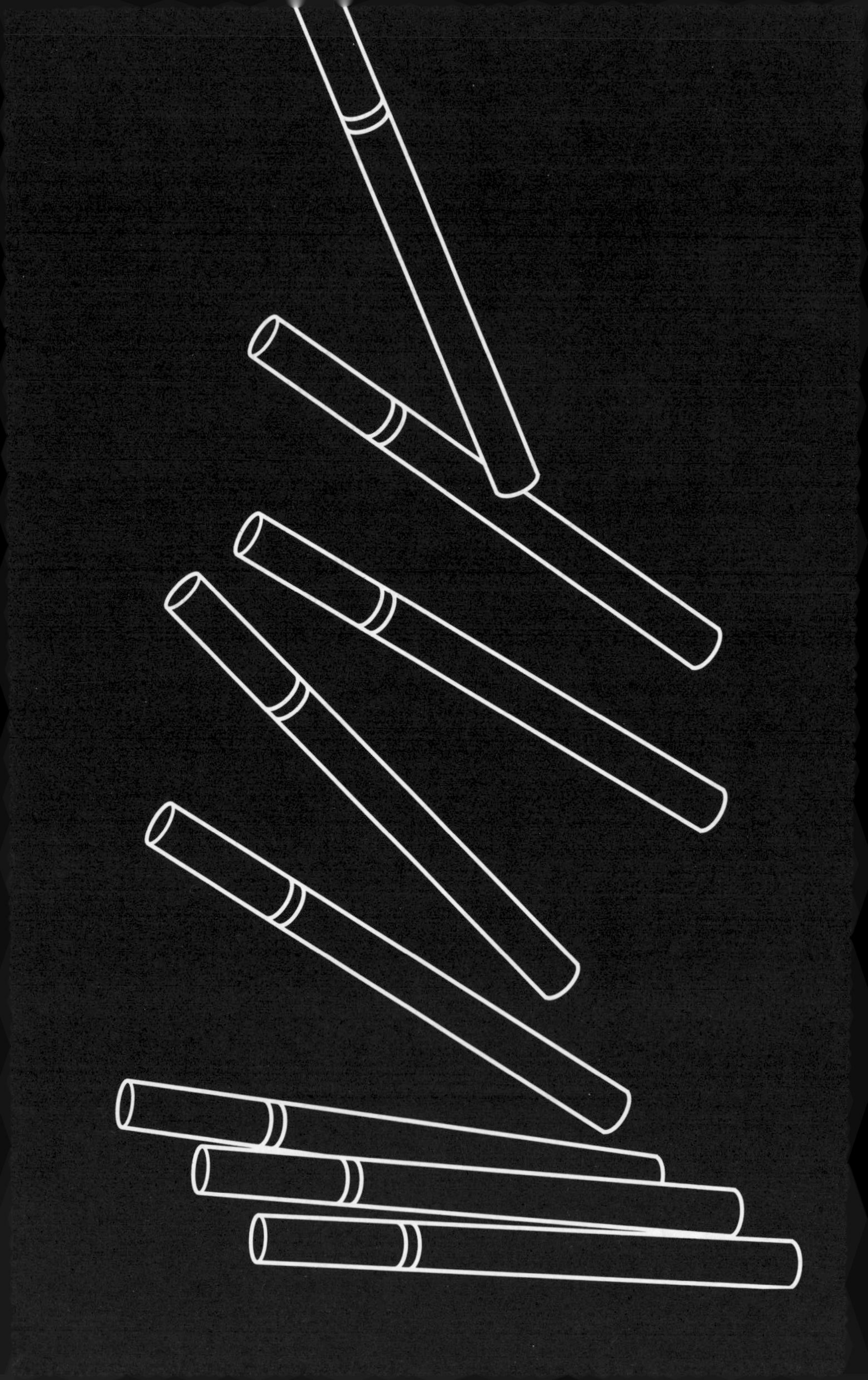

TODA CONTRADIÇÃO FAZ SENTIDO

8

— Ninguém aqui bate de frente com as fumageiras, né?
— Não. Ninguém.

Foi assim, de cabeça baixa, entre uma garfada e outra de arroz com feijão, que desceu de atravessado a notícia de que nossa busca naquela região poderia resultar inútil. O rosto do velho militante desanuviava na hora de contar sobre o rapaz buenacho que lograva a gurizada para ganhar um dinheiro. Não é que fosse maleva, nem nada, mas aquele gaudério dava o que falar.

Quando o assunto caía nas fumageiras, porém, era dar meia-volta e engatar outra história. Ele não queria ir a fundo. Ficamos jururu: havíamos viajado quase trezentos quilômetros desde Porto Alegre e ele era nossa única aposta em Canguçu, próxima a Pelotas, onde já se respira um idioma acastelhanado, mas onde os hábitos são germânicos. Germaníssimos.

— Aqui, pra nós, tu é estrangeiro — disse uma outra pessoa.

Estava claro que deveríamos seguir sozinhos naquele pequeno país. E pela sombra. Na verdade, muitos dias antes nos havíamos dado conta de que corríamos o risco de perder viagem. O Rio Grande do Sul tem um destino manifesto: encher de tabaco os pulmões nos mais variados rincões do planeta. A indústria do cigarro se fez confundir com a própria história do estado. Qualquer piá cresce com a informação de que esse é um dos principais itens de exportação gaúchos.

Talvez uma grande limitação de nosso trabalho resida no fato de não sermos gaúchos. É possível que nunca terminemos de entender a lógica que leva a que quase ninguém queira bater de frente com a indústria do cigarro. Mas, talvez, esta também seja a nossa grande liberdade: nenhum parente, nenhum amigo, nenhum ganha-pão que nos conecte às relações de dependência com as fumageiras.

No começo de uma noite gelada, no centro de Porto Alegre, um militante deu rodeios, rodeios e rodeios antes de nos dar um banho de água fria: ele tinha certas ligações com entidades conectadas à indústria. A dependência da dependência.

— Para que tu vejas como funcionam as coisas — disse, meio envergonhado, meio assertivo. Era melhor falar pouco. Falar nada.

Em Canguçu, de novo, rodeios, rodeios e rodeios. Até que ficou claro que seria necessário se virar para não perder mais tempo. A dica de olhar sempre para as comunidades alemãs funcionou: o fumo surgia por ali e sumia em seguida, rebrotando tão logo viesse a próxima vila germânica.

É certo que essa característica étnica foi fundamental para fazer Canguçu entrar em definitivo no mapa da indústria do tabaco na década de 1990. Muitas pessoas falam com orgulho que aquela é a cidade com o maior número de minifúndios do Brasil — são nove mil das catorze mil propriedades rurais, segundo a Prefeitura —, mas o fato é que hoje a agricultura diversificada foi bastante alterada pela dedicação aos pés de fumo.

Canguçu é um daqueles lugares comuns que integram quase à perfeição nosso imaginário sobre o que deve ser uma cidadezinha do interior gaúcho. Talvez um pouquinho maior. Tem uma avenida que vai e outra que vem. Uma igreja em frente à praça. Um hospital. Escolinhas. Cenários bucólicos. O sotaque. O friozinho. O movimento das ruas que some ao atardecer, talvez com medo do que dirão as línguas sobre quem fica fora de casa depois do trabalho. E uma grande loja de departamentos da Afubra. Esta, é verdade, não faz parte do imaginário gauchesco.

— Se for fazer um cálculo de rendimento financeiro e mão de obra, não paga a mão de obra. Mas, por não ter alternativa, acaba sendo inviável mudar — resume um jovem que tateia em busca de uma porta de saída. — A exploração das empresas, querendo ou não, sempre tem. Principalmente na classificação. Tu te esforça para produzir o ano todo e, quando chega lá, eles pagam o que querem. Tu não tem escolha: tem o contrato e é obrigado a entregar pra eles. E o pacote tecnológico, que tu é obrigado a usar. Não tem independência. Na verdade, o fumo tem mais contras do que prós. O pró é só o financeiro.

Ali, a exemplo do que se dá em outras partes, os opositores da indústria andam discretamente, sem se declarar. Todos plantam ou plantaram fumo em algum momento da vida. Há quem chegue a plantar de manhã, e à tarde faça esforços pela criação de alternativas. Nada faz sentido. Tudo faz sentido.

— Hoje é mais difícil. Tudo tem seu custo. Trabalha para pagar contas, máquina. Terra é complicado de comprar. Faz dinheiro, mas gasta muito — resume Giovani Volz, veterano, que produz fumo em Canguçu desde a virada do século. Ele conta da safra em que, ao pagar as contas, sobraram R$ 1,6 mil para passar o ano. A propriedade da família tem 66 hectares, mas apenas três estão cultivados com tabaco, porque não resta tempo para outra atividade. Se a Afubra fala em trezentos mil hectares plantados com fumo, imagine quantos mais não estão vazios enquanto poderiam produzir alimentos.

Apesar disso, Giovani tem certeza de que, hoje, é impossível sair do fumo. O filho comprou uma moto nova. Os colonos todos trocaram Corcel e Fusquinha por picape.

— Querer inventar outro tipo de coisa, tem que estar muito bem informado. Pensar que vai dar certo sem saber que vai dar, não dá.

Antes, os colonos tinham apenas uma estufa. Agora, têm duas. E, se alguém colocar a terceira, o representante da empresa logo anunciará aos demais que estão ficando pra trás. Se alguém no entorno compra moto, é hora de você também comprar. Televisão grande. Geladeira. Fogão. E assim vai, numa corrida sem fim.

A informação é tão martelada na cabeça, é tão arraigada

como uma verdade em comum, que fica difícil enxergar as contradições, mesmo quando a pessoa se desmente em um espaço de segundos.

— A vantagem é a renda. Mas para nós talvez não fosse tão bom por causa do veneno, né? — diz Elaine Kruger, produtora.

— Não é tanto veneno — retruca o marido, Altomiro Bahrschroder. Poderíamos acreditar no que ele diz, se não fosse ele a prova de que, sim, é bastante veneno. Altomiro, então com 56 anos, está pálido, tem a pele repleta de manchas, fala e anda com dificuldade. Tem um mieloma múltiplo que, no dizer da médica, foi causado pelos agrotóxicos, que só podem ser os agrotóxicos do tabaco, já que não resta tempo para plantar mais nada. Um estudo divulgado em 2012 pelo Instituto Nacional de Câncer aborda a relação entre herbicidas e o mieloma.[39]

— Tem um preconceito muito grande com relação ao fumo por causa do veneno. Mas, se for ver, não é tanto veneno. Ainda mais porque tu não vai comer — complementa a garota que nos acompanha de propriedade em propriedade. — Tu pode perguntar pra qualquer um. Ninguém vai te dar nenhum motivo que não seja o dinheiro — ela vai às gargalhadas, quando nos ouve fazer pela enésima vez a pergunta sobre a razão de plantar fumo. A garota se queixa dos abusos cometidos pelas empresas do setor, mas ao mesmo tempo diz que são muito boas, muito sérias. Ela se queixa da classificação que define o preço do fumo, mas diz que produtor que se queixa da classificação é que está errado.

Altomiro cultiva com a mulher, o filho e a nora. São quatro a cinco hectares todos os anos, uma área grande, que dá muito trabalho. Na época de secagem, a família entra em casa depois de dez horas da noite. Entra, come, toma banho e sai, porque é preciso passar a madrugada alimentando a estufa. E, ainda assim, todos já se preparam para mais um ano de Souza Cruz.

---

39 RIBEIRO, Fátima Sueli Neto (org.). *Diretrizes para a vigilância do câncer relacionado ao trabalho*. Rio de Janeiro: Inca, 2012.

— Não é qualquer um que aguenta o fumo — diz o agricultor.

O livro *Organização e funcionamento do mercado de tabaco no Sul do Brasil*, de Antônio Buainain e Hildo Meirelles de Souza Filho, pesquisadores da Universidade Estadual de Campinas (Unicamp), foi publicado em 2009, justamente na sequência às contestações apresentadas pelo Ministério Público do Trabalho ao contrato de integração. Os autores contaram com apoio técnico da Afubra e do SindiTabaco, e concluíram que a singularidade do sistema brasileiro foi a responsável pelo enorme ganho de escala registrado na virada de século. Nos Estados Unidos, a compra do tabaco é feita diretamente na propriedade: pagou mais, levou. No Brasil, é feita diretamente na empresa: pagou menos ou mais, tanto faz, levou.

Pequenas propriedades, tradição de cultivo, mão de obra familiar e disposição do agricultor para investimentos permanentes são os fatores elencados como fundamentais para a expansão do tabaco no Sul. Uma ideia convergente à apresentada em *A história de muita gente*, livro sobre os cinquenta anos da Afubra escrito por Romar Rudolfo Beling, o mesmo que edita o Anuário do Tabaco e a *Gazeta do Sul*.

Criado em 1945, o jornal não é um mero veiculador de notícias sobre a região. Ele transforma em texto a alma que se quer criar para Santa Cruz e seu entorno — hoje, na verdade, em texto, voz e vídeo, já que a empresa controla emissoras de rádio, uma editora e uma página na internet. Se você quer saber o que pensam as fumageiras, o que farão, as dificuldades que enfrentam, procure nas páginas da *Gazeta*. Não foram poucos os casos que ouvimos de controle direto e indireto da indústria do cigarro sobre a pauta jornalística.

Marcus Minuzzi saiu de Porto Alegre em 1995, recém-formado, e chegou a Santa Cruz do Sul para trabalhar como repórter. Talentoso, se tornou, em 1997, editor da página de Agricultura. A lua de mel, no entanto, acabou durante as duras negociações da safra do tabaco de 1999. A Federação dos Trabalhadores na Agricultura de Santa Catarina (Fetaesc) apoiava os fumicultores do Vale do Rio Pardo e se colocava numa posição de enfrentamento com a indústria. Marcus teve uma postura fora da linha editorial da *Gazeta do Sul* e deu mais destaque às reivindicações encampadas pelos sindicalistas catarinenses do que às da Afubra. Foi o suficiente para que o então presidente da entidade, Hainsi Gralow, pedisse a cabeça dele. Solicitação prontamente atendida.

— Foi uma violência que nunca esqueci — conta Minuzzi, que desistiu do jornalismo e hoje é proprietário de um restaurante.

Uma dissertação de mestrado dá mais elementos para entender o grupo de comunicação. *Braços cruzados: o discurso do jornal Gazeta do Sul sobre o movimento grevista da década de 1980* conta que, quando havia qualquer mobilização no setor fumageiro, o periódico se esmerava por fazer uma cobertura apática, embora acompanhasse com interesse paralisações em outras áreas.

"É na greve geral, ocorrida em agosto de 1987, e na greve dos safristas das indústrias do fumo de Venâncio Aires (março de 1989), que a *Gazeta do Sul* põe a exorcizar todo o seu 'imaginário' depreciativo sobre estes acontecimentos", anota a dissertação de Patricia Regina Schuster, para quem a *Gazeta* aposta muito no falar para os "enraizados", ou seja, no discurso voltado à comunidade germânica como formadora de identidade. Assim, foi reconhecida pela população de Santa Cruz como a portadora da verdade sobre os fatos. Um discurso que valoriza a educação, a religião e, acima de tudo, o trabalho, especialmente conectado ao empreendedorismo e à individualidade.

Romar Rudolfo Beling talvez seja a melhor síntese da *Gazeta do Sul*:

— Meus pais plantaram fumo por 23 anos e nenhuma cultura daria a eles o que eles conseguiram. Tem mais: meu pai fumou até os 55 anos, hoje está com 71 e não tem nenhum problema de saúde — diz. — Não, não sou isento, mas sou honesto intelectualmente.

OS NOSSOS, NÃO

O Afubrinha entrou mudo nesse mundo. E segue calado. Talvez seja melhor assim: em boca fechada não entra formiga. Ele não fala nada, mas faz bonito, rodando as cidades produtoras de fumo. O Afubrinha é uma espécie de Zé Gotinha. Do fumo. Um vaso com olhos, boca, nariz e uns galhinhos que crescem por sobre a cabeça. Fofo.

É o mascote de mais um projeto de fumaça neutralizadora. Na década de 1980, o meio ambiente entrou na lista de preocupações planetárias. Mas os produtores de tabaco precisavam das árvores para encher a barriga das estufas usadas na secagem das folhas. Assim, em 1991 a Afubra criou o Verde é Vida. O custo crescente da lenha estava se transformando numa ameaça para o setor, à medida que as árvores se recusavam a passar pela boquinha insaciável das estufas. A indústria sabe desde sempre que gastos e insatisfação formam um casal inseparável.

Segundo a Afubra, foram distribuídos até 2017 cerca de cinco milhões de mudas, somadas a milhares de livros e cadernos sobre preservação ambiental. Assim, a associação buscou frear os custos e ainda dar um verniz verde a um cultivo desde sempre envolto na acusação de um alto uso de agrotóxicos. Quase trezentos municípios têm parceria com o projeto, que diz ter "atendido" 250 mil alunos e professores. Afinal, é de pequeno que se criam relações de afeto monogâmico que durarão toda uma vida.

O diretor da escola em Canguçu estava radiante: o trabalho de duas alunas havia se classificado para a fase final do concurso promovido pela Afubra. Um feito para uma unidade escolar rural, que havia entrado na disputa contra centenas de outros colégios. As estudantes viajariam em breve, com tudo pago, para a Expoagro Afubra, no Vale do Rio Pardo, para apresentar os resultados. Tu imaginas o que isso representa? Na volta, as gurias contariam tudo sobre aquele maravilhoso evento, sobre o hotel, a comida, a viagem, a gratidão que só tem quem participa da cadeia produtiva do tabaco. No ano seguinte, os outros piás vão se matar para fazer um trabalho tão bom quanto e, quem sabe, chegar lá.

— Ninguém deixa de vir para a escola por causa do fumo. Trabalha fora do horário da escola — esclarece o diretor. Ufa! — Só os índios costumam faltar. Os nossos [alemães], não, até porque os orientadores da fumageira vêm na escola ver se os alunos estão vindo.

Foi assim que as empresas jogaram outro raio neutralizador: colocando no agricultor a responsabilidade por se virar para manter os filhos no estudo.

Boa hora para retomarmos nossa conversa sobre as condições de vida dos produtores de fumo. Depois de elencar os fatores que levam ao sucesso do plantio em solo brasileiro, Buainain e Meirelles, os pesquisadores da Unicamp, admitem que esses mesmos fatores conduzem, em verdade, a uma dependência do produtor: garantia de compra, inovações tecnológicas constantes, seguro da Afubra, dívida com as empresas e assistência técnica.

A pesquisa de campo feita com 381 produtores do Vale do Rio Pardo acaba por minar os dados que as empresas e a Afubra tentam dourar. A renda média bruta com tabaco é de R$ 35 mil, mas a renda líquida cai a R$ 14.621, ou seja, menos de R$ 1,5 mil por mês. Em 2009, época do estudo, 13% dos produtores tiveram renda líquida inferior a zero — também conhecida como "prejuízo" —, e outros 13% ficaram entre zero e R$ 5 mil; a maior fatia, 17%, está na faixa entre R$ 5 mil e R$ 10 mil. Somando, portanto, a maioria dos produtores teve renda inferior a R$ 850 mensais. E 85% dos entrevistados dizem que, se o dinheiro do tabaco cair, não conseguem migrar para outra cultura.

Publicada sete anos mais tarde, a pesquisa da UFRGS que mencionamos há pouco mostrou um rendimento bruto mais elevado, de R$ 69 mil ao ano, mas não divulgou dados sobre endividamento. Ao todo, 64,2% dos produtores declaram que a renda lhes permite viver com facilidade — e, como sempre, quando se trata de um estudo encomendado por uma parte interessada, é bom olhar o reverso da moeda, segundo a qual 35,8% dos produtores não vivem com essa tranquilidade toda.

E o problema é que a renda vai cair. A bancada do fumo, a Afubra e o SindiTabaco gastam muita saliva para dizer que a Convenção-Quadro não conseguirá acabar com os produtores, a despeito de muitos esforços, e que o país seguirá liderando o cenário global. Mas, deixando a retórica de lado, vemos como as próprias organizações admitem uma retração.

A reportagem de abertura do Anuário do Tabaco em 2015 diz que a orientação para a redução da produção, 4,8% a menos em área em 2014–2015, partiu das associações de fumicultores, e não da indústria.[40] Outra reportagem conta que o tabaco representava 73% da renda uma década antes e, agora, estava em 52%.

Vamos pegar os dados da Afubra. Em 2017, foram 150 mil famílias para trezentos mil hectares. Eram 185 mil para 370 mil hectares no começo da década. E quase duzentos mil para 439 mil hectares em 2005. A base se encolhe, mas não se pode falar abertamente sobre a necessidade de que muita gente tenha de migrar para outras culturas. É preciso esperar que elas descubram da noite para o dia que foram prescindidas pela empresa. A simples substituição de culturas, diz a Afubra, faria o Rio Grande do Sul perder R$ 3 bilhões em arrecadação, um número que surge não se sabe de onde.

Organização e funcionamento do mercado de tabaco no Sul do Brasil, o estudo da Unicamp, divide os municípios em três grupos: estabilidade, estabilidade precária e instabilidade. Falando às claras, poderíamos dizer que são cidades muito dependentes, medianamente dependentes e pouco dependentes. O problema é que esse último grupo é, no geral, formado pelos produtores mais pobres, aqueles que foram procurados pela indústria no momento em que qualquer grau de especialização servia. Com o mercado

---

[40] MENDES, Letícia *et al.* "Os caminhos para o futuro", em *Anuário brasileiro do tabaco*. Santa Cruz do Sul: Editora Gazeta Santa Cruz, 2015.

em retração, esse é o primeiro a ser descredenciado, e aquele que tem menos chances de encontrar alternativas.

— A indústria quer que o agricultor continue 100% dependente dela. Ela não fala para o produtor que as pessoas estão parando de fumar no mundo inteiro — resume a engenheira agrônoma Christianne Belinzoni, que integrou a Coordenação de Inovação e Sustentabilidade da Secretaria de Agricultura Familiar, no extinto Ministério do Desenvolvimento Agrário. — A indústria pode dizer que nada dá mais dinheiro do que o fumo. É uma mentira deslavada. Agora, o problema é que ela tem uma capilaridade enorme, que nós não temos. Nós não temos condições de estar uma vez por semana em todas as propriedades dos produtores que plantam fumo.

Entra em cena, aí, uma figura fundamental para o sucesso da indústria no Brasil. O orientador da empresa, também conhecido como instrutor ou coordenador, é a face pública. Procure por diretores, executivos, líderes das principais corporações. Você não os encontrará com facilidade. Mas há orientadores às dezenas, circulando todos os dias pelas comunidades rurais, levando a voz rouca do cigarro para dentro das propriedades.

O orientador é uma figura fundamental nessa seleção nada natural. É difícil pensar em algum outro segmento com informações detalhadas individuais profundas sobre cada um de seus produtores. E praticamente em tempo real. Um deslize e o futuro da família no mundo do tabaco está definido. Na outra ponta, produtores-modelo recebem incentivos e são tratados a pão de ló pelo instrutor, numa estratégia de alimentação de vaidades e rivalidades que só faz aumentar a produção e a produtividade.

— O orientador não queria que a gente saísse. Dizia que não ia dar certo — diz Isauro Estanieski, produtor rural de Dom Feliciano, no Rio Grande do Sul. A família chegou a plantar 130 mil pés de fumo, uma quantidade alta, mas todos estavam cansados com o preço e com a exigência imposta pela cultura. — Vendia um ano bem, dois ou três ruim. Tu via que tavam roubando na tua frente. Começamos com verdura. Verdura e fumo misturado. Depois era verdura, fumo e uva. Aí nós se apertemo. Não deu mais certo. Vamos ficar tudo louco. Tinha que parar com alguma coisa.

A alguma coisa foi o fumo. Ninguém se arrepende. Em um ano, a família colheu dezessete toneladas de uva. No ano seguinte, preparava-se para uma safra de cinquenta toneladas de batata-doce, vendida a R$ 1 por quilo. Há estufas e mais estufas produzindo verduras e legumes. E foi construído um silo que dá conta de quase setenta toneladas de milho. Claramente, a renda é melhor do que nos tempos do tabaco.

— Os outros dizem que não dá certo se for mais gente plantar. Vêm comprar comida da gente, em vez de largar o fumo — conta Isauro.

O orientador tem alguns papéis objetivos. Passa no começo da safra para definir quanto a família vai plantar e com que insumos. Desse modo, a indústria consegue rapidamente ter uma estimativa da produção anual e pode ajustá-la de acordo com as necessidades. E tem sucesso em impor a aplicação de novas tecnologias, que, sem essa figura de intermediação, demorariam muito tempo para se espalhar entre os produtores. Há inovações que vêm para melhorar a produtividade. E há inovações que vêm para aumentar os custos de maneira descarada. Na safra de 2016, os produtores da Souza Cruz se queixavam de que a empresa impôs novas bandejas plásticas para a semeadura, em quantidades e valores bem acima do desejável, mesmo que já se contasse com bandejas de isopor.

— O papel do instrutor é fazer com que o agricultor compre muito mais adubo, compre muito mais veneno e que aumente cada vez mais a área de fumo. Ele é um profissional fazendo seu trabalho, mas na verdade está na mão da indústria. Faz o que a indústria manda — critica Christianne.

E faz com que os outros façam o que a indústria manda. O orientador é, via de regra, alguém da comunidade local ou bem relacionado com a comunidade. O vínculo direto com a empresa lhe garante certo *status* social, ainda que a condição esteja longe de exclusiva. A palavra dele é vista por muitas famílias como uma verdade absoluta.

— A mídia distorce muito as coisas. Confunde o mal que o cigarro faz com o produtor. Uma coisa não tem nada a ver com a outra. Fuma quem quer e produz quem precisa — diz Marcelo [nome fictício], quando nos aproximamos do portão de sua casa, na área urbana de uma cidade produtora.

A conversa havia sido improdutiva, fechada, áspera, e nos fazia questionar por que ele aceitara nos encontrar. Há mais de uma década nessa atividade, ele exibe na frente da garagem o carro da China Tabacos, empresa que entrou com força ao longo do século e ganhou espaço ao garantir uma relação mais frouxa com o produtor, que tem mais liberdade para negociar parte da safra com um atravessador.

Marcelo tem em sua carteira 150 famílias. A maior parte dispensa um acompanhamento muito rigoroso porque, à medida que o mercado vai se fechando, restam na produção apenas os agricultores já muito acostumados ao fumo.

— O preço depende do mercado, da qualidade do fumo e do interesse do produtor — afirma, repetindo outro chavão das empresas: este, parcialmente verdadeiro.

"A cadeia produtiva do tabaco é perfeita do ponto de vista do agronegócio", analisa Tânia Cavalcante, da Comissão Nacional para a Implementação da Convenção-Quadro no Brasil (Conicq). "Não estou falando que seja bom para o produtor, mas como modelo de negócio. Tanto assim que a China Tabacos está aqui aprendendo o modelo para depois vender fora. É um modelo de disciplina total. As pessoas são muito comprometidas."

Apesar de haver uma tabela do Ministério da Agricultura para a classificação objetiva dos preços do tabaco, ninguém se esforça para esconder a realidade. Da bancada do fumo aos produtores, dos prefeitos aos representantes da indústria e da Afubra, todos tratam como natural o fato de a tabela de classificação ser usada subjetivamente como instrumento de ajuste de oferta e demanda.

— Ajuda pouquinho. Um pouco ajuda. Eles olham com mais carinho para o cara. Alguma coisa sempre ajuda — diz o produtor Giovani Volz, quando perguntamos se vale a pena acompanhar a classificação do tabaco na sede da empresa. — Antes, na China, eles deixavam acompanhar a classificação dos outros. Agora não pode mais. Os colonos ficaram cada vez mais espertos, mais exigentes. Por que o fumo dele foi pago mais?

O classificador é outra face pública. Mas não tão pública assim.

— O classificador é o parachoque da empresa — diz uma pessoa que começou a vida profissional trabalhando nessa função. — De manhã orientavam como era para pagar. Aí o classificador jogava como queria.

Não por acaso, quem tem nervos de aço para aguentar até o fim do período de compra costuma colher preços melhores, desde que não haja excesso de oferta. Aí a relação se inverte. O estudo de Buainain e Meirelles alega que, se o produtor não concorda com o preço fixado pela empresa, pode pedir a intervenção do classificador oficial. Mas não faz isso porque sabe que esta pessoa é subordinada simbolicamente à indústria e acabará dando uma classificação ainda pior. Quem se recusa a entregar a produção acaba forçado a vender ao picareta por um preço muito mais baixo. Ouvimos isso da boca de N produtores. Por isso, ninguém arrisca.

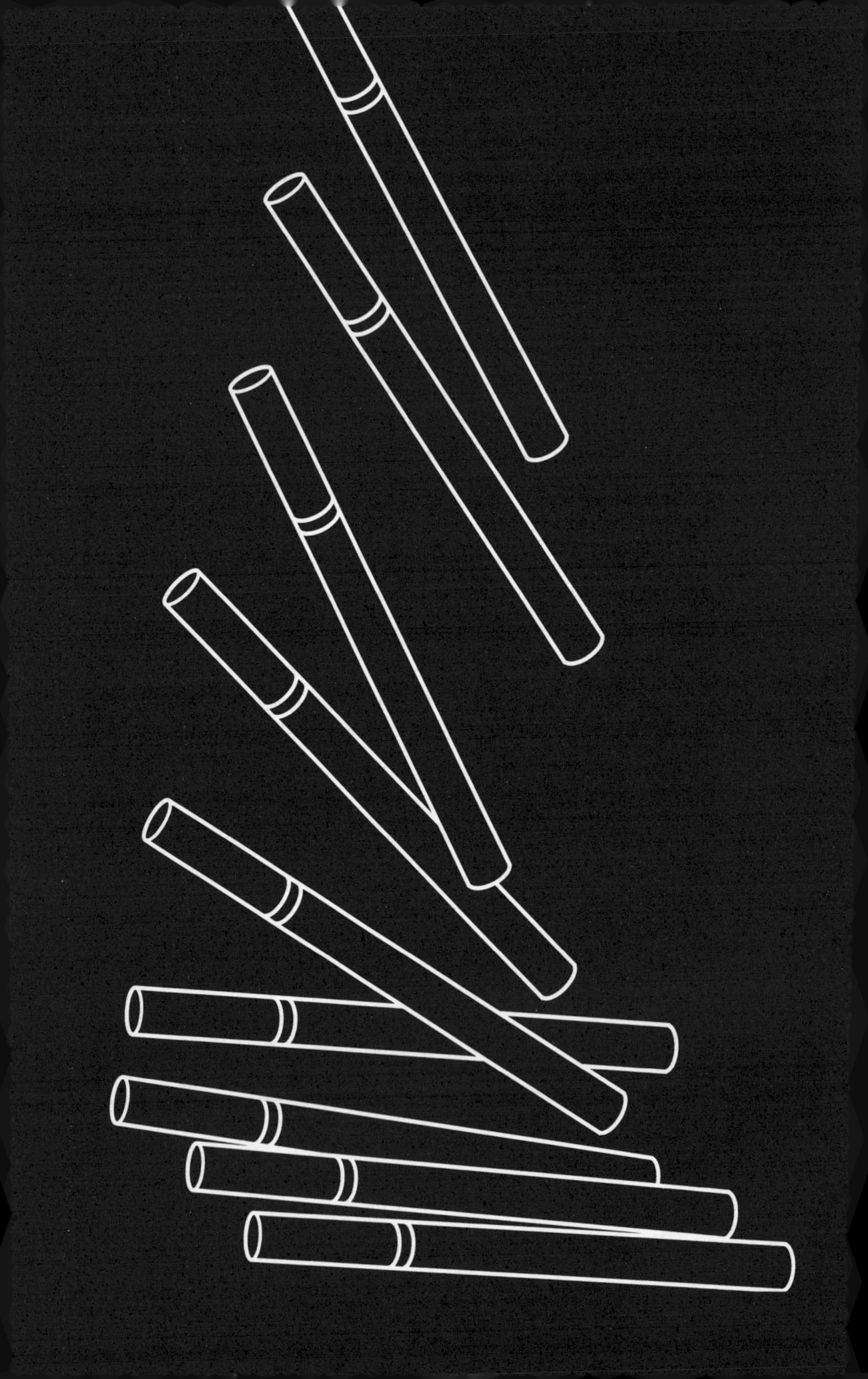

A INDÚSTRIA FALA

9

Depois de muita insistência — muita mesmo — junto ao setor fumageiro, conseguimos uma entrevista com um representante da indústria do tabaco. Não, infelizmente não se trata de nenhum executivo da Philip Morris ou da Souza Cruz: não seria desta vez que as empresas sairiam das sombras. O e-mail que recebemos veio da assessoria de uma das faces visíveis das fumageiras: o SindiTabaco.

Em 1947, foi fundado em Santa Cruz do Sul o Sindicato da Indústria do Fumo, posteriormente denominado Sindicato da Indústria do Tabaco da Região Sul do Brasil (SindiTabaco), entidade patronal que, em 2010, estendeu-se a todo o território nacional, à exceção de Bahia, Rio de Janeiro e São Paulo. Hoje, a sigla significa Sindicato Interestadual da Indústria do Tabaco.

A organização foi criada para, entre outros objetivos, ser o mais atuante agente institucional do *lobby* do tabaco. Como exemplo de suas realizações, podemos citar a consulta pública aberta pela Agência Nacional de Vigilância Sanitária (Anvisa) em 2010 para decidir se proibiria ou não o uso de aditivos com sabores nos cigarros nacionais — em 2018, o Supremo Tribunal Federal decidiu pela proibição, de que trataremos à frente.

Pesquisadores internacionais já haviam comprovado que o açúcar adicionado ao tabaco potencializa os males do fumo, mas o *lobby* fez de tudo para impedir que a consulta pública resultasse em proibição. Como forma de melar o processo, uma ação orquestrada pelo SindiTabaco enviou 130 mil correspondências para os técnicos da Anvisa, que tiveram de abrir uma por uma. Funcionários da agência garantem que muitos envelopes estavam vazios ou, quando continham cartas, os argumentos eram cansativamente repetitivos e sem base científica. De acordo com o relatório final da Anvisa, só 28 correspondências contribuiram ao debate de alguma forma. As outras 129.972 foram pura embromação.[41]

Após a consulta, a Anvisa decidiu emitir uma resolução que proibia os aditivos. O SindiTabaco, de novo, partiu para o *lobby* protelatório. Com uma liminar na Justiça Federal de Brasília, conseguiu suspender os efeitos da determinação. O argumento da entidade evocava a "oposição da população brasileira" à medida. Não sabemos se você, leitor, foi consultado. Nós, por aqui, não fomos. Porém, nos dizeres da entidade patronal, "a população brasileira" estava bem representada pelas 28 cartinhas. O juiz Alaôr Piacini, pelo jeito, era um representante desse "anseio popular", pois acatou o pedido. Coube ao STF, mais tarde, resolver a confusão.

O caso dos aditivos é apenas um entre dezenas de ações da entidade patronal. Atuando em muitas frentes de *lobby*, a direção do SindiTabaco faz marcação cerrada sobre políticos e partidos, principalmente no Sul do país e em Brasília, a ponto de liderar comitivas internacionais em defesa do cigarro em eventos como a Conferência das Partes (COP) da Convenção-Quadro para o Controle do Tabaco. A COP4, realizada no Uruguai em 2010, buscou aprovar diretrizes que aconselhavam a proibição de adição de sabores e aromatizantes aos produtos de tabaco. A Afubra e o SindiTabaco tentaram convencer os representantes do governo brasileiro de que a medida proibiria o plantio do tabaco tipo Burley, o que prejudicaria as famílias de fumicultores.

"Não houve qualquer mudança de conteúdo nos artigos que

---

41 Para um relato completo sobre a consulta pública, ler TURCI, Silvana; FIGUEIREDO, Valeska & COSTA E SILVA, Vera Luiza da. "A regulação de aditivos que conferem sabor e aroma aos produtos derivados do tabaco no Brasil", em *Cadernos Ibero-Americanos de Direito Sanitário*, v. 3, n.1, jan.-jun. 2014.

foram aprovados. Logo, só podemos acreditar que se tratou mesmo de uma campanha de desinformação para assustar os fumicultores e tentar barrar os avanços do controle do tabagismo", disse Paula Johns, diretora-executiva da ACT Promoção da Saúde.[42]

Para o então assessor técnico da Federação dos Trabalhadores na Agricultura Familiar (Fetraf-Sul) e ativista, Albino Gewehr, a mobilização prestou um desserviço aos fumicultores. Ex-plantador de tabaco, Gewehr diz que o interesse maior da categoria se dava em torno do apoio a alternativas economicamente viáveis ao fumo.

Além da influência sobre políticos e juízes e dos transtornos causados à vigilância sanitária, os seguidores das corporações do cigarro fazem *lobby* através da mídia — e não medem esforços nem dinheiro para ocupar páginas de jornais tradicionais. Em 2011, o *Zero Hora* publicou um caderno especial de doze páginas a respeito do fumo. "Os desafios do tabaco", "Para resgatar a competitividade", "Pesquisa mostra impacto do tabaco no ICMS", "As oportunidades de renda" e "À espera de uma safra farta" são alguns títulos dos textos publicitários disfarçados de reportagens.

Em uma matéria intitulada "Conferência define novas restrições", a discussão sobre aditivos de sabor durante a COP voltou ao centro das atenções. "A proibição da adição de açúcares afetaria todo o setor produtivo", diz o autor do texto. As fontes eram o vice-presidente da Afubra, Mario Ilo Grutzmacher, e o presidente do SindiTabaco, Iro Schünke. Ambos lamentavam as restrições que visavam impedir que o cigarro se tornasse mais atrativo ao consumo, principalmente entre os jovens. Entre os patrocinadores do caderno especial do *Zero Hora*, meia página exibia conteúdo institucional da Souza Cruz, e a outra metade ficava com a Philip Morris Brasil.

---

42 "Conferência das Partes é uma vitória da saúde pública sobre a indústria do tabaco", em Fetraf-Sul, 23 nov. 2010. Disponível em <http://www.fetrafsul.org.br/siteantigo/index.php?option=com_content&view=article&id=188%3A-conferencia-das-partes-e-uma-vitoria-da-saude-publica-sobre-a-industria-do--tabaco&Itemid=162>.

Pode-se dizer que Iro Schünke é a voz-símbolo das fumageiras. Ele preside o SindiTabaco desde 2006 e segue atuante em espaços como o Congresso Nacional. O Observatório sobre as Estratégias da Indústria do Tabaco no Brasil coloca o nome de Schünke como um dos principais lobistas a serviço do setor. Foi Schünke quem respondeu às perguntas que dirigimos ao SindiTabaco:

Sobre equipamento, sementes, insumos, o agricultor do tabaco é obrigado por contrato a comprar tudo de uma só empresa e parceiros?

O produtor pode contratar o pacote tecnológico oferecido pela empresa (sementes, fertilizantes, defensivos) ou adquiri-lo junto a outro estabelecimento (por exemplo, a Afubra), desde que atenda os critérios estabelecidos em contrato (produtos específicos para o cultivo do tabaco). Ele também pode realizar contrato com mais de uma empresa na mesma safra.

A que se devem as quedas nos preços pagos pela folha de tabaco de um ano para outro?

O que determina o preço é a qualidade do produto, que pode ser influenciada pelas práticas agrícolas adotadas e pelo clima. É importante ressaltar que, seguindo orientação do Conselho Administrativo de Defesa Econômica (Cade), o Sindicato não se envolve com as questões relacionadas a preço, comercialização e classificação do tabaco. Esses assuntos são tratados direta e individualmente entre as empresas e a representação dos produtores.

O agricultor que se sinta injustiçado no momento da classificação dispõe de quais mecanismos de contestação?

Normalmente, a comercialização do tabaco é realizada nas dependências das empresas compradoras com o acompanhamento de classificadores de órgãos públicos — contratados pela representação dos produtores —, que estão no local para dirimir eventuais dúvidas. Ao produtor é facultado o direito de acompanhar a classificação e, em caso de divergência, de não efetuar a venda.

Agricultores afirmam que, para custear o plantio no modelo de contrato integrado, têm que contrair dívidas de longo prazo, o que os torna reféns da indústria, empregados dentro da própria terra. Qual a resposta do SindiTabaco a isso?

Os produtores têm livre-arbítrio para decidir plantar tabaco ou não. Se o fazem por tantos anos — e, no caso de muitas famílias, há mais de três gerações — deve ser em razão do alto retorno financeiro em pequenas áreas e não por conta de endividamento. As afirmações acima contradizem resultado de pesquisa realizada em 2016 pela Universidade Federal do Rio Grande do Sul (UFRGS), que apontou que, enquanto 80,4% dos produtores de tabaco enquadram-se nas classes A e B, a média geral brasileira não chega a 22%. A mesma pesquisa apontou que 64,2% dos produtores acreditam que "a renda da família permite que eles levem a vida com facilidade". Além disso, 90% dos produtores se dizem satisfeitos em trabalhar na atividade agrícola e 80% deles afirmam que se sentem bem por plantar tabaco.[43]

Voltando à classificação do tabaco, só a folha do tipo Virgínia tem dezenas de níveis de qualidade, atribuídos segundo características físicas e químicas, mas, apesar de cuidadosa separação manual, muitas famílias reclamam que só na indústria o preço é definido — às vezes, a centenas de quilômetros de casa. A indústria nunca pensou em critérios mais democráticos de avaliação dos preços?

---

43 "Perfil socioeconômico", em SindiTabaco. Disponível em <http://www.sinditabaco.com.br/sobre-o-setor/perfil-socioeconomico/>. Abordamos este estudo com mais detalhes no capítulo 3.

A discussão dos preços das classes do tabaco é feita entre empresas (individualmente) e a representação dos produtores. A separação de qualidades do tabaco é necessária para atender aos clientes nacionais e internacionais.

A cadeia do fumo, da produção ao consumo, é articulada por transnacionais, que buscam o controle do processo e têm poder de decidir o preço final. A relação com o agricultor não é extremamente desigual?

A relação com o produtor é de parceria e respeito. O setor do tabaco é mencionado como exemplo na organização logística e no cumprimento de garantias junto aos produtores integrados, caso da compra integral da safra e da assistência técnica gratuita. Não fosse assim, o Sistema Integrado de Produção de Tabaco não teria completado 100 anos em 2018 e não serviria de modelo para tantas outras culturas do agronegócio brasileiro e internacional. Além disso, a pesquisa da UFRGS mencionada anteriormente apontou que 50% dos produtores de tabaco auferem renda com a produção de outras culturas. Nesse caso, se a situação de desigualdade concluída por vocês fosse real, por que então eles não desistem do tabaco? A pesquisa da UFRGS em 2016 questionou os produtores e concluiu que, "independente das suposições e/ou premissas de que há uma situação de sofrimento, ou de abandono, muitas vezes incutidas por quem olha de fora, ou com pouco conhecimento, a realidade dessa classe de trabalhadores, a percepção deles é diferente. Eles expressam sentimentos de realização e de satisfação".

Sobre doenças contraídas no plantio do tabaco, já existem pesquisas e relatos de intoxicação por agrotóxicos, câncer relacionado à radiação solar, a doença da folha verde, problemas osteomusculares causados pelo excesso de peso e o trabalho extenuante. O SindiTabaco reconhece esses problemas?

No caso dos agrotóxicos, ainda que possível e incentivado o controle biológico e o manejo integrado de pragas, o uso se faz necessário em alguns momentos. E, independente da atividade agrícola, o manejo e a aplicação de agrotóxicos de forma inadequada pode causar riscos. O que realmente faz diferença para o produtor é a conscientização de que ele precisa se proteger.

No caso do tabaco, o produtor é incentivado a utilizar não somente o equipamento de proteção individual completo, recomendado para manejo e aplicação do agrotóxico, mas também a vestimenta de colheita. Ambos são certificados pelo Ministério do Trabalho e Emprego, sendo, portanto, recomendados e considerados eficientes. No caso da vestimenta de colheita, o artigo "Avaliação da vestimenta padrão utilizada durante a colheita das folhas de tabaco e implicações na prevenção da Green Tobacco Sickness (GTS)", publicado na edição de dezembro de 2016 da *Revista Brasileira de Medicina do Trabalho*, comprovou 98% de eficácia.[44]

Assim, as ações do SindiTabaco e associadas estão relacionadas à orientação do produtor e à necessidade do uso de EPI e vestimenta de colheita adequados. Isso não é exclusividade do setor do tabaco. Policiais utilizam fardamentos pesados para sua própria segurança; maquinistas precisam de proteção auricular; motoristas precisam utilizar o cinto de segurança; operários da construção civil utilizam capacetes. Enfim, cada profissão possui suas peculiaridades no quesito de saúde e segurança, e o denominador comum acaba passando pela orientação e conscientização dos trabalhadores.

Sobre o trabalho infantil nas lavouras, o SindiTabaco pode garantir que está totalmente erradicado?

O setor do tabaco é, sem dúvidas, modelo na erradicação do trabalho infantil no meio rural. O fato já foi reconhecido, inclusive,

---

44 Abordamos este estudo com mais detalhes no capítulo 4.

pela própria Organização Internacional do Trabalho (OIT). No dia 25 de novembro completaremos vinte anos de combate ao problema, que não é exclusivo do setor do tabaco no meio rural. Ainda assim, deixo uma pergunta reflexiva: que outras culturas do agronegócio trabalham o tema com tanta ênfase quanto o setor do tabaco?

Censo realizado pelo Instituto Brasileiro de Geografia e Estatística (IBGE) em 2010 apontou que foi observado na produção de tabaco nas pequenas propriedades o maior índice de redução do trabalho infantil, em comparação com dados do penúltimo censo, realizado no ano 2000. Ainda segundo dados do IBGE, naquela década, o setor reduziu em 58% o índice de trabalho infantil na cadeia produtiva do tabaco no Rio Grande do Sul, ao passo que a área produzida dobrou nesse período. O resultado é expressivo se comparado ao de outras culturas agrícolas e à média nacional de redução de 10% no trabalho infantil.

Esses resultados são fruto de um trabalho de conscientização ímpar. Além da orientação aos produtores fornecida pela assistência técnica gratuita e campanhas de mídia, desde 2009 ciclos de conscientização sobre saúde e segurança do produtor e proteção da criança e do adolescente são realizados anualmente em municípios produtores de tabaco. Até o momento, os eventos reuniram 23 mil participantes (a grande maioria produtores rurais) em 57 eventos. Somos também o único setor organizado na agricultura a exigir o comprovante de matrícula de filhos dos agricultores em idade escolar e o atestado de frequência para a renovação do contrato comercial entre empresas e produtores dentro do Sistema Integrado de Produção de Tabaco.

Mas temos clareza que o trabalho infantil é um tema complexo e permanente no meio urbano e rural. Entre os desafios relativos ao tema na zona rural, especialmente na agricultura familiar, está a questão cultural. Nesses anos realizando seminários, percebemos uma grande ansiedade por parte dos produtores sobre o que fazer com os filhos que concluíam o ensino fundamental. A escassez de escolas rurais é um grande problema no campo e, junto com as drogas e a ociosidade, acabam contribuindo para uma postura cultural de valorização do trabalho e incentivando crianças e adolescentes a atividades inapropriadas para sua idade.

O trabalho de conscientização é necessário para que os pais passem a valorizar a educação, mas também precisamos de políticas públicas para fortalecer as escolas no meio rural, buscando alternativas para os jovens de até 18 anos. Assim como o problema, a solução é complexa, mas possível. É nesse cenário que nasce o Instituto Crescer Legal, uma iniciativa do SindiTabaco e suas empresas associadas, que desde 2015 proporciona aos jovens rurais alternativas para a escassez de oportunidades no campo e, com três anos de atividades, já se torna referência e modelo de sucesso com seu Programa de Aprendizagem Profissional Rural.

O índice de suicídios, como sabido internacionalmente, é alto em municípios brasileiros onde o tabaco é plantado. Como o SindiTabaco se posiciona na questão?

O índice de suicídios é alto também em municípios que não têm qualquer relação com o tabaco. Como explicá-los, se o tabaco fosse a única causa de suicídios? Atrelar suicídios à produção de tabaco é uma afirmação inconsistente. Em ranking divulgado com dados do Ministério da Saúde, dos dez municípios com maior índice de tentativa de suicídios no Rio Grande do Sul, onde se concentra 50% da produção de tabaco do Brasil, apenas três possuem grande produção de tabaco: Venâncio Aires, Santa Cruz do Sul e Canguçu. Os outros sete municípios, mais da metade deste ranking, não têm qualquer ligação com a produção de tabaco.

O tabaco brasileiro é o produto comercial agrícola que menos utiliza agrotóxico, de acordo com fontes seguras e que podem ser facilmente acessadas nas pesquisas realizadas pela Escola Superior de Agricultura Luiz de Queiroz, da Universidade de São Paulo, em 2012, e da União da Indústria de Cana-de-Açúcar, em 2007, com base em dados oficiais do Sindicato Nacional da Indústria de Produtos para Defesa Agrícola e do IBGE.

Muitos jovens relatam preferir deixar o campo nas regiões de plantio do tabaco porque avaliam que o trabalho é penoso, arriscado e de baixa remuneração, na média. Juntando-se a isso a reclamação por parte dos pais e avós de que os filhos e netos não desejam herdar a fumicultura, têm-se um evidente esvaziamento da presença da juventude no campo. Como o SindiTabaco se posiciona nesse caso?

A pesquisa da UFRGS também abordou a questão da sucessão e, novamente, contraria os relatos referidos acima. Segundo o estudo, 73% das propriedades onde o tabaco é plantado possui sucessor e 85% pretendem continuar plantando. De qualquer forma, o SindiTabaco acredita que o êxodo é um problema real — e não restrito à cadeia produtiva do tabaco —, e que para evitá-lo os jovens precisam de mais oportunidades no meio em que vivem. Por isso, em 2015 tivemos a iniciativa de construir uma nova proposta de aprendizagem profissional, voltada especificamente ao meio rural. Com o apoio e adesão de pessoas físicas e entidades envolvidas com a educação e com o combate ao trabalho infantil, em especial em áreas com plantio de tabaco no Sul do país, criamos o Instituto Crescer Legal.

Em três anos de atividades, o Programa de Aprendizagem Profissional Rural já certificou 85 jovens no curso Empreendedorismo em Agricultura Polivalente — Gestão Rural. Atualmente, em seu segundo ano de atividades, envolve quase 130 adolescentes, entre 14 e 18 anos, de sete municípios gaúchos. As atividades acontecem no contraturno escolar e os jovens são contratados de acordo com a Lei de Aprendizagem, recebem salário proporcional a vinte horas semanais, além de certificação e demais direitos. A contratação dos jovens se dá por meio das cotas das empresas de tabaco associadas ao instituto. Apesar de terem vínculo com empresas, toda a carga de 920 horas é cumprida na instituição de aprendizagem, em escolas parceiras da rede de ensino municipal e estadual.

A região do Vale do Rio Pardo é muito dependente economicamente da cultura do tabaco. Quais as propostas do SindiTabaco para reduzir essa dependência?

A diversificação de regiões produtoras tem sido incentivada pela indústria há quase quarenta anos. O reflorestamento e o cultivo de grãos e pastagens estão entre os programas de iniciativa do setor, que contam com o apoio de entidades ligadas aos produtores e também dos governos estaduais. Na última safra de grãos, por exemplo, o Programa Milho, Feijão e Pastagens após a cultura do tabaco representou incremento de R$ 550 milhões na receita dos pequenos produtores.

O número de famílias que plantam tabaco tem decrescido nos últimos anos. A que se deve isso?

A redução é um ajuste à demanda do mercado mundial e ao aumento de produção de países concorrentes do Brasil, como Zimbábue e Maláui, que possuem um custo de produção muito inferior ao brasileiro.

A própria indústria, exemplo explícito da Philip Morris, já tenta apresentar alternativas ao tabaco, caso do cigarro eletrônico. A tendência é realmente essa? Como o Vale do Rio Pardo e outras regiões de cultivo podem se preparar para uma mudança grande no mercado para garantir a sobrevivência?

As empresas cigarreiras têm buscado oferecer aos fumantes alternativas de menor risco. A mudança do produto tradicional para estas novas alternativas deve ocorrer de forma gradual. Considerando que o Brasil é reconhecido no mercado mundial de tabaco, sendo responsável por cerca de 30% das exportações mundiais devido à qualidade e à integridade do produto — fundamentadas pelos Sistema Integrado de Produção de Tabaco —, está melhor preparado para se adequar às eventuais mudanças.

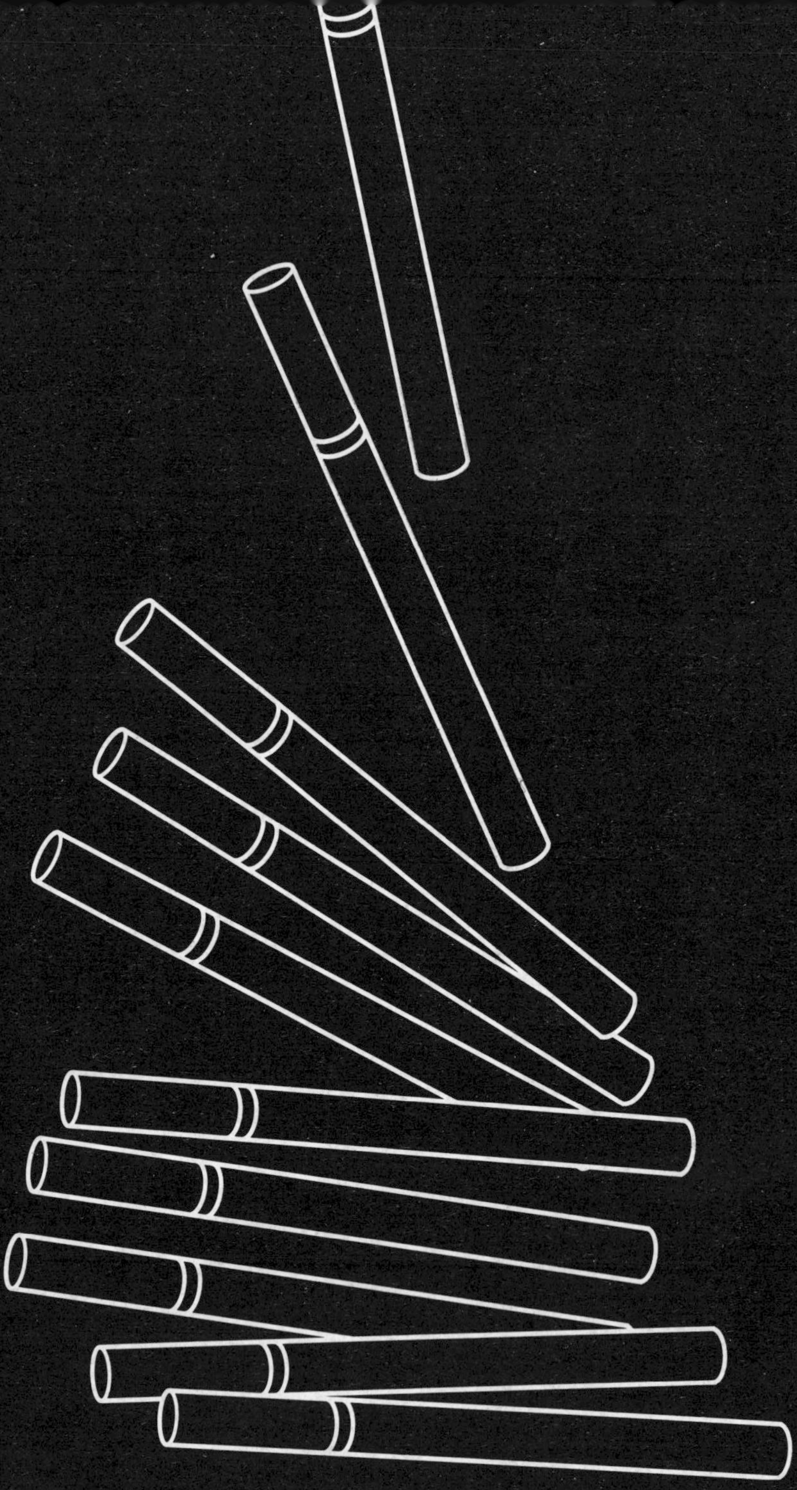

GATO OU RATO?

10

Advogado, político e... picareta. Não desses picaretas comuns, que dão em cada esquina. Há um tipo de picareta que só dá em região de fumo: o atravessador da produção, a pessoa que entra no meio do rolo entre produtor e empresa para comprar as folhas de tabaco. Nem tanto à luz do sol quanto os orientadores das fumageiras, nem tanto à sombra, como os altos diretores. O picareta anda no meio do caminho.

Na comunidade, todos sabem quem ele é e as compras que faz sem nota fiscal. Alguns, depois de um tempo, chegam até a abrir empresas legais. Outros usam o dinheiro para entrar na vida política. Poucos se dispõem a falar em profundidade sobre o assunto.

— Não sei se levava ao Paraguai, mas tenho uma suspeita, porque ele contou que desistiu de ser picareta depois que contrabandistas roubaram uma carga e ele ficou no prejuízo — comenta um homem saído desse meio a respeito de uma figura hoje relevante na política local.

O pico de produção da década de 1990 fez ressurgir o intermediário, antes enfraquecido pela internacionalização do setor, que havia tornado muito rígido o vínculo entre o produtor e a empresa, sem espaço para negociações paralelas. O mercado global aquecido, porém, fez com que os atravessadores surgissem em cena para ativar um jogo de competição por baixo dos panos: o oligopólio declarado existente entre as corporações não permitia criar disputa pelo produtor porque isso levaria a um aumento de preços, o que fez do picareta uma figura muito útil.

A Souza Cruz respondeu a isso tornando ainda mais dura a relação com os agricultores, punidos com muito rigor econômico e moral. A empresa garante um levantamento prévio muito preciso da quantidade a ser produzida pelos fumicultores cadastrados, e não aceita que se desviem do caminho definido.

A partir daí começou também uma seleção mais criteriosa dos produtores que seriam mantidos como fiéis às empresas, basicamente exigindo que funcionassem como microempresários rurais, capazes de uma boa produtividade, com a cobrança de que um fumo de qualidade seja acompanhado de uma gestão eficiente da propriedade. Não é de estranhar, portanto, o estímulo à formação de jovens para que cumpram esse papel.

Mas nem todas as empresas agem com o mesmo rigor. E o picareta desempenha a função de regulação do preço. Se o produtor se vê em desespero, por exemplo, quando a fumageira se nega a comprar toda a produção, ou oferece valores muito baixos, o comprador paralelo pode arrematar tudo. Há uma outra "vantagem": esse fumo some dos controles oficiais. E pode entrar no grandioso mercado de contrabando, que te convidamos agora a conhecer.

A partir deste momento, e pelos próximos capítulos, surge uma profusão de pessoas e organizações que pode tornar a leitura menos fácil. O que isso evidencia, em todo caso, é um entrelaçamento de várias vozes que atuam em nome da indústria do cigarro, de Brasília ao Vale do Rio Pardo, passando por outras partes do país, em um ciclo de retroalimentação. Sabe a roda de bobinho que a molecada costuma jogar? É isso. Um passa a bola para o outro, que passa para o outro, que passa para o outro. E os bobinhos somos nós, no caso.

MEU INIMIGO DO PEITO

— A CPI da Pirataria, todos os trabalhos advindos dela, com exceção da prisão do Law Kin Chong, foram denúncias que saíram de dentro da ABCF — diz o atual presidente da Associação Brasileira de Combate à Falsificação, Rodolpho Ramazzini. A afirmação não sai em tom de confissão, dita a um amigo íntimo. É anunciada em alto e bom som à luz do dia. Com orgulho. Com muito orgulho.
— Quem realizou todos os trabalhos junto aos deputados Luiz Antonio de Medeiros, Júlio Lopes, Josias Quintal, foi meu pai, que forneceu todas as informações.

Pudera. A mistura entre público e privado não é de se estranhar no mundo político. Você, eu, nenhum de nós nunca terá uma CPI para influenciar. Mas qualquer tonto sabe que as grandes empresas têm espaço cativo no Legislativo nacional.

Em todo o mundo há entidades que fazem do contrabando sua razão de ser. No Brasil, há pelo menos quatro. Além da ABCF, o Instituto Brasileiro de Ética Concorrencial (ETCO), a Frente Nacional contra a Pirataria e a Ilegalidade (FNCP) e o Instituto de Desenvolvimento Econômico e Social de Fronteira (Idesf) fecham a equipe. A atuação de todas elas é legal. Mas nem sempre os interesses ficam claros.

Durante doze meses, entre junho de 2003 e junho de 2004, uma comissão parlamentar de inquérito trabalhou a serviço da ABCF, segundo Ramazzini. Ou melhor, a serviço dos associados da ABCF, uma entidade criada para influenciar a atuação das polícias em favor desses associados.[45] Ao final, as investigações levaram à prisão de Roberto Eleutério da Silva, o Lobão, apontado pela CPI como maior contrabandista de cigarros do país, qualificativo prontamente incorporado pela imprensa.

Também provocaram o fechamento de duas empresas que

---

45 O presidente da CPI, Luiz Antonio de Medeiros, evitou, em conversa conosco, atribuir à ABCF papel de protagonismo, embora tenha admitido uma participação relevante. Os demais citados não responderam a nossos pedidos de entrevista.

até então operavam na legalidade: a American Virginia e a Itaba, acusadas de manter débitos tributários com a Receita Federal e de ligações com o contrabando de cigarros do Paraguai. Somadas, chegaram a ter 8% do mercado, numa rota de crescimento que incomodava as concorrentes Souza Cruz e Philip Morris — concorrentes que bancam a ABCF, concorrentes que tiveram a favor uma CPI. É nessa etapa que entra em campo outra entidade patrocinada pela indústria do cigarro. O ETCO também participou com força da CPI da Pirataria, fornecendo dados sobre comércio ilegal que foram incorporados ao relatório do deputado Josias Quintal (PSB-RJ) como se fossem uma verdade absoluta.

O contrabando é o inimigo público número um da indústria do cigarro em nível global. Nenhum tratado de saúde rivaliza com as perdas supostamente provocadas pela atividade ilegal. E quase ninguém vai se opor a que se dê cabo do problema. É uma pauta simpática, e que permite alegar que o prejuízo é para a sociedade como um todo, afetada em arrecadação tributária, segurança sanitária do produto e crescimento do crime organizado. Você pode vasculhar diariamente as páginas de notícias e ver quantos flagrantes são realizados em várias partes do país, em especial nas fronteiras do Paraná e do Mato Grosso do Sul com o Paraguai. Via de regra, é enxugamento de gelo.

Mas o contrabando é também amigo íntimo da indústria do cigarro. É ele que as grandes empresas utilizam em qualquer negociação com governos: nenhum imposto a mais, nenhuma regulação a mais, ou só restará o mercado paralelo. Nem mais um passo.

O comércio ilegal é o centro da atuação das quatro organizações que estamos conhecendo agora. A queixa em comum é de que o cigarro trazido do Paraguai ganha cada vez mais espaço, a ponto de ser majoritário em alguns estados, e que a seguir nesse rumo a indústria legal será obrigada a fechar as portas. Mais um aumento de impostos e a vaca vai pro brejo em definitivo, alegam.

A narrativa não é tão simples assim. O Brasil continua a ter um preço relativamente baixo para o maço de cigarros. Segundo o Atlas do Tabaco 2015, o brasileiro compromete, em média, de 2,5% a 5% da renda média na compra desse produto. No Uruguai, no Peru e na Venezuela, fica-se entre 7,5% e 10%, e no Equador mais de 10% da renda é perdida com tabaco.

Vamos voltar aos anos 1990. Após a abertura econômica, com redução drástica de impostos e fronteiras liberadas, as grandes empresas do setor se deram conta de que poderiam se valer de um esquema artificial de exportação para majorar os lucros. Tabaco e cigarro começaram a sair do país em direção ao Paraguai e ao Uruguai, e a retornar ao Brasil com impostos mais baixos que os cobrados no mercado interno. Em alguns casos, na verdade, apenas documentos viajaram: o produto nunca saiu do lugar, embora as corporações tenham declarado que sim.[46]

Em 1998, ápice da farra, as exportações de cigarros para o Paraguai chegaram a 22,7 bilhões de unidades. É como se cada paraguaio, inclusive crianças e idosos, tivesse fumado 4,4 mil cigarros ao longo do ano. Só que não. Os produtos que saíam do Brasil muitas vezes não eram registrados no destino, ou seja, sumiam do mapa. Em 23 de fevereiro de 2000, a *Folha de S. Paulo* publicou a informação de que mais da metade dos produtos da Souza Cruz não havia sido registrada em 1998 ao entrar no país vizinho. Só em evasão de impostos a empresa lucrou US$ 22 milhões, segundo as autoridades paraguaias.

A situação mudou em 1998 porque o governo federal editou um decreto taxando em 150% o tabaco e o papel usado como filtro do cigarro. Dessa maneira, desestimulou-se o contrabando, afetado em definitivo pela desvalorização do real. Mas uma mão lava a outra.

---

46 "Importador da Souza Cruz é investigado", em *Folha de S. Paulo*, 23 fev. 2000. Disponível em <http://www1.folha.uol.com.br/fsp/dinheiro/fi2302200015.htm>.

ROTA ABERTA

As salas do Lopes Monteiro fazem jus ao ar característico de um escritório de advocacia: uma mistura de café e papéis que, nesse caso, soma-se à umidade da abafada cidade de Santos, a uma hora de viagem de São Paulo. É lá que encontramos quilos e quilos de papel que contam a história de uma malfadada ação popular apresentada em 2005 à Justiça Federal.

Os advogados decidiram mexer em vários vespeiros de uma só vez. As fabricantes de cigarros, o ex-secretário da Receita Federal, o então secretário da Receita, a União: todos constavam como alvo do processo aberto em decorrência dos decretos que mudaram a tributação do setor. Os meandros jurídicos são de uma chatice sem fim, de modo que podemos nos ater ao já mencionado destino: o fracasso.

O que importa daqueles papéis é entender o que aconteceu em termos tributários. Até maio de 1999, o valor do imposto era calculado em cima do preço de venda: quanto maior o preço do maço, maior o tributo recolhido. Foi então que um decreto editado pelo governo criou quatro classes, com valores fixos de Imposto sobre Produtos Industrializados (IPI) que iam de R$ 0,35 a R$ 0,70 por maço. Para dar um exemplo prático, o cigarro mais caro custava R$ 15 e pagava R$ 0,469 de IPI, enquanto o mais barato custava R$ 2 e pagava os mesmos R$ 0,469. No caso do primeiro, o imposto representava menos de 4%; no caso do segundo, 23%. É fácil entender quem saiu beneficiado.

A interpretação dos advogados é de que se optou por um novo modelo de tributação para disfarçar uma prestação de favores ímpar. Mantido o sistema anterior, teria de ser anunciada uma redução de 145 pontos percentuais na base de cálculo do imposto. Algo complicado, em se tratando de um governo que primava pela elevação da carga tributária. Em alguns produtos da Souza Cruz e da Philip Morris, o novo método representava uma redução superior a 60%.

Com essa alíquota mais baixa, as duas puderam cortar os preços e criar dificuldades de concorrência para as demais. O Sindifumo São Paulo, que costumava reunir as pequenas empresas, afirmou que as menores tiveram de rebaixar os ganhos e ficaram espremidas, com preço próximo ao dos produtos contrabandeados. Sem conseguir recolher impostos, algumas dessas firmas acabariam fechadas nos anos seguintes pela Receita Federal — a American Virgínia e a Itaba, investigadas pela CPI da Pirataria, são duas delas. Em 2007, segundo o Sindifumo, de dezesseis fabricantes registradas na Receita, cinco tinham o funcionamento suspenso, uma havia sido desativada e cinco estavam sob ação judicial. Ou seja, sobrava pouquíssima concorrência para Souza Cruz e Philip Morris.

Em 2000, o Ministério Público Federal entrou com ação acusando enriquecimento ilícito de quatro empresas do setor, incluídas as duas grandes, devido às mudanças de regras do IPI. Cinco anos depois, foi a vez do Lopes Monteiro. A ação calculava as perdas em R$ 2,8 bilhões e pedia a responsabilização do ex-secretário da Receita, Everardo Maciel. A essa altura Everardo já integrava o ETCO, do qual foi presidente do Conselho Consultivo a partir de 2015.

E a rota já estava oficialmente aberta: após alguns anos de participação no mercado, o Paraguai adquiriu o conhecimento necessário para a fabricação do produto. E se transformou num *case*. O país passou de três companhias registradas em 1993 para 35 em 2007. O Centro de Investigação para a Epidemia do Tabagismo, uma ONG com sede no Uruguai, estima que os paraguaios respondam por cerca de 10% do mercado ilegal de tabaco no mundo.

Em 2013, o International Tax and Investment Center (ITIC), um instituto próximo ao *Big Tobacco*, informou que o país tinha trinta fábricas, doze das quais ativas, com capacidade total de produção de cem bilhões de cigarros ao ano.[47] À direita e à

---

[47] Em 2017, após ser acusado pela OMS de mentir e de sofrer cobranças da Nestlé e do Banco Mundial, o ITIC decidiu romper com a indústria do cigarro, admitindo a necessidade de salvar a própria reputação. É possível ler mais em

esquerda, quem estuda o assunto tem convicção de que apenas com uma forte articulação política seria possível derrubar esse esquema. Isso ficou um bocado mais difícil após a chegada de Horacio Cartes à presidência paraguaia, em 2013, na esteira do golpe parlamentar contra Fernando Lugo. Cartes é o dono da Tabacaleras del Este, a maior fabricante do país, com capacidade declarada de produção de oitenta mil cigarros por minuto.[48]

O ex-presidente evita comentar o assunto publicamente, mas os altos diretores da empresa destacam a grande contribuição que dão ao país em criação de empregos e pagamento de impostos. Defendem que a produção é totalmente legal e que não é culpa deles se o produto cai na ilegalidade ao sair da fábrica.

"Big Tobacco lobby group quits smoking industry", em *Financial Times*, 29 mai. 2017. Disponível em <https://www.ft.com/content/6ca7f490-3c73-11e7-821a--6027b8a20f23>.

48 A esse respeito, ver ACTbr. "Análise da situação atual em matéria de preço e impostos de cigarros". Rio de Janeiro, março de 2008.

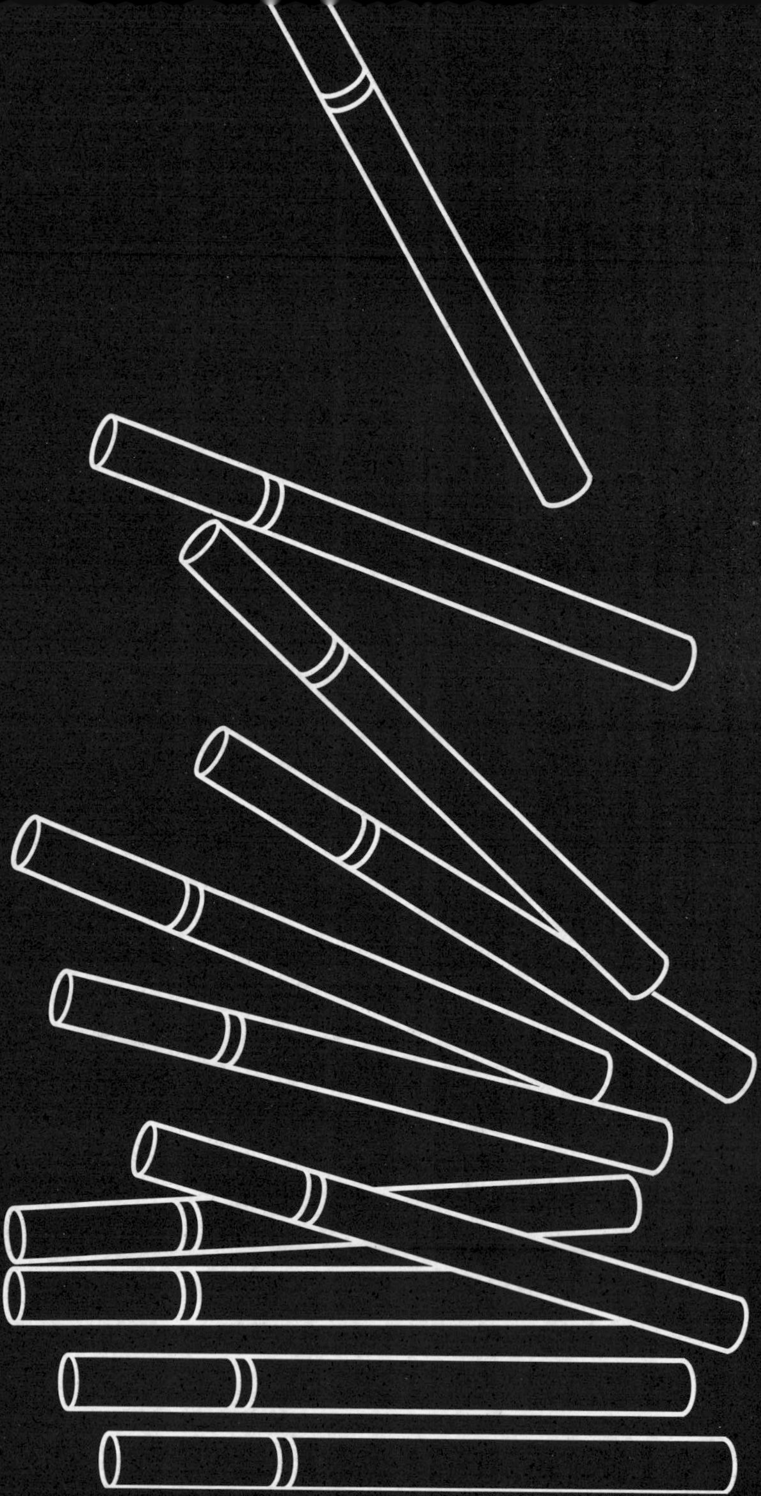

MORDE E ASSOPRA

11

Foi um daqueles encontros inesperados, que a gente tenta marcar, mas já sem esperança de que possa ocorrer. Havíamos lançado a sorte em Porto Alegre, em Brasília, em Porto Alegre de novo e em Santa Cruz do Sul. Agora, de volta à capital federal, em agosto de 2017, fomos ao Congresso em busca do deputado federal Sérgio Moraes (PTB-RS).

Os muitos nãos dos assessores levaram a uma mudança de tática. Ligamos diretamente no celular do parlamentar, que pediu que o encontrássemos no gabinete do correligionário Nelson Marquezelli (PTB-SP), perto do plenário da Câmara. Se os assessores estavam reticentes, Moraes se mostrou de boa. Ele não teve dúvidas em conceder a entrevista, curiosamente acompanhada por Carlos Alberto Sehn, do SindiTabaco.

— Eu tenho alguns ranços com o SindiTabaco. Acho que em alguns casos ele não atua como deveria atuar — disse, e ficamos curiosos por saber mais: não é fácil ouvir críticas às empresas de cigarro vindas da boca de um representante da bancada do fumo. E não um representante qualquer.

Moraes, que recebeu doações de R$ 40 mil da Alliance One e R$ 27 mil da Philip Morris na campanha de 2014, construiu todo seu capital político em torno da defesa do setor. Enquanto outro expoente da turma, Luís Carlos Heinze (PP-RS, R$ 98 mil da Philip Morris e R$ 40 mil da Alliance One), é um generalista da Frente Parlamentar da Agropecuária, Moraes é especializado até o último fio de cabelo — ou de "pelo duro", um brasileiro que se elegeu prefeito numa região germânica.

— Eu acho que o SindiTabaco não age na altura que deveria agir pela altura que é... ele tá pequeno pelo tamanho da cadeia. Maior produto de exportação do Rio Grande do Sul. Eu acho que o SindiTabaco tá muito submisso, tá muito encolhido, não reage, não quer se envolver. É aquele negócio de querer ficar quietinho. "Me deixa aqui que enquanto não estão me enxergando tá bom." Mas eu acho que somos muito grandes, muito importantes para querer não ser vistos. Tínhamos que bater no peito e dizer "estamos aqui". Olha o nosso tamanho, olha quem nós somos, olha o que produzimos.

Agora, sim, tínhamos em nossa frente o Sérgio Moraes coerente com a trajetória política. "O Sérgio Moraes me chamou no café e disse que eu estava pegando muito forte com a indústria. Disse que eu não podia ser tão duro, que a indústria gera empregos, que nós ficaríamos mal se a indústria fosse embora", disse uma pessoa que participou de negociações sindicais nas décadas de 1980 e 1990.

Muitos anos se passaram, mas pouca coisa mudou. A escala, é certo, aumentou. Hoje, há prefeitos, vereadores, deputados, senadores e ministros que defendem o cigarro. A bancada do fumo é uma subseção da Frente Parlamentar da Agropecuária, mais conhecida como bancada ruralista, a maior e mais poderosa do Congresso Nacional, com controle sobre uma média de um terço dos assentos e forte influência sobre os dois terços restantes. O pessoal ligado ao tabaco é bem menos numeroso. O núcleo duro é formado por uma dezena de deputados federais e estaduais do Sul, somados a uns poucos senadores. Mas, na hora do aperto, muita gente se soma à causa.

Diferentemente da bancada ruralista, que apresenta muitos projetos, a bancada do fumo é pouco propositiva. No geral, seus integrantes não fazem questão de ver aprovadas as poucas iniciativas que colocam em pauta. É uma turma que trabalha mais na retranca do que no ataque: quando pinta um assunto, saem em defesa da indústria do cigarro e, depois, voltam às suas posições. Aliás, isoladamente, este grupo sequer teria força para aprovar qualquer matéria. Mas nem só de aprovar projetos vive um parlamentar. O fundamento central é a pressão, dentro e fora do Congresso.

Para garantir novos mandatos, os parlamentares têm de mexer com o imaginário dos eleitores. É preciso escolher um inimigo. Um medo que (i)mobilize a população. E não há nada mais aterrorizante que a perda do ganha-pão. Logo, a Convenção-Quadro para o Controle do Tabaco tornou-se alvo. E o PT, que ocupava o Planalto à época da adesão ao acordo internacional, foi eleito como personificador desta paúra, na reprodução de uma lógica que se dá em outras áreas, com cores bolsonarianas.

— Tudo que dá certo o PT perseguiu. Claro. Porque o PT queria transformar o Brasil num lugar miserável para fazer uma ditadura ideológica, como Cuba — diz Sérgio Moraes.

Deputado federal desde 2007, ele tem um forte capital político no Vale do Rio Pardo. Foi o mais votado em várias cidades da região. Vereador na década de 1980, ganhou a periferia de Santa Cruz do Sul em nome dos "pelo duro" e contrapôs-se ao PP, tido como um partido das classes médias. Em Brasília, porém, tem atuação discreta: apresenta poucos projetos, relata poucos, faz raros discursos sobre questões-chave. Em 2017, falou apenas sete vezes em plenário, quase todas para registrar a presença de um convidado ou participar de uma votação, e apresentou apenas dois projetos durante toda a legislatura.

Mas é fácil se lembrar dele. Em 2009, foi o relator do processo de cassação de Edmar Moreira, o deputado que ficou famoso por ter um castelo de R$ 25 milhões. "Estou me lixando para a opinião pública", disse Moraes, quando perguntado por jornalistas sobre sua intenção de pedir a absolvição do colega.

Sete anos mais tarde, no Conselho de Ética, saiu em defesa de Eduardo Cunha (MDB-RJ), acusado de um sem-fim de crimes.

"Tenho medo de condenar um inocente", alegou. Em 2017, votou por engavetar a denúncia contra Michel Temer sob a argumentação de que o então presidente da República poderia responder por seus erros futuramente.

O próprio Moraes admitiu ter perdido as eleições municipais do ano anterior em Santa Cruz pelas "besteiras" que falou e que fez na disputa contra Telmo Kirst (PP). O septuagenário Kirst iniciou a carreira política nas eleições de novembro de 1972, ao eleger-se vereador pela Aliança Renovadora Nacional (Arena), partido de apoio ao regime militar. Conhecido por ser ultraconservador e "anticomunista", ele ocupou cargos legislativos e executivos, inclusive no âmbito federal, nos últimos trinta anos, com uma atuação de perfil discreto.

Entre as articulações de Telmo Kirst em favor das fumageiras está a criação da Associação dos Municípios Produtores de Tabaco (Amprotabaco), da qual ele foi fundador e primeiro presidente, eleito unanimemente por prefeitos de trinta cidades de Rio Grande do Sul, Paraná e Santa Catarina. A Amprotabaco somou-se a Afubra, sindicatos, instituições da área de contrabando, deputados, vereadores e senadores na corrente em defesa da indústria do cigarro — não perca a conta.

Telmo ganhou cacife. As fumageiras, ainda mais capilaridade. O "alemão" Kirst e o "pelo duro" Moraes vivem aos sopapos. Sérgio foi prefeito de 1997 a 2004, e de 2009 a 2012 a então esposa Kelly Moraes comandou a cidade. De 2013 em diante, Kirst venceu os Moraes em duas ocasiões.

Apesar das divergências, seria de se imaginar que dois políticos fundamentais para a cidade mantivessem um diálogo institucional.

— Eu e o Telmo não conversamos há vinte e poucos anos. Problemas que não afinam. Atitudes dele. E talvez atitudes minhas que ele não gosta — conta Moraes. — O Telmo é um dos gênios da política. Ele não atende ninguém, não fala com ninguém, não faz nenhuma obra, promete e não cumpre, e se reelege. O cara é muito jeitoso. Tem muita habilidade.

De fato, Kirst faz jus à fama de homem de raras aparições. Embora nunca tenha havido uma resposta negativa sobre a entrevista que pedimos, a assessoria postergou a decisão por semanas. A impressão é de que nunca é um "bom momento" para tratar de questões críticas à cadeia do tabaco.

Após algum tempo, contudo, o mesmo assessor entrou em contato para pedir que perguntas fossem enviadas por e-mail. Eis o que conseguimos: Telmo Kirst comemora os investimentos das fumageiras em Santa Cruz do Sul nos últimos anos, principalmente a mais nova unidade fabril da Philip Morris Brasil, orçada em R$ 113,5 milhões e que ocupa mais de quarenta mil metros quadrados de área construída no Distrito Industrial da cidade. A Philip Morris, aliás, parece ser a menina dos olhos de Kirst, que a classifica como "indispensável" para o orçamento e o desenvolvimento do município, já que, além de empregar 1,2 mil pessoas, é responsável por quase 55% do Imposto sobre Circulação de Mercadorias e Serviços (ICMS) local.

Apesar do número reduzido de quadros, a bancada do fumo tem diferentes dinastias. O PP de Kirst, Heinze e da senadora Ana Amélia é o partido com a ligação mais forte a este segmento econômico. O MDB do também gaúcho Alceu Moreira (R$ 100 mil da Philip Morris e R$ 40 mil da Alliance One) vem em seguida, dividindo espaço com o PTB justamente devido à potência de Moraes. E o PSB é a sigla que abriga os sindicalistas que não batem de frente.

Santa Cruz do Sul e região sempre tiveram força para eleger deputados estaduais e federais. Há, portanto, vovôs nessa bancada. Porém, um grupo organizado como o que existe hoje veio se consolidando ao longo do século, com parlamentares fundamentalmente do Sul, mas também de outras regiões — caso de Efraim Filho (DEM-PB), próximo aos institutos que atuam na questão do contrabando e destinatário de R$ 20 mil da Philip Morris na campanha de 2014. No ano seguinte, ele criou a Frente Parlamentar

Mista de Combate ao Contrabando e à Falsificação. Se você acha que a questão central para essa frente é o contrabando, basta ler as atas da Câmara Setorial do Tabaco e ver as relações estreitas entre o trabalho parlamentar e a indústria do cigarro.

Tem sido a regra na política mundial: sempre que um setor se vê às voltas com políticas de regulação, faz crescer a presença nos espaços de discussão. Todos se unem pela causa, mas sabem que disputam uma mesma fonte de recursos e uma mesma base eleitoral. China Tabacos, Philip Morris e Alliance One foram as principais financiadoras de campanha dessa turma em 2014. A Philip Morris declarou ter investido R$ 1,680 milhão, a Alliance One depositou R$ 705 mil e a China, R$ 180 mil. Não, não aponte o dedo para o partido do outro: o seu também recebeu. PP, MDB, PSB, PTB, DEM, PSDB, PT, PDT, PSC, PCdoB, SDD. A Souza Cruz, líder absoluta do setor, não tem doações registradas pela Justiça Eleitoral, o que não a impede de ter os interesses defendidos publicamente entre a classe política.

"Eu defendo o produtor, e não a indústria", dizem todos os integrantes da bancada do fumo. É o mesmo imbróglio argumentativo de que se valem as organizações que atuam na seara do contrabando. Se essa bancada defende exclusivamente o agricultor, por que é a indústria quem a financia?

— Talvez sejam as empresas que reconhecem e identificam aqueles que defendem a cadeia produtiva. Agora, dificilmente você vai achar algum deputado que entre na Assembleia sem ter ajuda financeira de qualquer empresa — justificou-se o então deputado estadual gaúcho Marcelo Moraes, do PTB, filho de Sérgio, R$ 27 mil da Philip Morris e R$ 20 mil da Alliance One.

A bancada do fumo acaba se valendo do senso comum construído nas regiões produtoras de que agricultores e indústria são um lado só, e que o inimigo a ser combatido são as políticas contra o tabagismo.

— Eu, na verdade, me considero muito mais representante dos produtores. Sou amigo do pessoal das empresas, tenho uma ligação razoável com eles, mas na hora, lá, se precisar escolher um lado, vou escolher o produtor — diz Sérgio Moraes.

Em julho de 2016, Moraes mediou uma visita de vereadores do Vale do Rio Pardo ao então ministro do Trabalho, o correligionário e gaúcho Ronaldo Nogueira. O ministro aceitou a proposta de frear a fiscalização do uso de mão de obra temporária nas lavouras de fumo.

As fumageiras ficam felizes com Telmo ou Moraes, tanto faz. Podem ser desafetos entre si, mas não do sistema que os sustenta. Assim, é raro que essas empresas sejam derrotadas. Há pouca margem cultural, econômica e partidária para alternativas.

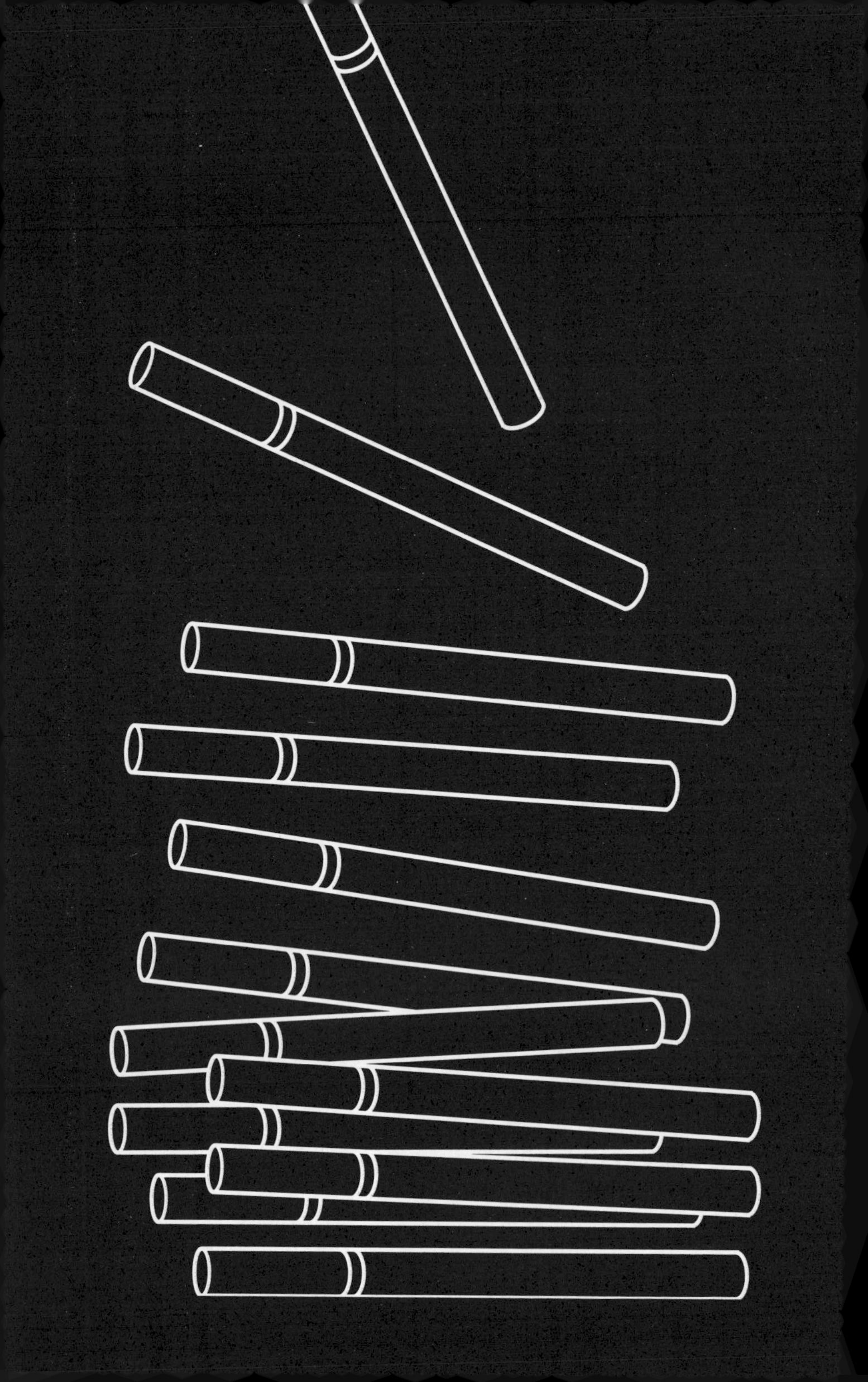

EM BUSCA DE NOVAS TERRAS

12

Tudo parecia muito promissor: em menos de 48 horas, a juíza Anne de Carvalho Cavalcanti, da 4ª Vara do Trabalho de Natal, concedera liminar proibindo a Souza Cruz de firmar novos contratos com os produtores rurais. Ela entendeu que a documentação encaminhada pelo Ministério Público do Trabalho em 23 de novembro de 2015 comprovava uma relação precária que colocava em risco o trabalhador, e chegou a mencionar a palavra "escravidão" para descrever o quadro narrado.

Mas, em junho de 2016, quando a juíza estava afastada, a sorte dos ventos mudou. Sua substituta, Luiza Eugenia Pereira Arraes, decidiu invalidar todas as provas e dar sentença favorável à empresa. Para ela, o fato de a Souza Cruz não ter sido chamada a participar do inquérito e a ausência do procurador José Diniz de Moraes e de testemunhas em uma audiência eram motivos suficientes para presumir a inocência da fumageira.

— A empresa foi notificada três vezes, em dois locais diferentes, para comparecer à audiência na Procuradoria. E não se manifestou em momento algum — protesta o procurador. — Tinha uma série de documentos que deveriam ter sido analisados e levados em questão. Mesmo que se considerasse possível a aplicação dessa estranha presunção, a documentação do inquérito não poderia ter sido negligenciada como foi.

De fato, isso está comprovado nos autos, com sucessivas e frustradas tentativas de diálogo. Para ele, tampouco havia necessidade de apresentar testemunhas nas audiências porque o que se queria era comprovar uma fraude nas relações de trabalho, o que normalmente se faz pela via dos documentos. E, de todo modo, o inquérito estava coalhado de depoimentos sobre os abusos cometidos pela empresa.

Quem conhece a situação dos produtores associados à Souza Cruz no Sul do país não se assusta com os fatos descritos na ação do Rio Grande do Norte, muito parecidos com os encontrados quase uma década antes pelas procuradoras do Paraná e de Santa Catarina. O que muda, claramente, é o grau do problema: a empresa se valeu das condições sociais do Nordeste para agravar a situação.

Os autos têm momentos de pura fofura. A fumageira apresentou aos agricultores de Brejinho, no Rio Grande do Norte, a 70 quilômetros de Natal, revistas que comprovavam o sucesso do cultivo de tabaco no Sul do país.

— Diziam que em seis meses, um ano, a gente ia comprar moto, carro. Quem é que não ia querer? — recorda Josielma Reinaldo de Lima, que antes plantava feijão. — A gente só levou fumo. Mostraram as revistas dizendo que a gente ia ganhar muito dinheiro. Todo mundo quer ir pra frente, não pra trás.

As publicações da própria Souza Cruz chegavam à beira de apresentar o produtor de fumo como alguém glamouroso. Em vez de frequentarem a Ilha de Caras, porém, os agricultores se divertiam na própria lavoura. "Em dois anos de trabalho, consegui comprar mais uma propriedade de 11 hectares, em frente à que herdei, e passei, então, a plantar sozinho. Foi a primeira vitória", diz um dos entrevistados, que lista tudo o que comprou graças à empresa: duas estufas, trator, carro do ano e "mais três terrenos, que foram alugados para outros produtores, além de quatro áreas, distribuídas para os filhos".

Tudo o que a empresa apresentou aos produtores de Brejinho ia na linha do sucesso. Um êxito calcado no mérito individual, na peleja de agricultores que se superaram para alcançar um rendimento recorde, para fazer vingar o fumo em lugares improváveis, para aumentar mais e mais e mais o patrimônio da família. Um dos produtores planejava, aos 58 anos, a aposentadoria, feliz por ter os filhos "encaminhados" na vida, com uma situação financeira tranquila.

Faz parte do sistema de alimentação de vaidades e rivalidades. O produtor que aparece na revista da empresa ganha seus minutos de fama, fica todo faceiro. E o que não aparece quer se superar para poder ser o próximo a estar ali. Aquele que está endividado pode ser levado a pensar que a falha é dele: veja quanta gente está construindo uma linda vida ao cultivar fumo. Isso, no caso dos homens. Para as mulheres, a chance de aparecer na revista é na foto, ao lado do marido, ou nas seções que falam sobre receitas de cozinha e cuidados domésticos.

— Eles mostravam uma beleza, mansão comprada com dois ou três anos de tabaco. Ficamos encantados pela cultura do fumo — recorda Sebastião Antônio de Lima, o Bastinho, que foi um dos primeiros de Brejinho a pular de cabeça nessa história. — O orientador dizia que não tinha como dar errado. Era plantar e ganhar dinheiro.

Ninguém ficaria pra trás. A empresa forneceria recursos, assistência técnica e ajuda em caso de dificuldade. Apenas quatro meses de trabalho resultariam em renda para um ano todo. E a turma começou a cair na conversa. Quando se deram conta, os agricultores, muitos analfabetos, haviam contraído uma dívida de R$ 11,7 mil, dos quais R$ 8,7 mil nem passavam pelas mãos do trabalhador: iam do banco Itaú para uma empresa associada à Souza Cruz, que construiria a estufa necessária para a secagem das folhas de tabaco.

É aqui que começa a ficar claro que as condições impostas aos produtores de Brejinho eram ainda piores. O tipo de fumo escolhido tinha promessa de rendimento de mil quilos por hectare, menos da metade do que se alcança no Sul. Os agricultores relataram ao Ministério Público ter usado em torno de quatrocentos quilos de agrotóxico por hectare. Segundo o SindiTabaco, no Sul utiliza-se em torno de um quilo por hectare e, ainda que esse número possa ser um tanto otimista, está bem longe dos quatrocentos quilos aplicados no Nordeste. Ridomil Gold Mz, Confidor Supra, Cobre Atar BR, Orthene 750 BR e Rovral são apenas uma parte dos produtos listados na investigação. Os relatos dão conta de que a empresa não fez a devida orientação quanto ao uso, nem forneceu equipamentos de proteção em quantidade suficiente.

— A maioria de quem trabalhou com fumo ficou doente. Ninguém nunca ficou bom. Sofremos muito — conta Bastinho. — Teve cara que começou a desmaiar. Dar vômito, tontura, dor de barriga. A gente não sabia por quê. A gente achava que era o fumo, mas não tinha certeza. Quando descobrimos o que era é que ficamos com mais medo do fumo.

Por que a Souza Cruz buscaria novas áreas, se no Sul contava com produtividade elevada e alta qualidade? Talvez uma resposta esteja na notícia que os agricultores começaram a receber ao final do primeiro ano de trabalho. Muitos, atolados em dívidas, não tinham direito a nada. Outros ganharam menos de R$ 2 mil. E assim os produtores de Brejinho conheceram uma realidade antiga em outras partes: balanças que dão pesos diferentes, classificações de folhas que rebaixam totalmente a qualidade do material, processos de avaliação realizados sem a presença do dono do produto. Quem se queixou recebeu a promessa de que no ano seguinte seria compensado.

— No primeiro ano do fumo continuei plantando hortaliça. No segundo não dei conta, não. O fiscal vinha uma vez por semana e me cobrava. Eu não dava conta. Ou uma coisa, ou outra. Eles alegavam que dava grande lucro o fumo. Pra dar lucro tem que cuidar. Tive que abandonar a hortaliça — continua Bastinho.

É só fazer as contas. Considerando a produtividade máxima para a região, uma tonelada por hectare, e o pagamento pelo valor mais alto, R$ 23,70 por quilo, chegaríamos a R$ 23.700, contra uma dívida inicial de R$ 11.700 somada aos gastos com semente, água, eletricidade, lenha e agrotóxicos. Na pior situação, de R$ 2,47 por quilo e um rendimento de trezentos quilos, o agricultor ficaria com R$ 741, mais a dívida. O problema é que a maior parte ficou mais próximo do inferno que do purgatório — a cor do céu, ninguém viu.

A pesagem do fumo produzido no Nordeste é feita em Patos, na Paraíba, a trezentos quilômetros de Brejinho.

— A gente ainda tem dívida com eles. E eles com a gente. Levavam o fumo e não pagavam. Eles pegavam aqui e levavam. Diziam que a gente ia conhecer a fábrica lá em Patos, mas nunca fomos — queixa-se Josielma.

Na ponta do lápis, vemos que, se fossem contratados da empresa, os agricultores teriam recebido em torno de R$ 15 a diária, abaixo do já pequeno valor que se paga na região. Um dos produtores relatou ao Ministério Público que teve de pegar dinheiro com um agiota e foi morar na casa dos pais. Teve de vender o boi usado para tração e foi trabalhar na roça de outras pessoas para tentar quitar a dívida.

Se as estratégias de atuação são as mesmas, tampouco mudam as táticas de defesa no Judiciário. Até o escritório contratado para a causa, Russomano Advocacia, é um dos que habitualmente atuam para a Souza Cruz em questões trabalhistas no Sul. Começa-se pelo mesmo argumento de sempre: a Justiça do Trabalho não tem competência para julgar o caso porque se trata de uma simples questão contratual.

Em seguida, alega-se que nenhum trabalhador foi obrigado a contrair dívida, nem a comprar aquilo que a empresa lhe ofereceu. Além disso, jamais houve divergência quanto à pesagem e à classificação do fumo, e, ainda que isso ocorresse, o produtor teria todo o direito de levar a carga embora. A classificação, como se sabe, é feita pelo próprio agricultor, e cabe à empresa apenas conferir se tudo está correto com base em uma tabela estritamente técnica e objetiva, editada pelo Ministério da Agricultura. Só que não.

— Em todas as fases havia um engodo — diz o procurador, para quem se concretiza assim um modelo de servidão por dívida. — A forma como conceberam juridicamente a operação para descaracterizar uma eventual responsabilidade pelas atividades e pelos riscos me pareceu uma forma muito cruel de lidar com pessoas de baixa instrução. Especialmente em comunidades de larga tradição de cultivo de outros produtos.

Ao longo de 2017, sucessivos recursos foram negados, sempre com o mesmo expediente de invalidar o processo. Feito o estrago na vida local, a Souza Cruz se retirou. Sem deixar saudade.

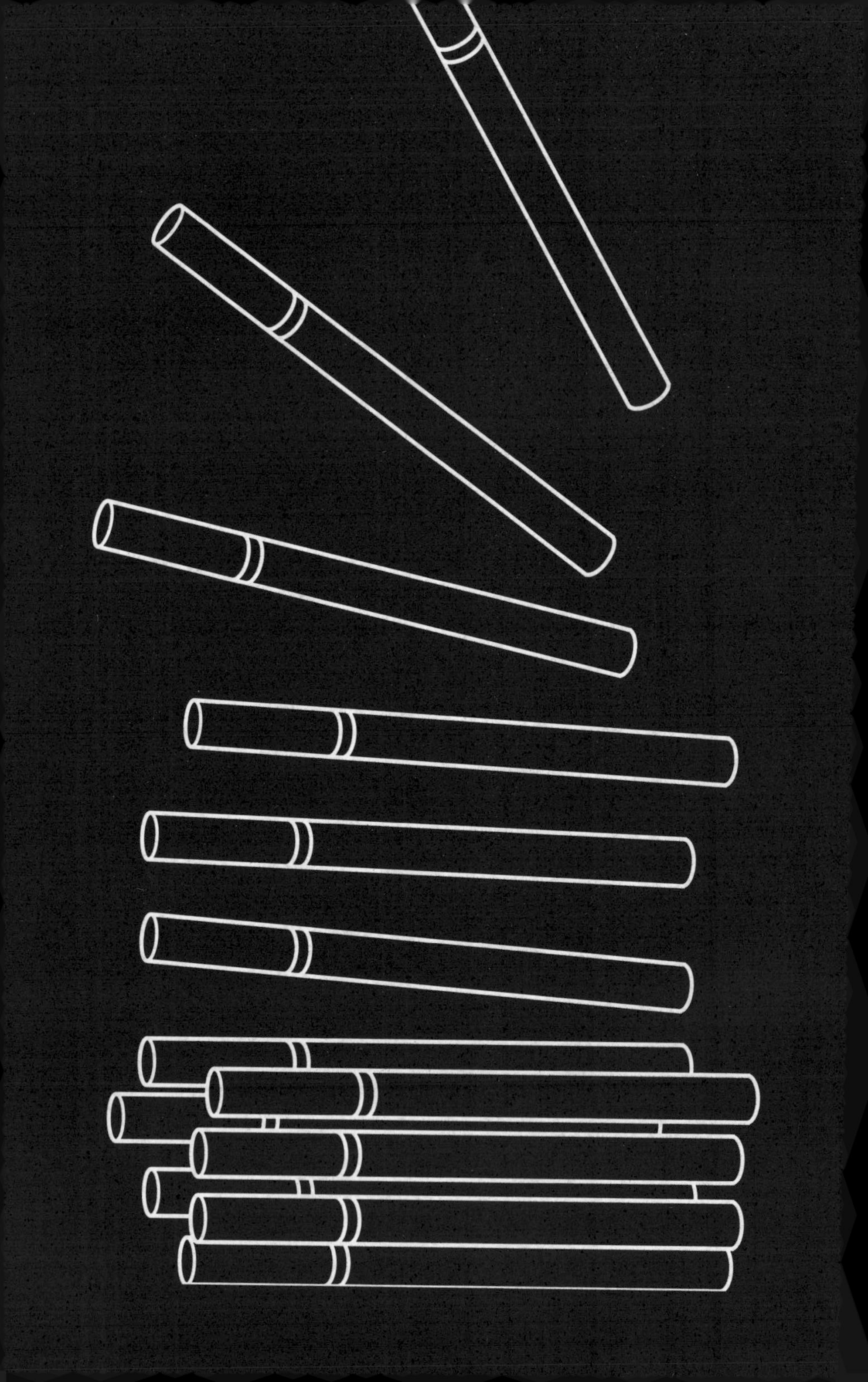

QUEM GANHA?

13

A indústria do cigarro é muito ativa politicamente. Sabe pressionar governos. Uma medida-chave para frear o contrabando seria a implementação do Protocolo para Eliminar o Comércio Ilícito de Produtos do Tabaco. Para que entre em vigor, o documento precisa da adesão de quarenta países, o que as corporações do setor poderiam conseguir com facilidade. Mas não. A adoção caminhou a passos de tartaruga. No Brasil, o documento foi assinado por Michel Temer ao final de 2016, e um ano depois terminou de tramitar pelo Congresso. A ratificação veio finalmente em maio de 2018. Logo em seguida, outras nações aderiram.

— Nós sempre recebemos esse setor. E se tem um local onde a gente pode efetivamente verificar o quão combativo é o setor de cigarros naquilo que querem defender os interesses é na administração tributária — disse o subsecretário de Fiscalização da Receita Federal, Francisco Assis de Oliveira Júnior, num seminário organizado pelo Centro de Estudos sobre Tabaco e Saúde em abril de 2017, no Rio de Janeiro.

A situação é ainda mais curiosa porque o protocolo prevê a criação de um sistema global de rastreio de produtos de tabaco. As empresas pressionaram para tentar emplacar o Codentify, um sistema de rastreamento e controle criado pelas próprias — o Brasil conta desde 2007 com o Scorpios, um sistema operado pela Casa da Moeda e supervisionado pela Receita. De maneira atípica, em 2010 a Philip Morris aceitou compartilhar a tecnologia com seus maiores concorrentes, contam Luk Joossens, da Associação de Ligas contra o Câncer da Europa, e Anna Gilmore, do Departamento de Saúde da Universidade de Bath, no Reino Unido.[49] Em 2011, a Interpol aceitou uma doação de 15 milhões de euros da Philip Morris International, por ano, pelos três anos subsequentes — frente a um orçamento total de 60 milhões. No ano seguinte, em julho, foi criada a Interpol Global Register, com foco no comércio ilícito, em colaboração com o *Big Tobacco*.

Segundo a Philip Morris, o Codentify combinaria de maneira única os seguintes elementos: data e hora, máquina, marca, tamanho do pacote, mercado de destino, preço, nível de tributação. Mas os autores concluem que não é impossível a falsificação e, no caso de repetição de números, não haveria como saber qual dos dois produtos é o verdadeiro. Por isso, cobram que se fique alerta à possibilidade de manipulação do Protocolo de Comércio Ilícito pela indústria, particularmente nos países pobres, mais vulneráveis a pressões.

A bibliografia do artigo de Joossens e Gilmore traz algumas referências incômodas: textos que narram a implicação das grandes corporações no contrabando. Por aqui, a Receita Federal diz não haver evidências de que Souza Cruz e Philip Morris continuem a se beneficiar da relação com o Paraguai. Sabemos, porém, que os números aparentemente assustadores do contrabando são o argumento central da indústria para evitar novas derrotas.

"Todo mundo sabe que fumar não é bom para ninguém, mas aumentar o imposto do cigarro também não é", diz o ator Caco Ciocler numa peça publicitária da Frente Nacional de Combate à Pirataria que foi ao ar em 2016. A campanha, que contava também com o ator Jackson Antunes e a jornalista Adriana Bittar, foi exibida no horário nobre da televisão. Em seguida aos apresentadores, aparecia um suposto contrabandista: "Para nós, quando

---

49 JOOSSENS, L. & GILMORE, A. B. "The Transnational Tobacco Companies' Strategy to Promote Codentify, their Inadequate Tracking and Tracing Standard", em *Tobacco Control*, 12 mar. 2013.

aumenta o imposto do cigarro, é muito bom. É muito lucrativo. Agradecemos o governo. É mais fácil e muito melhor o cigarro do Paraguai do que armas e drogas." Chama atenção que o contrabandista faça uso de um português muito preciso, e que disponha de uma capacidade de concisão impressionante: resumiu todos os argumentos da indústria do cigarro em doze segundos. Gênio.

Isso acendeu o sinal de alerta em organizações da sociedade civil que acusaram haver publicidade disfarçada do cigarro, o que está proibido pela legislação nacional. "É uma clara tentativa de desinformar a população, colocando em xeque a medida mais eficaz para redução do consumo de cigarros, especialmente entre jovens e populações de menor renda: o aumento de preços e impostos", lamentou a ACT Promoção da Saúde. No entanto, o Conselho Nacional de Autorregulamentação Publicitária (Conar), mantido pelo setor privado, decidiu arquivar a representação movida contra a propaganda. "Foi-se um dos últimos suspiros de esperança de algum grau de efetividade deste órgão", conclui a ONG.[50]

---

50 "17 mil pessoas não ouvidas pelo CONAR", em ACTbr, 15 ago. 2016. Disponível em <http://www.actbr.org.br/blog/index.php/17-mil-pessoas-nao-ouvidas-pelo--conar/1157>.

UMA DATA PARA CHAMAR DE MINHA

Três de março é o Dia Nacional de Combate ao Contrabando. Por quê? Porque sim. Se você tem muito poder econômico e uma boa assessoria de imprensa, pode escolher um dia no calendário para chamar de seu. Não é preciso passar por nenhum processo legislativo, nem escolher uma data que guarde correlação com o tema proposto.

Não satisfeitos em inventar um dia, os institutos ligados à indústria do cigarro mobilizaram muitos meios de comunicação. Parecendo pouco, garantiram a atuação de órgãos públicos. O Dia Nacional de Combate ao Contrabando é um filhote do Movimento em Defesa do Mercado Legal Brasileiro, por sua vez nascido da costela dessas quatro organizações. Olho no lance: se você ouve falar em um movimento, logo pensa se tratar de uma articulação da sociedade por um tema que realmente a sensibilize. Os rastros de nicotina somem pelo caminho.

Os institutos que atuam na área de contrabando se assemelham à bancada do fumo no sentido de que disputam a atenção de um mesmo financiador. Assim, há uma tensão entre a necessidade de colaboração pelo sucesso da causa e a importância de se mostrar melhor e mais útil que os parceiros-concorrentes.

Existe uma certa divisão de tarefas, embora seja comum que uma organização avance sobre o terreno da outra.

A ABCF é quem tem maior proximidade com as polícias.

O ETCO frequenta as altas rodas políticas no Executivo, no Legislativo e no Judiciário, em companhia da Frente Nacional de Combate à Pirataria.

E o Instituto de Desenvolvimento Econômico e Social de Fronteira (Idesf) oferece algum embasamento estatístico que se soma à pressão contra o aumento de impostos. Ter sede em Foz do Iguaçu, cidade-símbolo do contrabando, garante poder de articulação com Polícia Federal, Receita Federal e Ministério Público Federal.

O que nos chamou a atenção quando começamos a estudar essas organizações, aliás, foi o grau de intimidade com o poder público. O acesso se dá tanto no alto como no baixo clero. São oferecidos cursos por e para agentes públicos, muitas vezes usando a estrutura pública, a despeito de, em muitos casos, se tratar de atividades privadas, com cobrança de taxas e mensalidades.

Na primeira edição, em 2015, o Dia Nacional de Combate ao Contrabando contou com evento em Brasília bancado pela Frente Nacional de Combate à Pirataria e pelo ETCO. O deputado Efraim Filho prestou contas sobre as ações desenvolvidas. Em Foz do Iguaçu, o Idesf mobilizou agentes da Receita e da PF em ações de destruição de produtos apreendidos para que servissem de pano de fundo para entrevistas televisivas.

Quando perguntamos ao presidente do instituto, Luciano Stremel Barros, sobre o motivo de escolha da data, ele não deu uma resposta precisa.

— Chegou a uma data do basta. Não é uma data comemorativa. É uma data de reflexão. Foi escolhido o 3 de março para que fosse o marco, o início de uma caminhada — afirmou. Insistimos se havia algum motivo especial. — O 3 de março, não. Foi uma data escolhida em função da urgência do lançamento dessa frente para que pudéssemos a cada 3 de março ter uma situação de pensar o que avançamos.

É impressionante observar quantos veículos de comunicação compraram a ideia. Só o presidente do Idesf foi entrevistado por 45 emissoras, sites, jornais. Participou de entrevistas ao vivo no *Bom Dia Brasil* e na GloboNews, e foi fonte para reportagens no *Jornal da Globo*, na rádio CBN e em afiliadas da Record e do SBT no Paraná e no Mato Grosso do Sul.

Já entendemos que o Judiciário e o Legislativo são importantes espaços de atuação dessas organizações. Mas, sem a imprensa, o circuito não fecharia. Os institutos sabem que a maior parte dos jornalistas não vai checar duas questões fundamentais: quem são os patrocinadores das organizações e qual o grau de coerência dos números apresentados — vamos deixar de lado o caso dos profissionais que atuam de má-fé.

Em 2017, porém, os institutos já haviam esquecido da data que criaram. E veio ao mundo o Movimento Legalidade — sim, mais um movimento sem movimentantes. O ex-prefeito de São Paulo, João Doria, foi o primeiro parceiro do projeto, lançado em setembro de 2017[51] e logo estendido a Campinas e Porto Alegre. Vamos lembrar que Doria é o fundador do Lide, um grupo de empresários voltado às relações com o mundo partidário. O então prefeito de Porto Alegre, Nelson Marchezan Junior, é parceiro de Doria, e em abril de 2017 esteve no lançamento de um centro de operações da Philip Morris na cidade.

As relações entre Lide e Souza Cruz não caberiam nessa página. A empresa é patrocinadora constante do encontro anual de empresários promovido pelo grupo. Em 2017, a organização do empresariado homenageou a fabricante de cigarros por "Transparência e Ética".[52] Em 2016, quando o encontro anual do Lide foi promovido justamente em Foz do Iguaçu, a corporação comandou uma palestra queixosa do excesso de intervenção estatal.[53] Em 2015, a empresa foi uma das financiadoras de uma premiação do Lide.[54] Em 2011, bancou um evento do Lide sobre "excesso de regulação" que tinha como estrela Paulo Rabello de Castro, mais tarde presidente do Instituto Brasileiro de Geografia e Estatística

---

51 "Movimento Legalidade intensifica combate ao comércio ilegal em São Paulo", em Prefeitura de São Paulo, 15 set. 2017. Disponível em <http://www.capital.sp.gov.br/noticia/movimento-legalidade-quer-intensificar-combate-ao-comercio-ilegal-em-sao-paulo>.
52 "LIDE homenageia Petrobras e empreendedores em almoço no Copa", em *Janela Publicitária*, 13 dez. 2017. Disponível em <https://www.janela.com.br/2017/12/13/lide-homenageia-petrobras-e-empreendedores-em-almoco-no-copa/>.
53 "Souza Cruz utiliza 300 mil pontos de venda para fazer marketing", em *PropMark*, 23 abr. 2016. Disponível em <http://propmark.com.br/mercado/souza-cruz-utiliza-300-mil-pontos-de-venda-para-fazer-marketing>.
54 "PRÊMIO LIDE homenageia destaques do setor público e privado durante o 14º Fórum de Comandatuba", em *UOL Economia*, 20 abr. 2015. Disponível em <https://economia.uol.com.br/noticias/pr-newswire/2015/04/20/premio-lide-homenageia-destaques-do-setor-publico-e-privado-durante-o-14-forum-de-comandatuba.htm>.

(IBGE) e do Banco Nacional de Desenvolvimento Econômico e Social (BNDES) no governo Temer.[55]

Voltando ao Movimento Legalidade, a ideia é utilizar a Frente Nacional de Prefeitos para dar capilaridade às ações dos institutos bancados pela indústria do cigarro. Doria afirmou que pretendia combater organizações que se valem de "pessoas simples" para promover o crime. Entre muitas promessas, a criação de um comitê que iria "definir ações de inteligência e de combate a práticas ilícitas". Ou seja, essas organizações, privadas, ganham o poder de decidir as prioridades dos agentes públicos, nos moldes do que se deu na CPI da Pirataria e na Interpol. Em maio do mesmo ano, o Ministério da Justiça anunciou acordo para criar um comitê de combate ao contrabando. A proposta era cruzar os dados do "setor produtivo" com as investigações dos órgãos públicos federais e estaduais. De novo, compartilhamento de informações estratégicas.

Em São Paulo, o material de divulgação da Prefeitura tomou para si os números divulgados pelos institutos: a cidade sofre perdas anuais de R$ 4,5 bilhões graças ao comércio ilegal. Vamos parar por aqui para uma conversa. O levantamento de dados sobre o tamanho dos danos provocados pelo contrabando é um grande chamariz midiático. O interessante é que, dez anos atrás, a ABCF já aparecia em reportagens falando que a fatia de mercado roubada pelos ilegais era de 33%. Porém, após uma explosão no problema desde 2010, com a política de aumento de IPI, essa fatia continuou em 33%, às vezes um pouco mais, às vezes um pouco menos.

A maior parte das matérias acaba funcionando como material de divulgação da indústria. O nó está na maneira como os dados são apresentados. No geral, são estudos de consultorias renomadas encaminhados pelas assessorias de entidades que

---

55 "Almoço-debate promovido pela LIDE SUL com patrocínio da Souza Cruz", em *ConsumidorRS*, 1º mar 2011. Disponível em <http://www.consumidor-rs.com.br/2013/inicial.php?case=2&idnot=14797>.

têm uma imagem positiva — para o jornalista desavisado, são defensores do mercado justo, da arrecadação tributária e dos direitos do consumidor.

Imagine que num belo dia cinquenta professores da rede pública decidam fechar a avenida em frente ao Palácio dos Bandeirantes, em São Paulo. Imagine agora que a Rede Globo mande um helicóptero e dê uma informação elogiosa ao protesto. Impossível, né? No entanto, se você for da Associação Brasileira de Combate à Falsificação, tudo dá pé. "Para a associação, o Brasil deixou de ganhar R$ 115 bilhões no ano passado só com a entrada ilegal de produtos no Paraguai", afirmou o apresentador Carlos Tramontina, tendo como fundo uma imagem de manifestantes sonolentos levantando plaquetas sobre o contrabando.[56]

---

56 "Associação Brasileira de Combate à Falsificação faz protesto no Palácio dos Bandeirantes", em SPTV, 3 mar. 2016. Disponível em <https://globoplay.globo.com/v/4857871/>.

DESSA VEZ NÃO DEU

Os números sobem vertiginosamente. Em 2013, as organizações afirmavam que o prejuízo provocado por contrabando e falsificações de maneira geral somava R$ 40 bilhões. No ano seguinte, já subia a R$ 100 bilhões. Em 2016, a alguma coisa entre R$ 115 bilhões e R$ 120 bilhões. Em 2017, a R$ 146 bilhões.[57] Basicamente o que se faz é somar os levantamentos setoriais realizados pelas consultorias Nielsen e Price Water House Coopers. O cigarro, setor mais atingido, perde R$ 4,5 bilhões, de acordo com a Nielsen. Para chegar a R$ 146 bilhões, tem chão.

A Receita Federal é cautelosa em relação a esses números. Ao cruzar alguns dados, encontrou no segmento ilegal um patamar em torno de 30% do mercado total, próximo à estimativa da indústria. Mas essa é apenas uma projeção. Gilberto Tragancin, da Divisão de Vigilância e Repressão ao Contrabando e Descaminho, nos disse que, embora os dados da indústria sejam importantes, não há estimativa plenamente precisa a respeito de quanto o contrabando causa em prejuízo, nem mesmo a respeito de quanto em produtos ilegais ingressa no país. E que não se pode afirmar que este seja um crime em crescimento.

A Receita já foi mais aberta também ao argumento central desses institutos: elevar o imposto sobre o cigarro aumenta o contrabando. Até o final da década passada, essa ideia prosperou, o que evitou elevações do IPI. Mas, daí por diante, houve sucessivos reajustes. Agora, o órgão federal tenta avaliar qual o limite desse aumento para que, de fato, não provoque um estímulo ao mercado ilegal.

— Quando, a partir de 2009, começamos a atuar de maneira mais consistente e de maneira mais alinhada com o Artigo 6º da Convenção-Quadro, a gente começa a arrecadar mais e a ver a

---

57 "Brasil perdeu R$ 146 bilhões para o mercado ilegal em 2017", em ETCO, 5 mar. 2018. Disponível em <http://www.etco.org.br/noticias/brasil-perdeu-r-146-bilhoes-para-o-mercado-ilegal-em-2017/>.

diminuição do consumo — conta Francisco Assis, o subsecretário de Fiscalização da Receita. — Em todas as reuniões de que participamos, a indústria chega com os três argumentos clássicos que vocês devem conhecer: o argumento do orçamento, o argumento da saúde e o argumento da regressividade.

É assim: primeiro, argumenta-se que o aumento de impostos provocará o crescimento do mercado ilegal e que, portanto, a Receita perderá arrecadação. Se isso não funciona, alega-se que os cigarros de contrabando não estão submetidos às autoridades reguladoras, o que coloca em risco a saúde da população. Por fim, diz-se que a tributação de produtos acaba por afetar justamente os mais pobres, que comprometem uma fatia maior da renda com o hábito de fumar e ficam mais expostos ao produto ilegal. Todas essas ideias podem ter algum contato com a verdade, mas nós temos o dever de olhar com ceticismo.

Em 12 de julho de 2016, toda a turma estava reunida: Idesf, ETCO, FNCP e Afubra. O deputado federal Alceu Moreira mais uma vez parecia disposto a mostrar serviço, organizando uma audiência pública na Comissão de Agricultura da Câmara para falar sobre o contrabando de cigarros. Dali, prometeu, encaminharia ao Ministério da Fazenda o pedido para que se apresente um projeto de lei mudando a estrutura tributária.

Todos mostraram dados alarmantes sobre o crescimento do contrabando e culparam o governo pela escalada de impostos. Mas esqueceram de "combinar com os russos". Próximo ao final da audiência, Ronaldo Lázaro Medina, subsecretário de Aduana e Relações Internacionais da Receita Federal, resolveu dar seu ponto de vista. E alertou que baixar o tributo do cigarro não é o único caminho para combater o contrabando, nem talvez o mais efetivo. Disse ainda que os outros produtos contrabandeados são igualmente importantes e que o desvio de cigarro não é o maior responsável pela violência, diferentemente do que vêm tentando pregar os institutos. Para coroar a fala, afirmou que o número de R$ 115 bilhões perdidos — aquela era a cifra da vez — é muito exagerado. "Não são R$ 115 bilhões, com certeza, porque isso daria um terço do consumo material das famílias brasileiras." Quando tiramos dessa conta alimentos, automóveis, construção, sobrando eletrônicos, calçados e cigarros, não tem sentido. "Esse número precisa ser analisado com mais cuidado."

Ninguém o contestou...

RETROALIMENTAÇÃO

Uma saia justa não provoca arranhão na imagem dessas organizações. "Para controlar os dezessete mil quilômetros de fronteiras com outros países, o Brasil não tem lei, recursos, pessoal nem equipamento", constata reportagem publicada em 9 de setembro de 2015 pelo jornal *Folha de S. Paulo*.[58] Não se pode duvidar das conclusões: trata-se de uma auditoria feita por um órgão oficial.

Acontece que não estamos falando de qualquer órgão oficial: o Tribunal de Contas da União (TCU), formado por parlamentares escolhidos pelos próprios colegas, por vezes promove um trabalho um tanto quanto tendencioso do ponto de vista da informação, embora poucos jornalistas se deem ao trabalho de levantar essa questão. Acontece, também, que não estamos falando de um integrante qualquer do TCU: Augusto Nardes era deputado pelo PP do Rio Grande do Sul, o partido mais próximo da indústria do cigarro, e um opositor da presidenta Dilma Rousseff, alguém diretamente interessado em criar problemas contra seu governo — tanto assim que proferiu um dos estudos que embasaram o pedido de *impeachment*.

"R$ 100 bilhões!", exclama Augusto Nardes, admitindo em seguida a rouquidão do grito: "Apesar de não haver trabalho oficial consistente relativo às perdas do Brasil com a sonegação e a redução da produção devido a falhas de controles nas fronteiras nacionais, estimativas de alguns setores privados, a exemplo do Instituto de Ética Concorrencial (ETCO) e o Fórum Nacional Contra a Pirataria e a Ilegalidade (FNCP), projetam o referido valor como prejuízo anual do nosso país."

Daí por diante o trabalho está feito. Um relatório do TCU é um documento público que fala em uma perda de R$ 100 bilhões

---

[58] "TCU aponta falta de pessoal para fiscalização e contrabando cresce", em *Folha de S. Paulo*, 9 set. 2015. Disponível em <http://www1.folha.uol.com.br/mercado/2015/09/1679409-tcu-aponta-falta-de-pessoal-para-fiscalizacao-e-contrabando-cresce.shtml?cmpid=softassinanteuol>.

graças ao contrabando e à pirataria. E que aponta como maior problema a falta de vontade política em resolver a situação. A Abifumo passa a ecoar as recomendações do tribunal em apresentações oficiais. Um desses momentos é a audiência pública realizada em 12 de julho de 2016 por Alceu Moreira.

O deputado Efraim Filho diz à *Folha de S. Paulo* que o relatório de Augusto Nardes deve ser usado para mostrar que a alta de impostos só faz agravar o problema, prejudicando as empresas que atuam na legalidade. É preciso, portanto, tomar o rumo da redução da carga tributária.

Outra reportagem, esta da RBS, afiliada da Rede Globo, é emblemática sobre como é fácil emplacar argumentos.[59] A matéria simplesmente reproduz os dados de um relatório do Idesf apresentado em um seminário que contou com a palestra do então ministro da Justiça, José Eduardo Cardozo:

"43% dos cigarros que os gaúchos fumam são contrabandeados. É um produto que, além de fazer mal à saúde, complica ainda mais a situação financeira do Rio Grande do Sul. É que mercadoria ilegal não gera arrecadação de impostos. No ano passado, o estado deixou de arrecadar R$ 140 milhões só por causa desse cigarro que vem do contrabando. E, de acordo com o estudo apresentado aqui em Brasília, aumentar os impostos pode estimular ainda mais a ilegalidade", conta a jornalista.

Em 2011, quando ainda trabalhava para a ABCF, Luciano Stremel Barros, hoje do Idesf, figurou como fonte de uma reportagem curiosa do *Jornal Hoje*, da Globo.[60] A matéria fala sobre uma pesquisa da Universidade Estadual de Ponta Grossa, no Paraná, que mostra que o cigarro contrabandeado tem pedaços de insetos e

---

59 "RS é a principal porta de entrada do país para bebidas e cigarros contrabandeados", em *Bom Dia Rio Grande*. Disponível em <https://globoplay.globo.com/v/4520341/>.
60 "Cigarros paraguaios têm pedaços de insetos e alto número de bactérias", em *Jornal Hoje*, 18 jun. 2011. Disponível em <http://g1.globo.com/jornal-hoje/noticia/2011/06/cigarros-paraguaios-tem-pedacos-de-insetos-e-alto-numero--de-bacterias.html>.

alto número de bactérias. Ao final, diz-se que o estudo foi encomendado pela Polícia Federal. E, por fim, aparece Luciano.

A monografia *Caracterização e avaliação da qualidade dos cigarros contrabandeados no Brasil* foi apresentada ao curso de pós-graduação em Química Aplicada da instituição.[61] E constitui outro *case*. Dez em cada dez parlamentares da bancada do fumo, dez em cada dez integrantes das organizações financiadas pela Souza Cruz, dez em cada dez defensores do tabaco nas zonas produtoras citam este relatório de maneira exaustiva.

O autor da análise, Cleber Pinto da Silva, estudou trinta marcas contrabandeadas. Os padrões de referência são retirados da literatura existente por aí, quase sempre em comparação com valores internacionais, e não com os produtos da indústria nacional. No caso do cobre, por exemplo, ele chega à conclusão de que os níveis são sete vezes maiores que os adotados nos Estados Unidos.

Em outros pontos, os níveis de manganês estão bem acima dos adotados no Paquistão e no Reino Unido.

Zinco, Índia e Irã.

Ferro e cromo, Reino Unido.

Cobalto, Índia.

Níquel, Índia e China.

Cádmio, França.

Chumbo, Paquistão.

Pode-se pinçar qual país fornece a base de comparação mais absurda e dizer que o cigarro contrabandeado é um perigo e tanto. Há, porém, produtos ilegais que apresentam teores gerais muito próximos aos dos legais.

A cereja do bolo são as asas de insetos e os pelos de ratos, que a bancada do fumo usa para dizer que o cigarro contrabandeado coloca em risco a vida das pessoas. A questão é que não sabemos

---

61 SILVA, Cleber Pinto da. *Caracterização e avaliação da qualidade dos cigarros contrabandeados no Brasil*. Universidade Estadual de Ponta Grossa. Ponta Grossa, 2015.

como se sairiam as marcas legalizadas, já que não há um estudo a respeito delas. No caso do relatório da Universidade Estadual de Ponta Grossa, 30% das marcas ilegais apresentaram contaminação por fungos. Nos Estados Unidos, em pesquisa com marcas legalizadas, 37% das amostras estavam contaminadas. Quanto a insetos, três das marcas apresentam níveis três vezes maiores que os tolerados pela Anvisa. Em 46,5% das marcas havia gramíneas, o que não constitui perigo para a saúde, mas indica manipulação inadequada do tabaco.

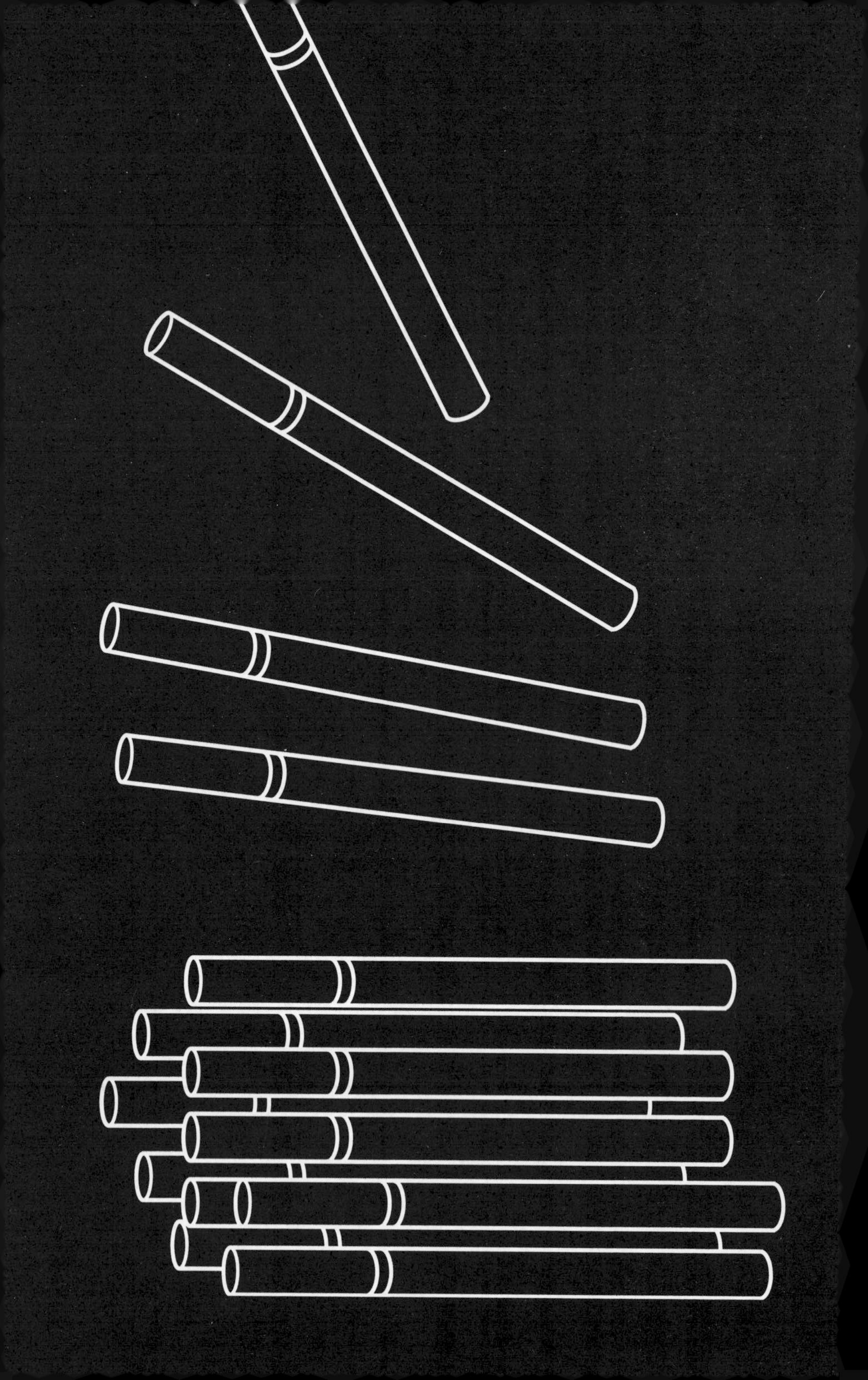

NÃO SOMOS IGNORANTES 14

Um caso ocorrido na pequena Dom Feliciano, a 170 quilômetros de Porto Alegre, mostra como a indústria não aceita o mais ligeiro desvio no caminho que traçou para o Rio Grande do Sul. O prefeito Clenio Boeira, do PT, havia se mantido na linha desde o início do mandato, em 2009. Entre outras coisas, doou três milhões de mudas de árvores usadas como lenha nas estufas das folhas do tabaco e conseguiu uma subestação elétrica para resolver o problema de baixa energia, que colocava dificuldades à secagem correta das folhas de tabaco.

Mas também atuava por ações de diversificação de culturas agrícolas. Em 2010, fez palestra durante a Conferência das Partes (COP) da Convenção-Quadro, no Uruguai, sobre os esforços do município nesse sentido. Dois anos depois, quando buscava a reeleição, deu um passo em falso: apresentou à Câmara Municipal o Projeto de Lei 70, que buscava autorização para firmar um convênio com o Ministério do Desenvolvimento Agrário, no valor de R$ 305 mil, para uma pesquisa sobre diversificação de culturas.

De imediato, vereadores da oposição convocaram audiências públicas nas quatro principais comunidades rurais do município — quase 70% da população de quinze mil habitantes vive fora da área urbana. Mesmo com a retirada do projeto, os encontros, entre agosto e setembro de 2012, foram realizados. A própria convocação da audiência pública não contava que o PL 70 visava à diversificação, mas à "realização de estudos sobre o malefício do plantio do tabaco, com vistas à substituição dessa cultura em nosso município". Dizia-se também que o município gastaria muito dinheiro, quando, na verdade, a contrapartida era de apenas R$ 6 mil.

Os vereadores garantiam que, se Clenio vencesse as eleições, recolocaria o projeto em pauta e acabaria com a cultura do tabaco na cidade. "É para atacar o plantio de tabaco e fazer, digamos assim, uma lavagem cerebral no produtor de tabaco de que o fumo faz mal", disse o então presidente da Câmara, Nilton Schio (MDB).

O adversário de Clenio, Claudio Lesnik (PSDB), foi às comunidades onde eram realizados os encontros para dizer que o oponente queria tirar a casa, o carro, o sustento das pessoas. "Pelo amor de Deus, não somos surdos e não somos ignorantes!" O candidato do PSDB dizia que seu adversário era um ditador que queria se tornar uma personalidade mundial antitabaco com base no empobrecimento das pessoas, que passariam a viver de Bolsa Família.

Em 7 de outubro de 2012, Lesnik bateu Clenio na eleição à Prefeitura por 4.705 votos a 4.161. De imediato, correligionários do petista apresentaram denúncia ao Ministério Público Eleitoral, que comprovou que as audiências públicas realizadas com estrutura da Câmara foram fundamentais para o resultado. Os promotores constataram, ao tomar depoimentos, que os agricultores não tinham total compreensão sobre o motivo real da audiência, mas que na quase unanimidade haviam passado a considerar que Clenio queria tirá-los o sustento.

O Tribunal Regional Eleitoral cassou os três vereadores envolvidos na armação e o prefeito Lesnik. Em seguida, foram convocadas eleições suplementares para a escolha do novo chefe do Executivo municipal. Clenio resolveu apoiar Dalvi Soares de Freitas, do PSB, que pouco antes se elegera vereador e presidente da Câmara.

Em 3 de novembro de 2013, Dalvi bateu um oponente do PDT por uma diferença de menos de quinhentos votos. E virou as costas a seu antigo apoiador, a quem passou a acusar de ser contrário à produção de fumo.

— Na verdade, ele [Clenio] foi ingênuo em alguns pontos e

em alguns pontos não tão ingênuo. Ele defendia a diversificação, e a diversificação nós também defendemos. Só que tu não faz diversificação sem conversar com todo mundo. Ele só conversava com a Conicq, com o Inca. Só queria conversar com quem era contra o produtor de tabaco — disse o político do PSB quando o encontramos, em 2016.

O novo prefeito adotou a folha de tabaco como símbolo da gestão e se fez vice-presidente da Amprotabaco.

— Nossa ação tem sido uma força política junto a órgãos governamentais, ministérios, Congresso Nacional especialmente. Fizemos um convite para o ministro da Agricultura que viesse conhecer a cadeia produtiva, e ele veio.

Em 2016, na disputa pela reeleição, Dalvi novamente colocou o fumo no centro das discussões, repetindo *ad nauseam* a informação de que 95% da economia do município gira em torno desta cultura. Quando perguntamos como havia sido feita a conta, ele gaguejou e não soube dar uma resposta clara:

— O que quero te dizer é que... no PIB, 95% de tudo que é produzido em Dom Feliciano vem do fumo. Claro que o comércio ganha com isso, todo mundo ganha, participa desse bolo. Mas, se não tivesse o fumo, teríamos 5% do que nós temos. Esses levantamentos que tem pelo número de área plantada.

Um dos principais projetos para o segundo mandato de Dalvi era a Escola Família Agrícola. Essas escolas nasceram com o objetivo de criar alternativas e de fortalecer cultivos orgânicos e agroecológicos. Mas, em Dom Feliciano, a ideia era incentivar a profissionalização de jovens para que passassem a administrar a propriedade dos pais, garantindo, assim, a permanência de mão de obra de que a indústria precisa para perpetuar o fornecimento de fumo.

— A relação que a gente criou com a Amprotabaco... vai receber recursos da Philip Morris, da Souza Cruz, do Sicredi, da Afubra, da Prefeitura de Dom Feliciano, de órgãos do estado — continua.

Clenio decidiu se candidatar contra o antigo parceiro. Dalvi mobilizou o assunto desde a pré-campanha, colocando-se como um grande apoiador do tabaco. E Clenio buscou se dissociar da imagem de alguém contrário ao setor.

"Desafio que me provem que tenha existido em Dom Feliciano um prefeito que tenha apoiado mais a fumicultura do que eu. E as mentiras que falam hoje são as mesmas mentiras que já cassaram um prefeito. Quem não tem projeto usa de artimanhas baixas, mesquinhas", discursou, em um de seus comícios. No Facebook, que tem ampla difusão na comunidade, ele postou fotos nas quais se associa de maneira positiva à questão.

Em 2 de outubro, Clenio garantiu o retorno à prefeitura, com 3.041 votos, contra 2.930 do adversário. Derrotado, Dalvi logo foi anunciado como responsável pela articulação da Amprotabaco com os governos federal e estaduais.

EU DEFENDO O PRODUTOR

— Isso é bobagem. É politicagem. É um deputado que a bancada dele é contra o fumo, ele queria aparecer e fazer esse projeto aí. Isso é inviável — disse o deputado estadual Pedro Pereira, do PSDB-RS, beneficiado com doações de campanha de R$ 30 mil da Philip Morris e R$ 20 mil da Alliance One. Nos corredores maltratados da Assembleia Legislativa gaúcha, é raro encontrar quem critique a indústria do cigarro. Se o faz, é sussurrandinho, no cantinho, na salinha.

O Palácio Farroupilha, com meio século de vida, envelheceu tão rapidamente quanto a política que abriga. Os andares malconservados, os elevadores despedaçantes, o plenário que tenta inspirar uma inatingível seriedade contam uma história singular no Brasil. Ali, a bancada do fumo controla diretamente ao menos 10% dos 55 assentos, e com facilidade chega à maioria se precisar. É comum que o presidente da Casa participe anualmente da abertura da Expoagro Afubra, principal feira do setor, muitas vezes em companhia do governador.

A tentativa de fazer do PT um adversário feroz das fumageiras, ou melhor, das famílias produtoras, não resiste a um exame simples da realidade. Mas quem liga para a realidade? Os petistas tomam muito cuidado ao falar sobre o assunto, dentro ou fora da Casa. Ali ao lado, no Palácio Piratini, Tarso Genro evitou embates frontais quando governou o estado, entre 2011 e 2014. Pelo contrário, foi à Expoagro Afubra, inaugurou fábrica da Souza Cruz e afirmou que o *lobby* estrangeiro tentava minar um segmento econômico fundamental para o Rio Grande do Sul.

O partido teve treze anos no governo federal para empreender mudanças, mas os projetos de diversificação nunca ganharam escala considerável. Fazer com que essas iniciativas fracassem ou sejam restritas é, por sinal, um dos atributos da bancada do fumo.

Em 2015, o deputado Zé Nunes (PT) apresentou à Assembleia o Projeto de Lei 204, que tenta fazer com que a classificação do tabaco seja realizada diretamente na propriedade. É simples de entender. Atualmente, o valor do produto é definido na sede da empresa, em um intervalo de segundos no qual se decide se o agricultor terá ou não dinheiro para sobreviver ao longo de um ano inteiro, como já vimos.

Acontece que o custo de transportar o fumo é alto. E não são poucos os relatos de intimidação a quem reclama do valor fixado. Em tese, o produtor até tem o direito de levar o tabaco embora, caso esteja insatisfeito. Mas essa seria uma operação dispendiosa. E ele sairia do local com um carimbo invisível de encrenqueiro, que lhe dificultaria a venda e a vida na safra seguinte. Jogar em casa, ou seja, ter a classificação feita no próprio paiol, teria, portanto, algumas vantagens para o produtor, que ganharia força de negociação.

O projeto caiu nas mãos de Frederico Antunes, expoente do PP, ex-presidente da Casa, conhecido articulador político e referência do agronegócio. "O deputado informa que ele remeteu o projeto para a assessoria jurídica da bancada e, até o momento, não há um estudo conclusivo da proposição", foi a resposta que a assessora nos enviou, acrescentando que não havia previsão de entrega do parecer final na Comissão de Constituição e Justiça. Foi apenas em novembro de 2016, um ano e meio após ser designado como relator da proposta, que Antunes apresentou parecer contrário à aprovação.

— A gente sabe que houve pressões das empresas em cima da CCJ porque esse projeto mexe no cerne da cadeia produtiva — disse Zé Nunes. — Eles trabalham como se fossem os deputados que garantem que a atividade continue existindo. Isso não corresponde à realidade. Ninguém está proibindo de produzir. Não será proibido. A questão é que é natural que a redução do consumo ocasione uma redução de mercado.

O projeto de Nunes tem um vovozinho em Brasília, também cinquentenária, também precocemente envelhecida. O PL 3.854, de 1997, de Adão Pretto (PT-RS), levou dez anos para ser derrotado em definitivo na Câmara. O texto foi barrado pela primeira vez pelas mãos de Tuga Angerami, do PDT paulista, que não apresentou parecer à Comissão de Seguridade Social e Família. Na legislatura seguinte, recebeu parecer contrário de Julio Redecker (PSDB-RS) na Comissão de Desenvolvimento Econômico. O parlamentar alegou que haveria um aumento de custos e que a indústria teria de dispor de um batalhão de pessoas para dar conta da mudança no sistema de classificação, o que inviabilizaria essa atividade econômica no país. Na ocasião, a Afubra, que deveria representar os produtores, somou-se ao SindiTabaco na derrubada da medida.

Na terceira vez, em 2003, o PL esbarrou na resistência da Comissão de Agricultura, com votos em separado de Abelardo Lupion (DEM-PR) e Heinze. Na quarta vez, em 2007, foi derrotado na Comissão de Agricultura pelo voto de Heinze, que basicamente repisou os argumentos dados anos antes por Redecker. E, por fim, ficou parado nas mãos de Arnaldo Faria de Sá (PTB-SP) na Comissão de Constituição e Justiça. A morte de Adão Pretto, em 2009, levou ao fim dessa trajetória.

Destino mais breve teve projeto similar de Pepe Vargas (PT) na Assembleia gaúcha. O PL 398, de 1995, rodou moribundo do nascedouro à morte definitiva, um ano e quatro meses depois. A proposta nem sequer recebeu parecer na Comissão de Constituição e Justiça. Segundo o deputado, PP e MDB foram os principais opositores:

— É o *lobby* das indústrias, que sempre, como não ficam claras as regras, o agricultor tende a ficar como polo mais frágil da negociação. Aí, tem obviamente os que defendem que não caberia através de lei definir essas questões. Que o mercado regularia — avalia Vargas.

UM CANAL DE ENTRADA

Ideia mole em cabeça dura, tanto bate até que fura. Na falta de bons argumentos, é a repetição martelante que faz crer que só o fumo salva.

Os representantes da bancada do fumo são vários, mas o discurso é homogeneíssimo. E idêntico ao de Afubra, Sinditabaco etc. etc. etc. As palavras a seguir poderiam sair da boca de qualquer uma dessas pessoas: "Ninguém planta fumo por esporte. Planta porque é o que dá mais dinheiro. É a única cultura que tem a compra garantida. Agora, eu te pergunto: se não plantar fumo, vai plantar o quê? Eu não defendo a indústria. Defendo o produtor. Uma coisa que me deixa chateado é que dizem que a indústria faz isso, faz aquilo outro. Só se olha pelo lado da saúde e se esquece do produtor. Existe um preconceito. Por que não dizem que a Coca-Coca faz mal? É só o cigarro. O verdadeiro interesse das ONGs antitabagistas e do PT é prejudicar o Brasil para favorecer os outros países produtores."

As regras eleitorais brasileiras em 2014 permitiam o financiamento privado de campanha. Ou seja, receber dinheiro da indústria do cigarro não era ilegal. A questão que se levanta, como em qualquer outra área, é a motivação que uma empresa tem em contribuir com determinada candidatura.

— Talvez para algum possa mudar. Para mim, não. Eu não defendo a indústria em si. Eu defendo a cadeia produtiva. O meu pessoal é o pequeno produtor. Eles me elegem há seis mandatos — responde o deputado estadual Adolfo Brito (PP-RS), que tem como base a cidade de Sobradinho, próxima a Santa Cruz do Sul. Em 2014, recebeu R$ 181 mil no total, sendo R$ 29,4 mil da Philip e R$ 20 mil da China Tabacos.[62] Um lado tem dinheiro, o outro lado tem votos. É preciso somá-los para dar jogo.

---

62 O Observatório sobre as Estratégias da Indústria do Tabaco reuniu todas as doações da China Tabacos em um documento. Disponível em <https://drive.google.com/file/d/0B4ivOg72nORyT2RnZ1ZuaWVRaUo/view>.

Apenas um parlamentar admite, ainda que depois de alguma insistência e com os gravadores desligados, o efeito real do dinheiro recebido na campanha eleitoral:

— A indústria financia para ter um canal de entrada para seus assuntos no governo e no Legislativo. É para ter um parlamentar, como é que vou dizer?, comprometido com seus assuntos.

Então, temos de pensar quais são os assuntos que demandam compromisso. A aprovação de propostas legislativas é difícil: mesmo um Congresso que não dá pelota à população teria dificuldade em revogar políticas exitosas de controle do tabaco. Mas um político com mandato pode se relacionar com ministérios, prefeituras, governos estaduais e produtores.

— O deputado estadual é muito limitado. Aqui a gente faz o eco. A gente tenta chegar no federal — admite Edson Brum (MDB-RS), que em 2016 estava em seu quarto mandato na Assembleia Legislativa gaúcha e que, em 2014, teve a campanha financiada em R$ 20 mil pela Alliance One e em R$ 28,5 mil pela Philip Morris.[63] A entrevista transcorreu com tranquilidade, mas, ao deixar a sala de reuniões para se despedir, ele notou que o espaço estava cheio de outros ouvidos que não os nossos. Foi quando fez questão de levantar a voz, estufar o peito e proferir um discurso inflamado em defesa do lucro garantido pelo cigarro. Deu certo: todos prestaram atenção.

Naqueles dias, no começo de agosto, os deputados, tanto federais como estaduais, trabalhavam pela revogação da Resolução 4.483, do Banco Central, que previa uma redução gradual da renda vinda do tabaco para o acesso ao financiamento do Programa Nacional de Fortalecimento da Agricultura Familiar (Pronaf).

O episódio é emblemático em relação aos propósitos da bancada do fumo. O pretexto é o de sempre: proteger o produtor, alvo de um governo ignorante e subordinado ao *lobby* antitabagismo.

---

63 Lista completa disponível no Observatório sobre as Estratégias da Indústria do Tabaco, em <https://drive.google.com/file/d/0B4ivOg72nORycEZPeURqdEgxREU/view>.

O resultado é o mesmo: salvaguardar os interesses da indústria, que há décadas se vale de recursos públicos para manter a produção. Os meios não variam: cada parlamentar mobiliza o agente público com quem tem mais afinidade. E o desfecho é idêntico: derrubada a resolução, os integrantes da bancada entram em disputa pela paternidade do sucesso.

Foi a repetição de uma vitória já obtida em 2012. Na ocasião, o ministro da Agricultura, Mendes Ribeiro (MDB-RS), foi o primeiro a se mobilizar. Mas também o ministro do Desenvolvimento Agrário, Pepe Vargas, petista, gaúcho e que tem produtores de tabaco em sua base eleitoral, comprometeu-se com Heinze e com a senadora Ana Amélia a trabalhar pela revogação da medida.

— Essa é a típica resolução burra — disse Vargas, quando perguntamos sobre seu papel nessa questão. — Bem-intencionada, achando que isso iria fazer com que mais agricultores fizessem diversificação. Pelo contrário. Porque se torna mais difícil de ter uma atividade que bata a renda do tabaco. É um troço meio burro. Nós nos insurgimos contra essa resolução do Banco Central porque teria um efeito contrário ao que esperava.

É fácil compreender o argumento. O problema é entender como, passado tanto tempo, nenhum governo adotou um programa forte para a criação de alternativas. Em julho de 2017, a Secretaria do Desenvolvimento Agrário anunciou que havia obtido uma nova alteração no Pronaf: a partir de então, mesmo quem não cultive nada além de tabaco também pode tomar financiamento público. A alegação é de que isso vai justamente facilitar a criação de rotas de saída. É difícil acreditar nesse discurso quando, após tantos anos, nem sequer uma pinguelinha foi construída para que os agricultores possam deixar a ilha do tabaco.

SEM CANAL DE SAÍDA

— Lá em Dom Feliciano tu vai notar a diferença. O povo é meio bugre, sabe?
— Não sei. Como assim?
— É esse povo meio misturado de índio com português. Um povo mais esquentado, não leva muito desaforo. E não é tão disciplinado quanto o alemão. Por isso as fumageiras não deram certo lá.

O minuano chega cortante no inverno gaúcho de 2016. E chegamos lentamente a Dom Feliciano, mais pacata do que de costume numa tarde de sábado. Dá um certo desalento rodar por cidades miúdas, tímidas, ensimesmadas. Aquela meia dúzia de ladeiras define a rotina de acordo com a safra do fumo. Ano bom, movimento grande. Ano ruim, movimento pequeno.

Dom Feliciano tem o pior Índice de Desenvolvimento Humano (IDH) do Rio Grande do Sul. Em 2010, o nível de 0,587 o colocava como único gaúcho na lista dos municípios com um indicador "muito baixo", no posto de número 4.467 entre 5.565 cidades no país.

— O orientador veio com o abaixo-assinado dizendo que a gente era contra acabar com o fumo no Brasil. Eu falei pra ele que, quando fosse pra assinar dizendo que era a favor de acabar, eu era o primeiro — conta Venceslau Chirakowski, agricultor de Dom Feliciano, relembrando a época de apreciação da Convenção-Quadro pelo Congresso. A casa da família narra a penúria em que vivem aqueles que têm relações mais conturbadas com as empresas. Hoje, o filho dele, Rogério, produz, a contragosto do pai, de maneira independente, vendendo sempre para os picaretas.

— Temos onze mil famílias atendidas e mais 33 mil atendidas com chamado. Mais do que isso a gente não tem perna de fazer. Ao passo que a indústria tem bilhões — diz Christiane Bellinzoni, que foi da Secretaria de Desenvolvimento Agrário.

Essa era a realidade quando conversamos. Tudo pode piorar.

Dados que obtivemos pela Lei de Acesso à Informação mostram que o projeto de diversificação jamais foi grande coisa: nunca passou de R$ 1 milhão ao ano. Em 2015, já estava ladeira abaixo, com apenas R$ 200 mil colocados à disposição. Em 2016 e 2017, do pouco ao nada: nem um real foi dado ao projeto — "priorizadas outras ações", diz o documento.

Dom Feliciano esteve entre as cidades que a indústria buscou ativamente durante o *boom*. E está entre aquelas que sofreram primeiro com a retirada.

As empresas souberam mobilizar recursos para financiar o ápice. Em 1991, houve um primeiro pico, passando de 361 mil para 514 mil toneladas. Foi o ano em que o BNDES lançou novas linhas de financiamento.

Após o surgimento do Pronaf, entre 1995 e 1996, a produção esteve em quase todos os anos acima das quinhentas mil toneladas, chegando em 2003 a 842 mil toneladas. Uma parte dessa história é óbvia: durante os primeiros anos, o fumo foi uma das culturas que mais recebeu financiamento. Entre 1999 e 2001, ficou entre 7,5% e 12% do total. Mas, a partir dali, o governo Fernando Henrique Cardoso editou a Resolução 2.879, que proibiu o financiamento direto do fumo.

Cruzamos os dados, porém, e observamos que os recursos simplesmente se deslocaram. É bem verdade que a própria resolução do BC não fechava totalmente as portas ao financiamento do tabaco, desde que se limitasse à compra de itens que pudessem ser usados também em outras culturas. Foi uma acomodação.

Houve uma migração do Pronaf Custeio, voltado a sementes, fertilizantes e afins, para o Pronaf Investimentos Agrícolas, voltado a equipamentos duráveis, como as estufas usadas na secagem do fumo, para as quais há financiamento se o agricultor declara que as utilizará para algum alimento, como milho e feijão. A região Sul dobrou sua participação na modalidade Investimentos de um ano para outro, passando de R$ 40 milhões em 2000 para R$ 79 milhões em 2001 e R$ 180 milhões em 2002, para em seguida ascender a R$ 267 milhões em 2003 e a R$ 348 milhões em 2004.

A pesquisa realizada em 2016 pela UFRGS a pedido do Sindi-Tabaco ajuda a evidenciar que o tabaco causa dependência — no caso, de recursos públicos. Quase a metade dos produtores entrevistados declara ter pego financiamento recente pelo Pronaf.

A casa escura dos Chirakowski mostra o que acontece com aqueles que não se mantêm em condições de acessar esses recursos por não seguir à risca a cartilha das fumageiras. A família soma dívidas e problemas de saúde. Durante as horas da manhã do domingo em que conversamos, comportam-se com o apego e a esperança de quem não tem com quem prosear: saúdam insistemente a visita e, enquanto o carro não faz a curva, retardam o momento de passar pela porta e retornar à penumbra.

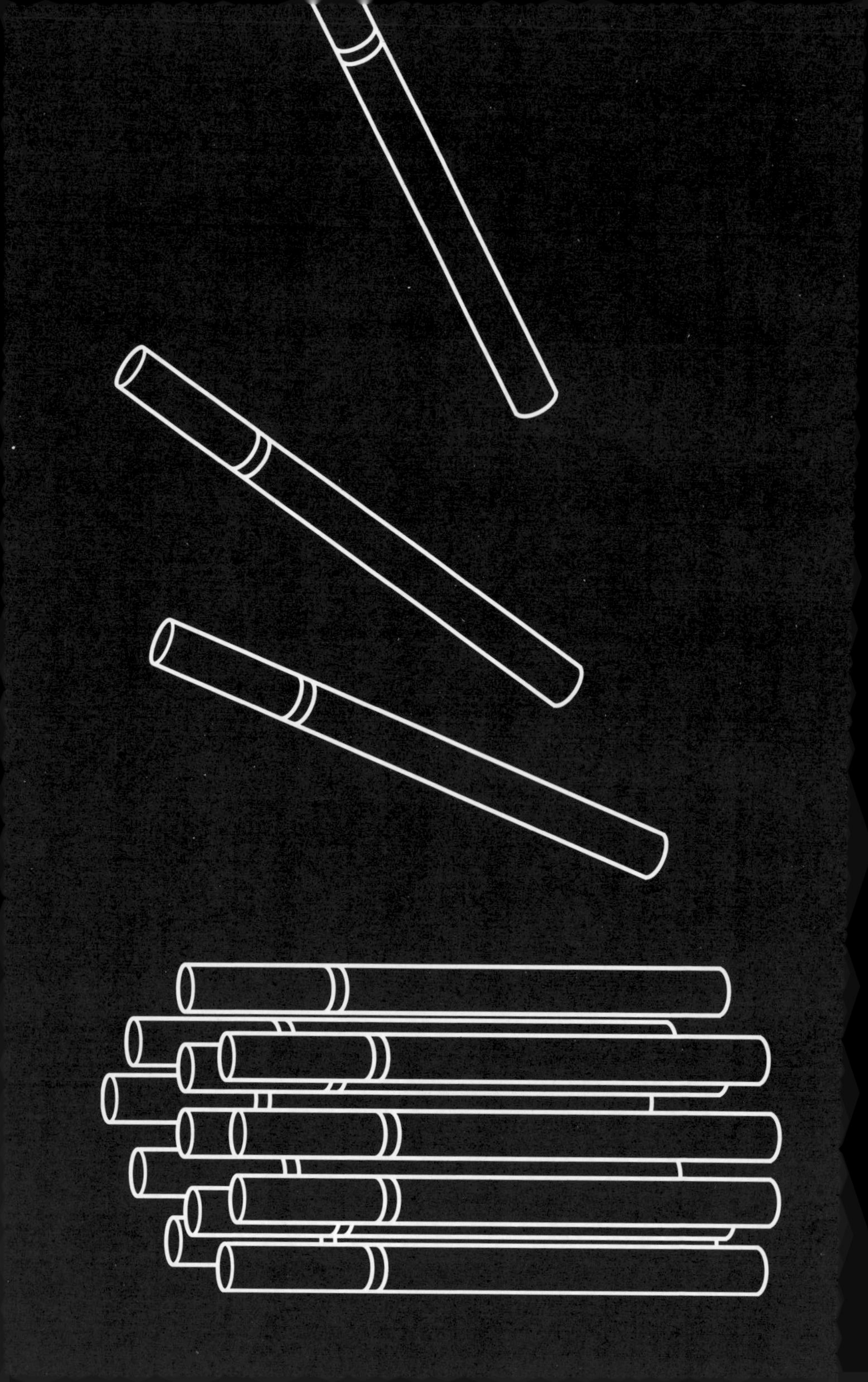

OS REIS DA CONFUSÃO

15

Se não tiver como sustentar uma tese, crie confusão. No campo, tabaco. Nos tribunais, a dúvida. Semeie com vontade, regue, veja como cresce na cabeça do juiz. Da árvore da incerteza costumam nascer frutos estranhos, exóticos mesmo, que provocam a morte súbita do caule. Para alegria da indústria do cigarro, no solo do Judiciário brasileiro, em se plantando, tudo dá. A generosidade é tamanha que até inibiu o surgimento de novas sementes. À diferença do que se deu em alguns países, no Brasil as corporações do setor seguem donas do território: não sofreram, até hoje, nenhuma derrota definitiva.

Houve sustos, é verdade, algumas safras que ameaçaram não vingar. Mas, ao final, com muitos fertilizantes e agrotóxicos, foi possível neutralizar o problema. "É público e notório que o cigarro é prejudicial à saúde, ninguém pode afirmar que não sabia que o cigarro é prejudicial", disse em 2012 o advogado Eduardo Ferrão, contratado pela Souza Cruz. Ele é natural de Santa Maria, região produtora de tabaco, e foi sócio e aluno do ex-ministro do Supremo Tribunal Federal Nelson Jobim, que integrou o Conselho de Administração da Souza Cruz.

A declaração veio após a vitória em um caso emblemático, que reúne todo o escopo argumentativo da indústria e todos os matizes que permeiam o Judiciário quando se trata de responsabilidade civil dos fabricantes de cigarros. Em 2005, a família de Vitorino Mattiazzi ingressou com ação na comarca de Cerro

Largo, no extremo oeste gaúcho, cobrando da Souza Cruz indenização pela morte do homem, ocorrida quatro anos antes em decorrência de câncer de pulmão. Os parentes alegam que Vitorino, nascido em 1940 e fumante desde a adolescência, foi iludido pelas propagandas e não conseguia deixar de fumar, o que ocorreu efetivamente apenas às vésperas da morte, quando já não tinha força para aspirar.

É basicamente em cima desses dois aspectos que atua a indústria, qualquer que seja o caso. Sem entrar nos pormenores jurídicos — o que já é feito com mais competência em várias obras especializadas —, argumenta-se que fuma quem quer, o chamado livre-arbítrio, e que não há como provar a correlação entre doença e morte, o chamado nexo causal.[64]

É em torno disso que o caso Mattiazzi acaba jogado de um lado para o outro. Na primeira instância, o juiz deu razão à Souza Cruz, afirmando que não se pode responsabilizar terceiros por uma atitude própria e que não se tem como provar que os cigarros fumados ao longo da vida foram de um fabricante específico.

O debate começou a ficar mais interessante em 2007, na segunda instância, no Tribunal de Justiça do Rio Grande do Sul, até hoje um espaço privilegiado de teses pró e contra a responsabilidade civil da indústria.

Antes de entrar nos pormenores, é preciso entender o contexto. Um ano antes da discussão sobre o caso Mattiazzi, em 2006, a juíza federal norte-americana Gladys Kessler, da Vara de Columbia, proferiu uma sentença histórica na qual acusou a indústria de atuar de forma coordenada para enganar o governo, a comunidade médica e a sociedade como um todo. A decisão é fruto de uma ação movida pelo governo dos Estados Unidos con-

---

64 A esse respeito, ver HOMSI, Clarissa Menezes (coord.). *Controle do tabaco e ordenamento jurídico brasileiro*. Rio de Janeiro: Lumen Juris, 2011; e Associação Médica Brasileira. *Evidências científicas sobre tabagismo para subsídio ao Poder Judiciário*, em Inca, 12 mar. 2013. Disponível em <http://www2.inca.gov.br/wps/wcm/connect/1ef15b0047df154c86dacf9ba9e4feaf/tabagismo-para-subsidio-poder-judiciario.pdf?>.

tra onze corporações do setor para reaver os gastos provocados pelo tabagismo ao sistema de saúde.

Ao analisar milhares de páginas de documentos outrora secretos, ficou claro que a indústria manipulou informações e ocultou dados importantíssimos. Desde a década de 1950 já havia evidências de que o tabaco estava associado ao câncer — ou seja, com pelo menos dez anos de vantagem sobre os Estados e a população, que só em 1964 tomaram contato com as primeiras evidências científicas públicas a esse respeito. Também desde essa época as pesquisas internas demonstraram a dependência provocada pela nicotina, e levaram à constatação de que reduzir o teor da substância acarretaria na perda de clientes.

As empresas discutiam nos anos 1960 como fariam para manter as vendas diante da propagação de informações negativas. Na década seguinte, foram criados os cigarros *light*, apresentados como mais saudáveis. Mas os documentos mostram que as corporações sabiam que os fumantes compensavam a redução do teor de nicotina com mais cigarros, e que a Philip Morris conduziu estudos de marketing para entender como poderia usar esses produtos para trazer de volta antigos fregueses, animados com um produto apresentado como inócuo.

Diante da visão de que o fumante passivo era o risco maior no embate público, criou-se um instituto de pesquisas no qual foram investidos US$ 60 milhões para criar estudos que deslegitimassem evidências. Quando obrigadas a encerrar as atividades dessa organização, as corporações simplesmente polvilharam recursos para bancar outros pareceres de mesmo tipo.

Os documentos revelados expõem ainda um esforço grande para atrair jovens, caminho para garantir a manutenção dos níveis de lucro de uma atividade econômica que mata os próprios fregueses. A ideia central consistia — e ainda consiste — em associar o cigarro a prazeres ilícitos e à entrada na vida adulta, com uma imagem de vigor, rebeldia, aventura e amor à vida — não custa recordar o *cowboy* de Marlboro.

Voltando ao caso Mattiazzi, o relator na 5ª Câmara Cível, desembargador Paulo Sérgio Scarparo, decidiu que a empresa, ao omitir os malefícios provocados pelo cigarro, induziu os consumidores a adotar uma atitude nociva contra si próprios. Ele recordou que o setor investiu milhões em publicidade para forjar a imagem de que o produto levava a sucesso e bem-estar. Além disso, Scarparo afirmou que cabia à Souza Cruz provar que o cigarro não foi a causa da morte de Vitorino, e não o contrário. E disse que, ainda que a atividade da empresa seja lícita, isso não a dispensa de agir de boa-fé e de assumir os danos causados.

O desembargador Pedro Luiz Rodrigues Bossle afirmou que "há muito tempo" são conhecidos os riscos do cigarro e que "basta força de vontade para parar de fumar". Se você espera por argumentos científicos, é melhor procurar em outro lugar: o Judiciário brasileiro não é exatamente um exemplo de rigor e precisão. É comum que juízes, desembargadores e ministros digam que "todo mundo conhece" alguém que deixou de fumar e, portanto, só não para quem não quer — ainda que reconhecidos estudos mostrem que a imensa maioria dos fumantes são, em verdade, pacientes, que raramente conseguem superar a dependência. A posição de Bossle acabou vencida, por dois votos a um, e a família ganhou direito a uma indenização total de R$ 515 mil.

O caso Mattiazzi seria interessante se parasse por aí. Mas restam duas etapas. Ainda em 2007, o 3º Grupo Cível do Tribunal de Justiça avaliou os recursos apresentados pela empresa. O relator, Ubirajara Mach de Oliveira, basicamente manteve os argumentos do voto vencedor na 5ª Câmara, dizendo que era má-fé colocar a culpa no fumante e que as próprias informações da indústria comprovavam as mortes associadas ao cigarro.

Porém, houve divergência. Ao se falar sobre uma decisão favorável à indústria do cigarro, muitos de nós somos levados a pensar em corrupção. É o famoso "esse juiz tá comprado". E não é um pensamento condenável, vivendo no mundo em que vivemos.

Mas, falando de maneira geral, não há elementos para dizer que seja essa a postura recorrente.

Nessa linha de raciocínio, a juíza Marília de Ávila e Silva Sampaio, do Tribunal de Justiça do Distrito Federal, considera "preocupante" que "as consistentes e conclusivas pesquisas científicas" sejam descartadas em benefício do "senso comum".[65] "Torna-se mais preocupante ainda quando se sabe do poderio econômico das empresas", lamenta. "Ocorre que historicamente a indústria do cigarro tratou de desmentir o fato de que nicotina causasse dependência química, bem como de esconder os resultados das pesquisas acerca dos devastadores efeitos do uso contínuo dessa substância."

Um estudo analisou todas as 96 ações com acórdão publicado entre 2007 e abril de 2010 por danos morais e materiais.[66] Em apenas nove casos as decisões foram total ou parcialmente favoráveis às vítimas. No geral, a produção de provas pouco importou aos juízes e desembargadores.

Vamos tentar nos colocar por um segundo na posição de um juiz brasileiro. O mais provável é que seja um homem (64,1%) e branco (84,2%), nascido em família de classe média pra cima.[67] E conservador. Bem conservador. Bota conservador nisso. É uma pessoa que valoriza a iniciativa individual, a propriedade privada e a liberdade irrestrita das empresas.

"O que estão fazendo pode ser apreendido como uma exploração, uma maneira de lucrar com a morte." Estas palavras saíram da boca do desembargador Osvaldo Stefanello. Ele afirmou que os parentes de Vitorino, "na ânsia de lucro", estavam diminuindo a memória dele, retratado como um "homem de caráter fraco e

---

65 SAMPAIO, Marília de Ávila e Silva. "Tabagismo, livre-arbítrio e dignidade da pessoa humana. Parâmetros científicos e dogmáticos para (re)pensar a jurisprudência brasileira sobre o tema", em *Revista de Informação Legislativa*, ano 49, n. 193, jan.-mar. 2012.

66 SALAZAR, Andrea Lazzarini & GROU, Karina Bozola. *Ações indenizatórias contra a indústria do tabaco: estudo de casos e jurisprudência*. Rio de Janeiro: ACTbr e Campaign for Tobacco Free Kids, 2011.

67 *Censo do Poder Judiciário: Vetores Iniciais e Dados Estatísticos*. Brasília: Conselho Nacional de Justiça, 2016.

sem personalidade e incapaz de escolher entre continuar com um vício pernicioso à sua saúde e o prazer que lhe proporcionava cada uma das tragadas". Dessa maneira, só o fumante pode ser responsabilizado por uma doença.

Segundo o Instituto Nacional de Câncer, 90% dos fumantes se iniciam no hábito antes dos 19 anos — boa parte aos 13 e 14 anos. "O futuro não existe para o jovem. 'Não vou fumar porque talvez daqui a trinta, quarenta anos tenha um problema'. Biologicamente o jovem é feito para pensar no hoje", diz Eugênio Facchini Neto, desembargador do Tribunal de Justiça do Rio Grande do Sul que não acolhe as teses da indústria. "Não por acaso, no mundo inteiro jovens não podem tomar decisões de fundo patrimonial até uma determinada idade."

Há reiteradas pesquisas mostrando que a grande maioria dos fumantes se arrepende de haver colocado um cigarro na boca, e que é baixa a chance de deixar a dependência. Na visão da OMS, tabagismo é uma doença, e não um hábito calcado no livre-arbítrio. Mas, para o desembargador Stefanello, ainda que deixássemos de lado essa questão, haveria outro motivo para decidir em favor dos fabricantes:

"É a indústria fumageira a que mais recolhe tributos, inclusive o ICMS, imposto do qual emerge como fonte principal dos recursos utilizados para cobertura das obrigações financeiras do Estado, assim como para pagamento dos vencimentos do funcionalismo público, dentre os quais os nossos, eminentes colegas julgadores."

A levar em conta essa tese, nenhum cidadão teria chance de ganhar contra uma empresa, já que o imposto de renda de pessoa física será sempre menor, em montante, que o de pessoa jurídica.

Há uma questão importante no caso Mattiazzi e em qualquer outro relacionado a indenizações de fumantes: os advogados que movem a ação não são especialistas no assunto, simplesmente porque não existem clientes em quantidade suficiente para justificar uma segmentação de mercado. A indústria, por outro lado, é réu em casos a dar com pau: é aquilo que no mundo jurídico se conhece por "litigante habitual". As corporações acumulam o *know how* de décadas de processos mundo afora, tendo uma taxa elevada de sucesso basicamente mobilizando os argumentos do nexo causal e do livre-arbítrio. E, de quebra, não têm limitação de recursos e podem arrastar um caso durante anos, algo que dificilmente uma pessoa poderá fazer.

No começo de 2014, o site *Migalhas* contabilizava, a partir de dados da Souza Cruz, 660 ações movidas contra as empresas de cigarro no Brasil. Apenas três eram favoráveis aos cidadãos, mas ainda não haviam sido julgadas em definitivo, e 473 já haviam sido arquivadas.[68]

O Observatório sobre as Estratégias da Indústria do Tabaco coloca as boas relações institucionais no cômputo das decisões favoráveis. "A indústria de tabaco Souza Cruz, em parceria com a Escola de Direito do Rio de Janeiro da Fundação Getúlio Vargas (FGV), injetou cerca de R$ 1,5 milhão em projetos de informatização e digitalização dos documentos da Justiça brasileira, constituindo o fundo do Programa Justiça Sem Papel", anota a organização. Além de supostamente facilitar o acesso dos cidadãos ao Judiciário, o projeto previa o financiamento privado de iniciativas apresentadas pelos próprios magistrados.

Em 2010, o VI Fórum Mundial de Juízes foi realizado no Rio Grande do Sul sob o mote "Avanços Civilizatórios", uma ideia curiosa para um evento patrocinado pela Souza Cruz. A ACT Promoção da Saúde enviou carta aos organizadores para evidenciar o conflito de interesses. "O patrocínio recebido da Souza Cruz, que tem diversas ações judiciais contra si propostas, no mínimo abala a crença na atuação de um Judiciário imparcial, livre e independente."

---

68 "Justiça aprecia 52 ações indenizatórias de ex-fumantes em 2013", em *Migalhas*, 16 jan. 2014. Disponível em <http://www.migalhas.com.br/Quentes/17,MI193741,101048-Justica+aprecia+52+acoes+indenizatorias+de+exfumantes+em+2013>.

Pinheiro Neto e Sérgio Bermudes, dois escritórios grandes de advocacia, estão entre os contratados pela Souza Cruz. Nelson Jobim, ex-ministro do STF e da Justiça, como já apontamos, e Ellen Gracie, ex-presidente do STF, integraram o Conselho de Administração da empresa. Luís Roberto Barroso, ministro do Supremo, e Sepúlveda Pertence, ex-ministro da Corte, já redigiram pareceres para o SindiTabaco.

Ah, sim, os pareceres. Precisamos falar a respeito.

— A causa do sucesso não é suborno. É *lobby*, mesmo. Contratam grandes advogados, ex-desembargadores com proximidade com os juízes — conta um juiz, sob condição de anonimato. — São muito combativos. Os advogados pressionam muito. Trazem pilhas de documentos.

Documentos como os utilizados por Stefanello para fundamentar sua posição contra a família Mattiazzi. Ele cita parecer anexado pela Souza Cruz de autoria de Maria Celina Bodin de Moraes, professora da Faculdade de Direito da Universidade Estadual do Rio (Uerj). Ela basicamente advoga que a liberdade dada pela Constituição à pessoa significa que os consumidores são responsáveis por seus atos e que, no caso específico do cigarro, não há propaganda enganosa, já que todos sabem do risco à saúde.

— Trazem materiais de apoio para tentar convencer o juiz — conta o desembargador Eugênio Facchini. — Um dossiê contendo algumas decisões que vêm ao encontro do posicionamento deles, mais cópias de decisões de tribunais estrangeiros. Tudo para convencer o juiz de que todo mundo pensa assim, de que a jurisprudência pensa assim, de que a doutrina pensa assim. Tudo para que o juiz ache que não vale a pena refletir muito sobre o assunto. Não poupam recursos. Em ações aqui no Rio Grande do Sul, vem não só um advogado local, mas vêm advogados de São Paulo falar com o juiz. Não têm limite. Mesmo que seja uma ação fácil. Eles não querem correr nenhum risco.

Há um livro grosso e importante nessa estratégia de atuação. Quem não presta atenção pensa que *Estudos e pareceres sobre livre-arbítrio, responsabilidade e produto de risco inerente* é uma obra jurídica qualquer.[69] Mas, na verdade, trata-se de uma compilação de pareceres feita por Teresa Ancona Lopez, professora da Faculdade de Direito da Universidade de São Paulo (USP), a pedido da Souza Cruz. É nele que está o parecer utilizado por Stefanello. Ex-ministros do STF e do STJ, desembargadores aposentados e professores de universidades renomadas emprestam seus nomes à causa. Se você é um juiz que não tem muita convicção sobre o assunto e milhares de casos sobre a mesa, vai adorar que alguém te entregue um material que abrevia em muito a pesquisa. Se já está convencido, ainda melhor, ganha fundamentos — apesar de, via de regra, não ser preciso grande fundamentação.

"Parece, portanto, ser mais uma questão de falta de motivação e de falta de autossinceridade na tentativa do que propriamente de impossibilidade do abandono do produto", escreve Álvaro Villaça Azevedo, professor titular da USP. "Se as pessoas em geral, a despeito do conhecimento sobre os riscos associados, iniciam-se no consumo de cigarro e depois, acostumadas ao prazer, não se empenham em parar, não podem, a pretexto da alegada dependência, tencionar receber indenização da empresa fabricante de cigarros."

Já Gustavo Tepedino, titular da Uerj, defende que o cigarro não frustra a expectativa de ninguém, já que se sabe desde "sempre" do risco inerente e que a indústria divulga todas as informações disponíveis. "Já os produtos químicos em geral, cosméticos e farmacêuticos, exigem minuciosa advertência aos consumidores, que não podem prever, à evidência, o grau de danosidade que se associa ao manuseio e à utilização do produto", avalia. "Aquele que fuma sabe, desde tempos imemoriais, consumir produto potencialmente apto, do ponto de vista médico, a provocar efeitos patológicos no organismo humano."

---

69 LOPEZ, Teresa Ancona (org.). *Estudos e pareceres sobre livre-arbítrio, responsabilidade e produto de risco inerente — o paradigma do tabaco: aspectos civis e processuais*. Rio de Janeiro: Renovar, 2009.

O estudo que citamos lá no começo do livro, divulgado em 2017 pela OMS e pelo Instituto do Câncer dos Estados Unidos,[70] expõe que, numa pesquisa com fumantes em 22 países, há um percentual considerável que desconhece a associação entre cigarro e acidente vascular cerebral e os efeitos negativos sobre a saúde de fumantes passivos. Em alguns países, passa de 30% o desconhecimento sobre derrame e de 50% quando se trata de problemas cardíacos em fumantes passivos.

Adalberto Pasqualotto, professor titular de Direito do Consumidor da Faculdade de Direito da Pontifícia Universidade Católica do Rio Grande do Sul (PUC-RS), estabelece uma analogia com o sistema de transportes.[71] Mesmo sabendo que há um risco em tomar um ônibus, por exemplo, o passageiro tem direito a indenização em caso de acidente. "Nem todo fumante contrairá doenças porque fuma. Mesmo que as contraia, a causa da morte pode vir a ocorrer por fato alheio ao consumo de tabaco. Todavia, sendo sabido que o tabaco é causador de vários agravos à saúde, quando o dano ocorrer e estiver provado o nexo de causalidade, caberá ao fabricante a obrigação de indenizar, não obstante o risco de doença seja inerente ao consumo do produto."

Mas é claro que se pode passar à margem das evidências científicas quando não interessam a uma determinada tese. Há, no livro financiado pela Souza Cruz, divagações sobre a boa-fé da indústria e a defesa de que apenas depois do surgimento da Constituição e do Código de Defesa do Consumidor é que há obrigação em advertir as pessoas sobre o risco do produto. René Ariel Dotti, professor da Universidade Federal do Paraná, advoga que fumar é um ato de prazer e de liberdade. "Muitas vezes ele surge como um processo de imitação ou como expressão de masculinidade a que se propõem os jovens. Não há registro na crônica

---

70 U.S. National Cancer Institute and World Health Organization. *The Economics of Tobacco and Tobacco Control, op. cit.*
71 PASQUALOTTO, Adalberto. "O direito dos fumantes à indenização", em *Revista da Ajuris*, mar. 2014.

do cotidiano ou na jurisprudência dos juízes e dos tribunais de algum episódio no qual alguém foi obrigado à prática do fumo."

Os argumentos, que poderiam ser pinçados e reproduzidos por um dia inteiro, não são muito diferentes daqueles utilizados pelo ministro Luis Felipe Salomão quando o caso chegou ao Superior Tribunal de Justiça. Na época, abril de 2010, Salomão afirmou que tinha processos mais antigos para julgar nessa mesma seara, mas que escolheu a dedo o de Mattiazzi. "É o momento mais adequado para a reflexão sobre o tema, porque há inúmeras ações tramitando", disse.[72]

Para o ministro, é errado supor que a publicidade interfere no livre-arbítrio do tabagista. Além disso, a Souza Cruz não agiu de má-fé ao não advertir sobre os males do cigarro porque à época não havia exigência legal nesse sentido. Ele afirmou que o hábito de fumar não pode ser atribuído à indústria, já que existia antes mesmo da chegada dos europeus. "Também não é criação da indústria do café o hábito de saborear tal produto, assim como não é o 'chá das cinco' inglês criação da indústria do chá", comparou. Tampouco há comprovação de que a indústria do chá tenha investido bilhões para tornar a fórmula adictiva, nem que 90% dos casos de câncer de pulmão sejam provocados pelo café. Mas, enfim. "Na verdade, cotidianamente a humanidade leva a efeito seu projeto de vida privada, o qual, até décadas muito próximas, foi encabeçado sim pelo cigarro, pelo álcool, assim como pelo sal, pela gordura animal e pela vida sedentária, todos relacionados a malefícios notoriamente reconhecidos", continua Salomão, arrematando: "Quem desconhece que os computadores, além de todo o progresso para a humanidade, atuam também como incremento no desenvolvimento de síndromes oculares?".

---

[72] "Souza Cruz não deve indenizar fumante com câncer", em *Consultor Jurídico*, 27 abr. 2010. Disponível em <https://www.conjur.com.br/2010-abr-27/stj-define--souza-cruz-nao-indenizar-fumantes-cancer>.

Em relação à ocorrência de câncer, o ministro adotou a postura corriqueira: só seria possível indenizar caso se tivesse 100% de certeza de que o cigarro provocou a doença.

A decisão de derrubar a indenização à família Mattiazzi, tomada em 27 de abril de 2010, sepultou as chances de reparação dos parentes de fumantes. Para a indústria, era preciso colocar um freio porque uma sentença favorável de uma Corte superior faria surgir muitos outros processos, e com boa possibilidade de sucesso. Ainda que nas instâncias inferiores possam emergir decisões contrárias aos interesses das corporações, em Brasília a gaveta está garantida, pelo menos até que apareça um ministro determinado a mudar o rumo da argumentação.

É nisso que desembargadores e juízes como Eugênio Facchini apostam para continuar a decidir em favor do fumante:

— Imagine uma doença em que cientificamente se tem como certo que o fumo causa doença em 80% dos pacientes. O que acontece atualmente? — raciocina Facchini. — Se cada uma dessas pessoas entrar individualmente com uma ação, cem ações individuais, oitenta deles, pelo critério científico, teriam seu tumor derivado do tabaco, mas todas as ações seriam julgadas improcedentes porque nenhum deles, individualmente, comprovou que seu tumor foi derivado do tabaco. Então, o raciocínio individual está certo. Mas, quando pego um grupo de cem ações, tenho essa coisa espantosa.

Para dar fim a essa coisa espantosa, o desembargador entende que o correto é usar esse percentual de comprovação da doença para calcular o total da indenização devida pela empresa, e não para excluir a possibilidade de pagamento de danos morais. Ou seja, o ressarcimento à família da vítima é que seria de 80% do valor da ação.

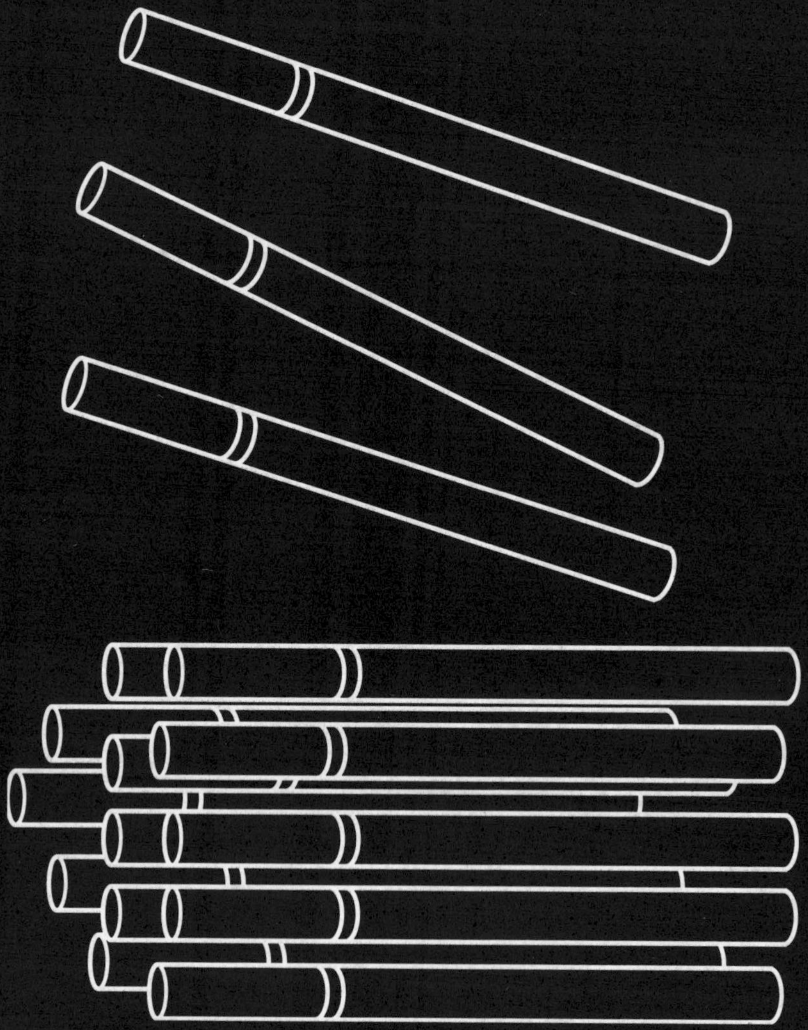

ESSE JOGO NÃO É UM A UM

16

Salão Verde. Plenário. Água e café de graça. Escada. Túnel. Anexo III. Água e café de graça. Anexo IV. Liga para o assessor. Não atende. Liga para outro assessor. O deputado está nas comissões. Corre. Anexo II. Suor debaixo do paletó. O sapato social que incomoda. Pode fazer o que bem entender, desde que seja de terno e com a gravata apertando o pescoço. O deputado já se foi. A entrevista não pode ser por áudio de WhatsApp? Não, não pode: se estamos aqui, qual o sentido de conversar por WhatsApp?

Poucas vezes nos sentimos tão inúteis como repórteres quanto em agosto de 2017, quando fizemos uma última tentativa de conversar com alguns integrantes da bancada do fumo no Congresso Nacional. Alguns quilômetros rodados dentro de um espaço de poucos metros, ao longo de horas e horas e horas de enrolação, suor e água — e café.

Visto de perto, o plenário da Câmara é bem menor do que parece pela televisão, como muita coisa em Brasília, o que talvez guarde correlação com a estatura moral de certas figuras.

Em 2017, a "entrevista" por WhatsApp estava na moda. Como muitos repórteres só querem que o entrevistado preencha uma lacuna num texto pré-fabricado, serve. É uma sinceridade típica da Praça dos Três Poderes: o político finge que se importa, o jornalista finge que faz perguntas. Naqueles dias, provamos do mais autêntico "foda-se" dos tempos sombrios da política, que havia avançado a olhos vistos.

Voltamos a São Paulo sem desembaraçar certos novelos. Por exemplo, o senador José Serra (PSDB-SP), desafeto do pessoal do fumo, apresentou em 2015 o Projeto de Lei 769, que visa a adotar embalagens genéricas para o maço de cigarro. O argumento dos defensores da medida, OMS incluída, é que a retirada da marca comercial diminui a atratividade, em especial para os jovens. Além da senadora Ana Amélia, integrante da bancada do fumo, a iniciativa despertou oposição pública de Gleisi Hoffmann (PT-PR), Renan Calheiros (MDB-AL) e Gladson Cameli (PP-AC). Cada um tem seus motivos.

"O esforço dos representantes do setor fumageiro para que o projeto de lei do senador e ex-ministro da Saúde, José Serra, que prevê novas restrições ao cigarro, não fosse votado nesta quarta-feira, 2, pela Comissão Especial de Desenvolvimento Nacional surtiu efeito", comemorou o jornal *Gazeta do Sul* na tarde de 2 de março de 2016.[73]

Horas antes, os presidentes da Afubra e do SindiTabaco estiveram com Calheiros, então presidente do Senado, ciceroneados por Ana Amélia, pedindo que não se aprovasse o PL 769. Calheiros comprometeu-se a ajudar, dizendo-se muito preocupado com a situação econômica do país e alegando que qualquer projeto que coloque empregos em risco é inadequado. Ele tem uma das bases eleitorais em Arapiraca, região produtora de tabaco. "Na semana que passou saiu uma matéria na *Folha de S. Paulo*, uma pesquisa detalhada mostrando que Arapiraca foi o município brasileiro que, ao longo desses quinze anos, mais gerou empregos no Brasil. A razão é a base do minifúndio que a cultura do fumo inaugurou e estabeleceu", explicou.

Já Gleisi Hoffmann tem como base o Paraná. Em 2010, quando foi candidata ao Senado, a revista *Diálogo*, da Souza Cruz,

---

[73] "Senador pede vistas e projeto sobre novas restrições ao cigarro não é votado", em *Gazeta do Sul*, 2 mar. 2016. Disponível em <http://www.gaz.com.br/conteudos/regional/2016/03/02/67535-senador_pede_vistas_e_projeto_sobre_novas_restricoes_ao_cigarro_nao_e_votado.html.php>.

trazia na capa o ministro Alexandre Padilha e, na parte interna, registrava a visita de Gleisi à unidade da empresa em Rio Negro. "Ao final, a pré-candidata elogiou a Souza Cruz por suas atitudes responsáveis com seus colaboradores e destacou a relevância da cadeia de produção da Companhia, 'não só no estado, mas em todo o Brasil'." Em 2011, ela estava na articulação política do governo, à frente da Casa Civil, e Padilha, antes o articulador político, migrara para o Ministério da Saúde.

Breve parêntese: em outras edições, a capa da revista afagou Marco Maia, então presidente da Câmara, e Tarso Genro, governador gaúcho. Ambos petistas.

O caso mais interessante em torno do PL 769 é certamente o do senador Cameli. Por que um parlamentar em primeiro mandato, do Acre, estado que não produz um pé de fumo, abraçaria a defesa do cigarro? Horas após a reunião entre senadores e os representantes da indústria, foi ele quem pediu vistas ao projeto na Comissão Especial de Desenvolvimento Nacional. Semanas mais tarde, apresentou um voto em separado divergindo do relator Otto Alencar (PSD-BA). E, no começo de outubro de 2016, sem explicações públicas, Cameli passou a ser o relator do projeto. Antes e depois disso, tentamos entrevistá-lo, mas a assessoria de imprensa se saiu com explicações insuficientes sobre o porquê de adiar por várias vezes a conversa.

O senador é engenheiro, empresário e sobrinho do ex-governador acreano Orleir Cameli. Até aí, nada que o conecte ao tabaco. E é filiado ao PP. O texto apresentado por ele é um primor em termos de redação e base jurídica. Basicamente, reproduz a alegação da indústria de que as embalagens genéricas ferem o direito de comunicação, de propriedade sobre as marcas, de livre iniciativa e de concorrência, advertindo que a Austrália tem de responder a processo na Organização Mundial de Comércio devido a isso. A linha de raciocínio e a ordem do escopo argumentativo se assemelham a documento utilizado pela Câmara Setorial do Tabaco do Ministério da Agricultura, conhecida área de influência da indústria. Cameli manteve o projeto sob suas asas até que a Comissão Especial de Desenvolvimento Nacional deixou de existir.

Ao longo de 2017, a tramitação foi protelada por manobras regimentais de alguns parlamentares. Primeiro, Romero Jucá (MDB-RR) interrompeu o andamento com um pedido para que o projeto fosse apensado a outros. Depois, retirou o requerimento sem explicações. Em seguida, veio solicitação igual de Ivo Cassol (PPS-RO), que conseguiu segurar o texto na Mesa Diretora da Casa, sem dar um passo adiante. Um minuto a mais de fama para o famoso Jucá: senador da tropa de choque de Michel Temer, líder da articulação política dos governos FHC, Lula e Dilma, o parlamentar de Roraima é aquele que disse que era preciso derrubar a presidenta para garantir um acordo "com o Supremo, com tudo".

Em 2008, quando, a pedido de organizações da área de saúde, o senador Tião Viana (PT-AC) apresentou um projeto de lei para proibir o fumo em locais fechados, Jucá entrou em ação e conseguiu retirá-lo da pauta da Comissão de Constituição e Justiça, onde a relatora Marina Silva, então no PT, havia se manifestado a favor da aprovação. Isso garantiu que a matéria não tramitasse até outubro, quando outro parlamentar apresentou um requerimento pedindo que outros projetos fossem apensados. E assim seguiu, com a atuação de vários e vários colegas, até que em 2014 o PL fosse engavetado.

— A demora tem um preço muito grande no Brasil, porque o tempo que a gente gasta para implementar uma medida significa mortes — alerta Tânia Cavalcante, secretária-executiva da Conicq. — A lei que proíbe fumar em locais fechados, nós passamos sete anos dentro do Congresso Nacional tentando, tentando, mas sempre um processo com obstruções por meio do *lobby* das empresas. Vários parlamentares alinhados com a indústria do tabaco, alinhados com o discurso de que qualquer medida afeta economicamente esse setor, atuavam de forma bastante clara para postergar a tramitação.

A Lei Antifumo só saiu depois de muita peleja, com a aprovação em 2011 de uma medida provisória que, porém, só foi regulamentada três anos mais tarde. A MP 540 está envolta na névoa. E, por muito pouco, o relator, Renato Molling, do PP do Rio Grande do Sul, que recebeu doações de R$ 50 mil da Philip Morris na campanha de 2014, não conseguiu aprovar uma emenda que liberava geral o fumo em locais fechados.

O relatório chegava a alegar que tanto essa medida quanto a regulamentação do uso de aditivos eram passos importantes para o Brasil se adequar à Convenção-Quadro. "Se alguém entender de abrir uma casa só para fumantes — proibida a entrada de menores de 18 anos —, tem que deixar bem claro que é só para fumantes. Obviamente, se alguém que não fuma quiser entrar poderá fazê-lo. Estamos apenas respeitando a liberdade de quem fuma", disse em plenário.

Luis Carlos Heinze afirmou que o texto de Molling tinha o apoio dos ministros da Agricultura, Mendes Ribeiro, do Trabalho, Carlos Lupi, do Desenvolvimento, Fernando Pimentel, da Secretaria de Relações Institucionais, Ideli Salvatti, e da Casa Civil, Gleisi Hoffmann. Em 23 de setembro daquele ano, o jornal *O Estado de S. Paulo* informou que o ministro da Saúde, Alexandre Padilha, tinha conhecimento e estava a favor do relatório de Molling.[74] A repórter Lígia Formenti disse que a medida era uma compensação à indústria pelo aumento da carga tributária.

Dias depois, Padilha veio a público desmentir o apoio a Molling. Quando entrevistamos Heinze, porém, ele disse que o ministro estava a favor do texto entregue pelo colega gaúcho. Outras pessoas envolvidas diretamente na negociação contaram que o Ministério da Saúde trabalhou contra as organizações da área de saúde e a própria Anvisa.

— O Ministério da Saúde não foi o defensor ferrenho que a

---

74 "MP em estudo favorece indústria do fumo", em *O Estado de S. Paulo*, 23 set. 2011.

gente estava precisando. Foi dúbio — diz Agenor Álvares, ex-diretor-presidente da Anvisa, ao comentar também a resolução da agência sobre o uso de aditivos no cigarro, definida em 2012. — A gente negociava uma coisa e, no Congresso, faziam outra.

Outras duas pessoas envolvidas na história entendem de maneira diferente. Um assessor parlamentar e o deputado Darcísio Perondi (MDB-RS) atribuem ao Palácio do Planalto e ao então presidente da Câmara, o petista gaúcho Marco Maia, a pressão pela aprovação do relatório de Molling.

— O ministério sempre nos apoiou, mas não tinha força perante o Palácio. O ministério sempre apoiou. Mas nunca teve poder político junto ao Palácio. Mais do que isso eu não preciso dizer — afirma Perondi, que evitou aos 45 do segundo tempo a aprovação do relatório de Molling.

Um parlamentar envolvido na história deu uma sonora risada quando perguntamos sobre o papel de Marco Maia na aprovação do texto, e confirmou que o presidente da Casa tinha pressa. Porém, ele não isenta Alexandre Padilha de reponsabilidade.

— A informação que tive de um assessor do PT é de que a Saúde tentou atuar na Casa Civil para derrubar a posição da Anvisa. E o governo derrubou. — O texto aprovado em seguida no Congresso só foi regulamentado pelo Poder Executivo após a saída de Padilha do Ministério da Saúde, em 2014.

Renato Molling entrou mais uma vez em ação na tramitação do PL 1.744, que prevê a criação de maços padronizados para os cigarros. Ele foi designado relator na Comissão de Desenvolvimento Econômico em junho de 2015, mas não apresentou seu voto, garantindo que o texto ficasse parado por mais de dois anos. O autor, Darcísio Perondi, chegou a ser atendido no pedido para que o projeto fosse remetido à Comissão de Defesa do Consumidor, dada a inação de Molling, mas o requerimento foi subitamente cassado. Na metade de 2017, Covatti Filho (R$ 30 mil da Philip Morris em 2014), também do PP, também do Rio Grande do Sul, foi designado relator. Mas, de novo, nenhum relatório foi apresentado.

Quando falam sobre os perigos de combater o tabagismo, os defensores do setor evocam a figura dos pequenos produtores, frágeis, prestes a perder o sustento. Mas, quando se trata de acessar o poder, essas mesmas pessoas vão ao Ministério da Agricultura, que, desde o governo Lula, não tem nada a ver com os pequenos produtores: é uma morada exclusiva do agronegócio. Nós estamos falando de um segmento marcado pelo minifúndio ou pela presença de grandes corporações? Quem tem voz nessa história? A Câmara Setorial do Tabaco do Ministério da Agricultura, criada em 2003, é o lar das mesmas instituições que enfatizam que é preciso defender o setor como um todo, e não apenas o produtor.

Uma planilha que obtivemos mostra o planejamento estratégico entre 2017 e 2020, com distribuição de tarefas que envolvem todo mundo: Afubra, Amprotabaco, Frente Parlamentar de Combate ao Contrabando, Frente Parlamentar Mista em Defesa da Propriedade Intelectual, ETCO e Fórum Nacional contra a Pirataria e a Ilegalidade. Os dois últimos e a Amprotabaco definiram que iriam se aproximar das prefeituras, o que, como vimos, resultou numa parceria dessas organizações com a administração de João Doria na cidade de São Paulo.

Já o documento do período anterior, a Agenda Estratégica do Tabaco 2010–2015, falava em "posicionar" o governo brasileiro sobre os artigos 17 e 18 da Convenção-Quadro, que dizem respeito à construção de alternativas ao tabaco e à proteção do meio ambiente, o que inclui a saúde do trabalhador. A indústria do cigarro sempre tenta evitar que se avance no debate sobre esses tópicos, o que deixa dúvidas sobre a tão exaltada preocupação com o bem-estar dos produtores.

JOGO DE CENA

Foram os fumicultores, de novo, o pretexto para forçar a barra. O ministro-chefe da Casa Civil, o gaúcho Eliseu Padilha, foi um dos canais para a negociação em torno da Conferência das Partes da Convenção-Quadro. Em 18 de outubro de 2016, a agenda dele apresentava uma reunião às dez da manhã com deputados, a senadora Ana Amélia e prefeitas.

O deputado federal Heitor Schuch, do PSB (R$ 50 mil da Philip Morris), disse ter saído "aliviado", pois recebeu de Padilha o compromisso de que um representante do "setor produtivo" teria direito a participar da delegação oficial brasileira como delegado. O compromisso significaria, primeiro, um retrocesso histórico. E, segundo, colocaria o Brasil numa condição complicada diante da Convenção-Quadro, que busca proteger a definição de políticas públicas da interferência da indústria. Isso passa por limitar a presença de representantes diretos ou indiretos de alguns debates cruciais para o sucesso do tratado global.[75]

"Essa pressão da indústria leva a uma tensão entre transparência e interferência. Cada vez mais fica difícil de se abrir e deixar ter uma participação ampla do público. Você acaba obrigado a prejudicar a transparência em nome de não aceitar uma interferência", diz Vera Luiza da Costa e Silva, chefe do Secretariado da Convenção-Quadro.

O relatório final da COP7 mostra uma extensa lista de organizações que tentaram se inscrever como observadoras. No meio estavam associações nacionais e regionais de agricultores e fundações da área de saúde. "A cada dois anos é essa guerra porque as organizações continuam querendo participar e querem entrar de qualquer jeito. Vêm prefeitos, pessoas dos estados. Tem uma

---

[75] Um resumo das negociações foi feito pelo Observatório sobre as Estratégias da Indústria do Tabaco. Disponível em <http://observatoriotabaco.ensp.fiocruz.br/index.php/Ind%C3%BAstrias_do_tabaco_e_a_Confer%C3%AAncia_das_Partes>.

tentativa imensa de entrar nessa agenda de qualquer jeito", complementa Vera Luiza.

"Os maiores interessados não podem participar, ferindo preceitos básicos de transparência e democracia", encena o SindiTabaco, que nessas horas também se coloca como porta-voz dos produtores.

Esta é uma excelente oportunidade para mostrar serviço. Os integrantes da bancada do fumo fazem as malas mais uma vez. Oficialmente, como se sabe, não poderiam ter acesso a alguns debates, e muito menos a voto. É aí que fica claro por que a indústria mantém uma bancada que atua em seu nome: um deputado tem um cargo oficial e pode forjar uma pressão que seria escandalosa se feita diretamente pelas corporações.

— Nós solicitamos ao Ministério da Agricultura que nos passasse a pauta das reuniões — resume o deputado estadual Adolfo Brito, ao descrever a COP6, realizada em 2014, em Moscou. — Então, nós tínhamos uma reunião de manhã e à tardinha para ver tudo o que havia sido discutido. Nós dávamos nossa opinião. Eu tinha o contato com a bancada federal gaúcha na Câmara e no Senado. E aí passava a nossa posição para persuadir para as mudanças necessárias.

Todos os parlamentares com quem conversamos atribuem à bancada do fumo um papel fundamental para evitar perdas aos agricultores. Verdade ou não, este é o discurso que utilizam em suas andanças pelas bases eleitorais: um discurso que tem funcionado.

— Se não houvesse a participação dos parlamentares nas últimas Convenção-Quadro, com certeza os produtores sairiam prejudicados — defende o deputado estadual Marcelo Moraes. — Se não houvesse pressão sobre quem tem direito a voto, com certeza o Brasil teria sido prejudicado, e muito. Porque conseguimos comprovar que a Convenção-Quadro não deixa de ser, e acredito que o percentual maior dela é, disputa internacional, e não tabaco.

A UNIÃO SOVIÉTICA DO TABACO

A imprecisão das informações é chave na atuação da bancada do fumo, fundamental para espalhar pelo interior das cidades produtoras o discurso da indústria.

— Se parássemos de produzir tabaco aqui no Brasil, não pararia o consumo. Argentina e Estados Unidos, que não assinaram a Convenção-Quadro, passariam a produzir mais — continua Marcelo Moraes.

Essa visão não resiste a uma análise das movimentações geopolíticas. Os Estados Unidos têm reduzido a produção de tabaco, que cresce nas nações africanas. Foi a poderosa Tanzânia quem impôs a Convenção-Quadro? Ou o Zimbábue, que, como sabemos, sempre deu as cartas na Casa Branca e na ONU?

— Se pararmos aqui, vai vir a produção de fumo da África, da União Soviética, dos países que produzem — diz Adolfo Brito.

A União Soviética não existe mais. Faz um tempinho, trinta anos. Mas a Rússia, que ainda existe, nem sequer aparece na lista de produtores mundiais, tamanha a irrelevância.

Luis Carlos Heinze complementa:

— Os Estados Unidos é maior produtor que o Brasil. A China, mais ainda. O Brasil é o terceiro produtor. Eles não têm uma política de desincentivo ao fumo. Eles não quiseram assinar a Convenção-Quadro.

Em tempo, é bom saber que a China ratificou a Convenção-Quadro em novembro de 2005. E que o Brasil hoje é bem maior produtor que os Estados Unidos.

Quando a Convenção-Quadro foi firmada, no começo deste século, o Brasil era o maior exportador mundial de tabaco — condição que não perdeu. Mas, ainda assim, o acordo internacional segue no centro dos discursos da bancada do fumo.

— Nunca fui — respondeu Heinze, quando perguntado se iria à COP7. — Ali o pessoal vai para fazer pressão. Porque não fala.

Heinze tem seus motivos para não ir: como revelou a *Folha de*

S. Paulo, durante a COP no Uruguai, em 2010, a servidora pública Rita de Cássia Milagres repassou informações a ele e à diretora de Relações Governamentais da Souza Cruz, Ana Maria Carneiro.[76] A conversa, que viola a Convenção-Quadro, só foi descoberta porque Rita pediu reembolso do dinheiro gasto nos telefonemas. À época, o Ministério do Desenvolvimento prometeu apurar o caso.

Procuramos o ministério para saber o que ocorreu. A Comissão Processante "concluiu que a referida servidora não praticou infração de natureza disciplinar". Insatisfeita, a Corregedoria pediu que o caso fosse analisado pela Controladoria Geral da União. A CGU entendeu que Rita feriu as regras estabelecidas pelo tratado, ficando passível de ser punida com advertência. Ocorre, porém, que nesse meio-tempo se deu a prescrição da pena, e a apuração foi encerrada em 2015 sem qualquer sanção. A servidora seguiu no ministério, com o cargo de coordenadora-geral de Recursos Naturais e Agroindústria.

Outros parlamentares têm de se esforçar mais do que Heinze quando surge uma COP pela frente. Em 2014, Edson Brum criou na Assembleia Legislativa gaúcha uma comissão especial para cobrar "transparência" do governo federal. O colegiado previa realizar quatro encontros, mas terminou com apenas dois, um deles para uma audiência pública com um rol de convidados "plural": SindiTabaco, Afubra, Abifumo e Sindicato dos Trabalhadores nas Indústrias do Fumo e Alimentação de Santa Cruz do Sul. O documento final, de autoria do petista Luiz Fernando Mainardi (R$ 50 mil da CTS Exportadora de Fumos, R$ 50 mil da International Tobacco Business e R$ 28,5 mil da Philip Morris), não tem nada digno de nota, a não ser a reiteração da queixa de que os parlamentares não puderam participar da COP.

Em 2016, a bancada federal, pelo deputado Alceu Moreira, realizou uma audiência pública a respeito. Um encontro nova-

---

76 "Servidora da União é acusada de espionar para a Souza Cruz", em *Folha de S. Paulo*, 14 jul. 2011. Disponível em <http://www1.folha.uol.com.br/fsp/cotidian/ff1407201111.htm>.

mente inócuo do ponto de vista de propostas, que pareceu ao mesmo tempo prestar contas aos financiadores de campanha e abrir espaço a jogos de cena de colegas.

Na COP realizada na Índia, seguindo a tradição, a função primordial da bancada do fumo foi pressionar. O embaixador do Brasil no país, Tovar da Silva Nunes, foi descrito como uma importante interface com os parlamentares presentes, além, é claro, do representante do Ministério da Agricultura, Sávio Pereira. A ata da reunião seguinte da Câmara Setorial da Cadeia Produtiva do Tabaco queixa-se de radicalismo das entidades de saúde e tece loas ao "imprescindível apoio do embaixador, e o favor dele no processo de participação do setor produtivo na COP". Os presidentes das associações de defesa da indústria e os parlamentares do setor compareceram em peso.

A *Gazeta do Sul* disse que os deputados estaduais Edson Brum, Marcelo Moraes e Zé Nunes conseguiram "driblar o controle" e ter acesso ao centro de convenções onde ocorria o evento. "Tão logo os deputados foram identificados, acabaram sendo convidados a se retirar e reagiram com muita irritação, principalmente porque a decisão de restringir o acesso das comitivas, proposta pela Tailândia, teve o aval (ou o silêncio) da delegação brasileira", registra o repórter Romar Rudolfo Beling. Os parlamentares sabem que serão barrados, mas precisam tentar furar o bloqueio e depois promover a grita. É uma briga dos tempos de Didi Mocó. O problema é que isso custa: só os deputados estaduais consumiram R$ 85 mil do erário entre passagens e diárias. Isso é quase nada no orçamento público. Mas nós precisamos nos perguntar se é necessário.

Nem bem acabou a COP7, a Câmara Setorial do Tabaco definiu como prioridade a costura com a Casa Civil de Eliseu Padilha para que o setor produtivo estivesse presente na definição de prioridades do Brasil para o próximo encontro. Uma planilha que obtivemos dá a entender que é necessário pedir a intervenção do ministro na Conicq, acusada de "não aprimoramento" das relações e de "falta de transparência". O objetivo é que nas reuniões internacionais se consiga "deixar claro o compromisso do governo brasileiro com a cadeia produtiva do tabaco".

Um Ministério da Agricultura sempre amigo provocou euforia quando o titular, Blairo Maggi, visitou o Vale do Rio Pardo, em julho de 2016. Este "nível de comprometimento com os fumicultores por parte de autoridades governamentais" não era visto desde a década de 1970, anotou o Anuário do Tabaco, que celebrou "os largos canais de diálogo" garantidos pela gestão Temer.

A passagem do "rei da soja" pelo Rio Grande do Sul foi celebrada como se o papa estivesse pisando solo sagrado. Os jornais da região dedicaram muita tinta a narrar o episódio, que, em ano eleitoral, obviamente atraiu muitos papagaios de pirata. Mas, para nós, o que interessa é ver como serviu para aguçar dissensos dentro da bancada do fumo. Pode-se dizer que, para parlamentares e prefeitos, a comitiva ministerial teve dupla função: de um lado, ganhar um aliado com conhecimento da questão dentro do governo; de outro, mostrar força para as bases eleitorais.

Quem organizou a visita de Maggi ficou radiante. Quem foi excluído demonstrou irritação. A ida à região foi articulada por Heinze e Ana Amélia, aliados do prefeito Telmo Kirst, do PP. O filho de Sérgio Moraes, Marcelo, não escondeu o aborrecimento quando perguntamos a ele sobre o tema:

— Não acompanhei porque não fui convidado. É uma visita política orquestrada por algumas pessoas que queriam palanque para as eleições municipais.

O pai menosprezou o efeito da visita na campanha.

Já os parlamentares atuantes na expedição garantem que se tratou de um momento "importantíssimo" para conquistar um aliado, que saiu de lá impressionado com a alta tecnologia, a boa condição de vida dos produtores, o baixo uso dos agrotóxicos e as boas relações da indústria com a população.

— Ele está fazendo isso para ter conhecimento e depois poder advogar junto ao governo essa situação. Ele ficou impressionado com a realidade dos produtores de fumo — afirmou Heinze. — Não é gente que é contra por ser contra. Tem gente que é contra e começa a mostrar só um lado negativo do processo. Ele não é burro.

OUTROS RAMOS

"Estamos pedindo uma reunião para falar com o ministro para que numa ação partidária a gente equacione uma política que não ataque os produtores, que são defendidos pela maioria da bancada do Partido Progressista", protestou Jerônimo Goergen, do PP-RS, beneficiário de doações de R$ 60 mil da Philip Morris, irritado com a postura do correligionário Ricardo Barros, então ministro da Saúde. "No processo democrático que nós vivemos, fuma quem quer, mas o cigarro é liberado no Brasil, é liberado em boa parte do mundo."

Dois meses mais tarde, a *Gazeta do Sul* pôde comemorar: "Ministro da Saúde baixa a guarda e ouve setor do tabaco." O texto contava que Barros havia agora aderido à máxima de que tabaco é uma coisa, cigarro é outra, e que não se pode confundir o produtor com o fumante. A imagem do encontro mostra a presença da senadora Ana Amélia, dos deputados federais Alceu Moreira e Heitor Schuch e de outros representantes do setor.

Mas, calma, e o produtor? Não é dele que estamos falando? Quando perguntamos aos integrantes da bancada o que faziam em defesa do agricultor, as respostas oscilaram entre a evasiva e a confusiva. Heinze, que é natural de Candelária, no Vale do Rio Pardo, mas começou a carreira em São Borja defendendo arrozeiros, preferiu dar de ombros:

— Os sindicatos é que atuam nisso, eles têm que se organizar. É uma questão de organização dos produtores para poder fazer isso. Eles têm que se organizar para pressionar a indústria.

O deputado estadual gaúcho Pedro Pereira, do PSDB, é mais um médico que não se sente impedido de defender o cigarro. Natural de Canguçu, é o representante dos produtores do sul do estado, que passaram a rivalizar com o Vale do Rio Pardo em quantidade produzida desde o *boom* do começo do século:

— Temos brigado muito. Temos bom relacionamento com o SindiTabaco e com a Afubra. Somos parceiros, mas cobramos.

Porque isso é uma cadeia.

Edson Brum, parlamentar que por três anos presidiu a Comissão de Agricultura da Assembleia, valeu-se de uma máxima local ao ser perguntado sobre sua atuação em defesa do produtor:

— Endividamento é falta de gestão na própria família. É gestão. Como é que o vizinho está bem e ele está mal? Isso é como qualquer outro negócio.

No geral, os integrantes da bancada admitem a existência de problemas na vida dos produtores de fumo, mas logo em seguida contemporizam, dizendo que outras cadeias produtivas também padecem de defeitos e que nenhuma delas iguala a renda do tabaco. Em seguida, emenda-se com uma crítica àqueles que supostamente querem acabar com essa cultura:

— Essa discussão do capital e trabalho também está muito clara. Mas a discussão sobre não produzir precisa olhar os dois lados. Por isso faço a crítica de que quem produz precisa estar incluído na discussão. Hoje, o produtor se vê excluído — defende Elton Weber, do PSB (R$ 20 mil da China Tabacos), deputado estadual.

Weber foi presidente da Federação dos Trabalhadores na Agricultura (Fetag) do Rio Grande do Sul de 2007 a 2014. A organização é uma das que se sentam à mesa para dialogar com as empresas compradoras de tabaco, e uma das que recebem a acusação de se portar de maneira submissa, desprezando problemas dos produtores. Na Câmara, o representante da Fetag é Heitor Schuch, que presidiu a entidade entre 1995 e 2002.

— Uma coisa que a gente fica chateado é que diz que a indústria faz isso, faz aquilo. O que a indústria faz, a indústria da carne faz: quer comprar matéria-prima barata, quer industrializar, quer ganhar dinheiro. Então, acho que teria que ter um tratamento um pouco mais digno com relação a essas questões — lamenta Schuch.

Nós tentamos, muito, encontrar sinais de que as principais entidades oficiais de representação dos produtores defendem, de fato, os produtores. Mas não deu. Os integrantes da bancada do fumo até mordem a indústria, mas é mordidinha de amor, na pontinha da orelha, sem machucar.

Tampouco há indícios de que a Afubra algum dia tenha sido combativa, embora um entrelaçamento mais profundo tenha surgido com o passar dos anos e um certo "amadurecimento" da relação.

— Eram rodadas de negociação duras, com quatro, cinco horas de duração — conta uma pessoa que participou de conversas com as empresas no final do século passado. — Na época, a Fetag e os sindicatos ainda tensionavam. A Afubra, não. Era uma atuação de faz de conta.

Os sindicatos de trabalhadores rurais, que chegaram a contestar a Afubra, foram chamados a se sentar à mesa. E, com o tempo, esmoreceram. Quem buscou adotar uma postura de cobrança foi excluído das negociações ou sufocado até desaparecer.

Durante uma entrevista realizada na sede da Afubra em Santa Cruz do Sul com dirigentes da entidade, quase nada se pôde extrair. A conversa com o presidente Benício Albano Werner e o tesoureiro Marcílio Drescher permitiu poucos espaços para falar a respeito da atuação frágil da entidade quanto à luta por direitos dos agricultores. Em seis oportunidades, eles aproveitaram para atacar um "complô de ONGs antitabagistas que quer destruir a cadeia produtiva".

Sindicatos de trabalhadores rurais, Sindicato dos Trabalhadores das Indústrias do Fumo e Alimentação (Stifa), Federação dos Trabalhadores na Agricultura do Rio Grande do Sul (Fetag-RS). Em teoria, existe um aparato de entidades aptas a representar os interesses dos trabalhadores da cadeia produtiva do tabaco. Na prática, a engrenagem emperra.

Não existe, na região do Vale do Rio Pardo, qualquer sinal de combatividade por parte das entidades sindicais. Mesmo em momentos mais críticos, quando os preços das folhas de tabaco despencam e a insatisfação dos produtores é geral, os sindicatos se encolhem. Nem uma simples articulação, que poderia, por exemplo, organizar os fumicultores para se negar a entregar o tabaco até o preço melhorar, recebe apoio.

— Primeiro, tem essa questão da importância que essas empresas têm, em termos de emprego, de renda. Creio que os sindicatos vivem um pouco essa contradição — raciocina o geógrafo e pesquisador Rogério Leandro Lima da Silveira. — Outra coisa: todos os presidentes dos Stifas [Sindicato dos Trabalhadores nas Indústrias do Fumo e Alimentação] do Rio Grande do Sul, do Paraná e de Santa Catarina são ou foram funcionários da Souza Cruz ou da Philip Morris, sem exceção, até hoje. Não sai disso.

Claro que qualquer sindicalista tem que ter um vínculo de trabalho, mas não deixa de causar estranheza que, em setenta anos, a totalidade dos presidentes de uma rede de sindicatos venha de apenas duas empresas — num cenário que já chegou a ter dezenas, entre grandes, médias e pequenas.

O primeiro Stifa, o de Santa Cruz do Sul, foi fundado em 1946 por funcionários da Souza Cruz. Sérgio Pacheco chegou à presidência na virada do século. E nunca mais saiu. O próprio se encarrega de dizer que não há forças opostas:

"Depois do meu segundo mandato, não tive mais oposição. Então, passei a ser reeleito sempre com mais de 95% dos votos. Após este mandato, pretendo me aposentar realmente, mas acredito que de dentro da própria diretoria sairá um novo presidente que seguirá na mesma linha de trabalho", previu em entrevista a um jornal local.[77]

Mas o que faz a direção do Stifa para se manter no controle? O presidente ressalta como pontos fortes os atendimentos médico e odontológico via convênios. Ele frisa que, ao todo, são atendidas pelos convênios duas mil pessoas por mês, mais as consultas com especialistas em diversas áreas.

Sérgio Pacheco não tem problemas em defender a "despo-

---

77 "Sérgio Pacheco segue à frente da diretoria", em *Riovale Jornal*, 20 jan. 2016. Disponível em <http://www.riovalejornal.com.br/materias/15499-sergio_pacheco_segue_a_frente_da_diretoria>.

litização" do sindicato. "Minha meta para esta gestão é conservar uma entidade que nunca se envolveu com partidos políticos", pontua. "Nosso foco está em atender da melhor maneira os indivíduos que venham nos procurar e lutar pela valorização, primeiramente, de um modo pessoal." Além de mostrar o desapreço pelas lutas coletivas, o presidente do Stifa fala com orgulho da empresa em que fez carreira antes de se tornar sindicalista. "Tenho 45 anos de Philip Morris. Entrei varrendo a calçada e recolhendo lixo, mas subi. E hoje estou na presidência de uma das maiores entidades do estado."

O Sindicato dos Trabalhadores Rurais de Santa Cruz do Sul não age de forma diversa. Também está muito mais preocupado em oferecer serviços aos associados do que em reivindicar. As maiores mobilizações que encampa geralmente se dão no 28 de outubro de cada ano, data que marca o Dia do Produtor do Tabaco.

A comunicadora Carlise Porto Schneider Rudnick, professora-adjunta do Departamento de Ciências da Comunicação na Universidade Federal de Santa Maria (UFSM), diz que a falta de combatividade e articulação dos sindicatos e demais entidades é um dos principais fatores que impedem a região do Vale do Rio Pardo de se tornar menos dependente da cultura do tabaco.

Carlise, que é natural de Santa Cruz e chegou a trabalhar para a fumageira Souza Cruz em projetos de comunicação, esteve em regiões da Europa que se emanciparam do fumo a partir de esforços coletivos. Na Hungria, viu como o fim dos subsídios ao tabaco levou os produtores à agroecologia. Na Itália, viu grandes propriedades produtoras de fumo articuladas em sindicatos fortes.

— Ninguém assinava contrato individual. Os camponeses italianos falaram sobre o Brasil: "Como assim, eles fazem um contrato individual? Como vocês são os maiores produtores de tabaco e não existe organização nenhuma?"

UMA LUZ QUE SE APAGOU

Há esperança de que atores dispostos a lutar pelos direitos dos trabalhadores do campo entrem em cena? Na verdade, já houve. E foi algo maior do que uma esperança. Na década de 1980, um grupo de fumicultores se reuniu e iniciou o levantamento de bandeiras que jamais haviam sido defendidas com contundência no Vale do Rio Pardo. Mais precisamente entre os anos de 1985 e 1989, as batalhas por direitos e contra as imposições das fumageiras se acirraram. Nascia ali o Sindicato dos Trabalhadores do Ramo do Fumo (Sintrafumo).

O ponto culminante dos confrontos veio em 1989, quando uma greve de agricultores explodiu. Pela primeira vez na história, os trabalhadores do ramo estavam integrados. A proposta era unir agricultores e funcionários do chão das fábricas em torno de necessidades e desejos comuns.

Naquele período, houve grandes enfrentamentos, com piquetes na porta das fumageiras, queima de folhas de tabaco em pontos da região e outras ações políticas de protesto, como o trancamento de portões e o bloqueio de caminhões de carga das empresas. A mobilização resultou até num choque com a Brigada Militar, a polícia gaúcha, que se colocou a serviço da indústria. Ao final, um saldo de grevistas e policiais feridos. Porém, dez anos depois de criado, o Sintrafumo desapareceria institucionalmente. Sufocado por um esquema que enredava diversos setores, o sindicato não suportou as pressões.

— A entidade se propunha a ser um sindicato da cadeia toda. Só que o Brasil tem uma legislação sindical que é muito setorizada. Então, nós já tínhamos o Sindicato dos Trabalhadores da Indústria do Tabaco e da Alimentação nas fábricas. Os agricultores, por sua vez, já eram filiados ou à Afubra ou aos sindicatos dos trabalhadores rurais, que são muito antigos também e não reconheciam o Sintrafumo como legítimo — relata Albino Gewehr, um dos fundadores e a principal liderança do Sintrafumo.

Vieram ações judiciais, fiscalizações da Prefeitura. E as empresas ignoravam a entidade. Todas as peças foram movidas e não havia mais como arrecadar recursos.

De acordo com o historiador Olgário Vogt, um dos discursos mais trabalhados pelas fumageiras e as "entidades pelegas" contra o Sintrafumo se construía a partir da cobrança que a instituição queria estabelecer para manter o funcionamento: a ideia era que os agricultores repassassem meio por cento sobre o fumo vendido como contribuição sindical.

— Obviamente, isso foi muito bem trabalhado pela indústria e pela Afubra. "Olha, ainda querem tirar de vocês" e tal — diz Vogt.

Albino sofre até hoje as consequências de ter enfrentado a indústria na liderança do Sintrafumo. Até mesmo familiares dele são incomodados.

Um sopro traz a expectativa de algum arejamento na cena sindical. Novos atores se apresentaram mais recentemente, caso da Federação dos Trabalhadores na Agricultura Familiar da Região Sul (Fetraf-Sul). De acordo com os pesquisadores do tema, organizações desse tipo passaram a representar politicamente os agricultores e começaram a trazer questões diferentes ao debate, pontos que tradicionalmente não eram tocados, a exemplo da insalubridade na produção de tabaco, a doença originária da folha verde e, principalmente, a volatilidade dos preços.

Ainda assim, essas instituições se deparam com o mesmo problema que o Sintrafumo enfrentou décadas atrás: a indústria não as reconhece como legítimas representantes dos agricultores e não as recebe para discutir quaisquer aspectos relacionados.

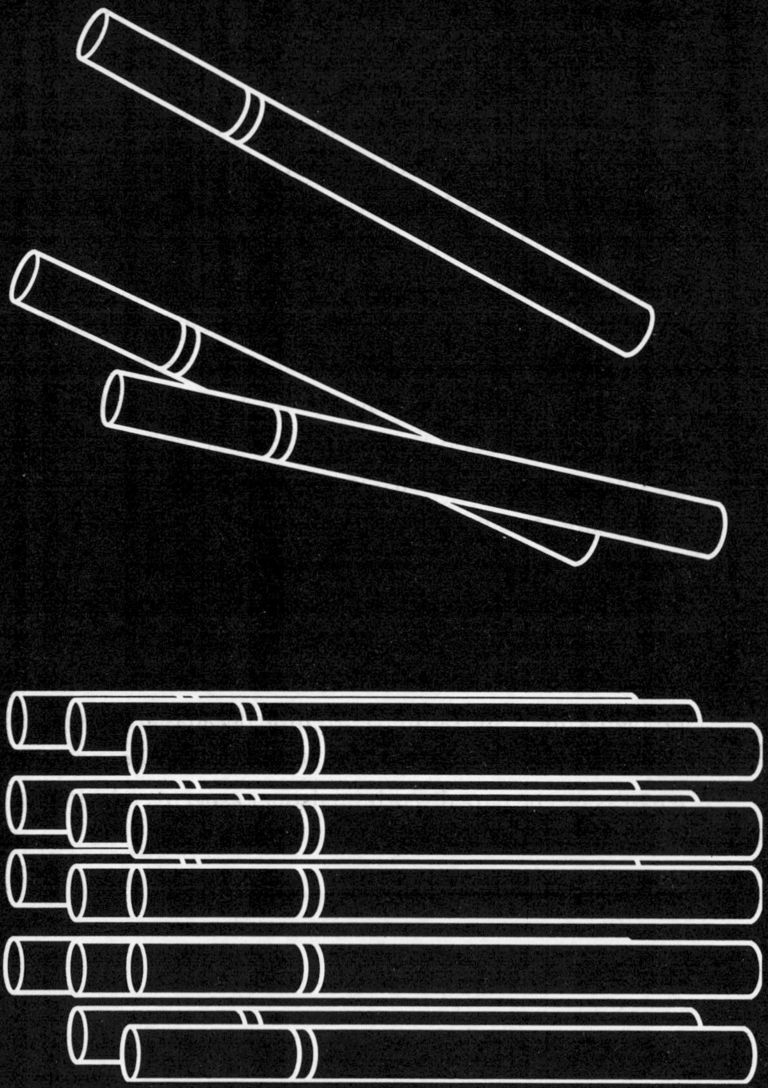

PORTA GIRATÓRIA   17

Os recortes de jornal pendurados na parede do escritório da Associação Brasileira de Combate à Falsificação, no centro de São Paulo, deixam claro que o cigarro não era uma questão nos primeiros anos de atividade, no começo da década de 1990. Foi na virada do século, quando se fechou a porta à triangulação via Paraguai, que o assunto ganhou importância, e assim a Souza Cruz passou a contratar os serviços da entidade. A ABCF divulga ter feito 1.837 apreensões em 2016, colocando as polícias Civil, Militar e Federal no papel de colaboradoras.

— Quando a indústria me passa uma denúncia, nosso pessoal vai até o ponto de venda e começa a investigação. Se confirma que é "frio" e a indústria me autoriza, em no máximo 72 horas a gente "estoura" o lugar — diz o atual presidente da ABCF, o advogado Rodolpho Ramazzini, que se orgulha de estar sempre à frente das operações.

Ramazzini é um homem grande, corpulento, dono de um léxico policial. Durante nossa conversa, fez questão de fumar na sala de reuniões, deixando claro que paga caro pelo maço de cigarros legal. Ramazzini entende que a conexão estreita com o mundo policial é o segredo do sucesso da organização, que atua diretamente na repressão, e não no desdobramento judicial do assunto. Ramazzini, herdeiro do pai, Fernando, bate no peito também para falar sobre os quadros que integram a associação: Paulo Lacerda, ex-diretor-geral da Polícia Federal, João Carlos

Sanches Abraços, ex-delegado da Polícia Federal, e Pedro Antônio Mochetti, ex-delegado do Departamento Estadual de Investigações Criminais de São Paulo (Deic), entre outros.

Há um detalhe nada pequeno na história da ABCF. Paulo Lacerda já havia se aposentado da Polícia Federal quando, em 2003, o ministro da Justiça, Márcio Thomaz Bastos, o chamou para dirigir a corporação. Era uma chance e tanto para ele, para Fernando Ramazzini e para os associados. A fragilidade orçamentária da PF faria com que as empresas pudessem bancar equipamentos e influenciar investigações.

Hoje, a Receita tem convênio com essas organizações para destruição e destinação dos cigarros contrabandeados: a secretaria pública não teria recursos para dar conta desse trabalho. A PF tem vínculos formais e informais com essas organizações, e as polícias estaduais também. Treinamento, doação de equipamentos e até cursos de pós-graduação marcam esse relacionamento.

"Uma importante forma de atuação da ABCF é a busca de recursos na iniciativa privada para apoiar órgãos públicos, na forma de doação de bens móveis", diz a apresentação institucional da associação. "A ABCF já reformou e ampliou delegacias de polícia e forneceu computadores, centrais telefônicas, aparelhos de telefone celular, móveis, utensílios e até mesmo barcos e caminhões. As benfeitorias e as doações são integradas ao patrimônio público."

O presidente da ABCF demonstrou orgulho por ter conseguido, segundo ele, evitar o aumento de ICMS sobre o cigarro em alguns estados.

O ETCO, por sua vez, realiza eventos para os quais atrai altas autoridades. O Conselho Consultivo do instituto transpira poder. É presidido por Everardo Maciel, de quem já falamos, um defensor contumaz da punição de empresas em débito com a Receita. Em 2018, durante um evento promovido pelo ETCO e pela FNCP em parceria com o jornal *Correio Braziliense*,[78] Maciel, apresentado como consultor, afirmou que subir o imposto do cigarro para desestimular o consumo é inútil do ponto de vista da saúde e estimula o mercado ilegal. Augusto Nardes, o ministro do TCU de quem falamos há pouco, esteve nesse e em outros eventos dos institutos ligados à indústria do cigarro.

O conselho do ETCO é ou foi integrado por muitos outros pesos pesados. Nelson Jobim presidia o STF quando a Souza Cruz doou R$ 1,5 milhão para projetos de informatização do Judiciário. Foi ministro da Justiça no momento em que Souza Cruz e Philip Morris se valiam da triangulação com o Paraguai para sonegar impostos.

É também o ETCO que conecta Pedro Malan, que foi integrante do Conselho da Souza Cruz, a essa história. O ex-ministro da Fazenda foi alvo de requerimentos no Congresso para que tivesse de explicar por que a Receita estava permitindo o esquema de sonegação.

Ellen Gracie, que integrou tanto o conselho do ETCO como o da Souza Cruz, é próxima a Jobim. Em 2005, foi relatora de ação que contestava a proibição do patrocínio de eventos por empresas de cigarros. Dois anos depois, posicionou-se a favor do fechamento de uma concorrente da Souza Cruz.

Há ainda, ou houve, no conselho do ETCO, nomes como Carlos Ivan Simonsen Leal, presidente da Fundação Getúlio Vargas e ex-integrante do conselho da Souza Cruz, os ex-ministros Celso Lafer e Luiz Fernando Furlan, o ex-reitor da USP João Grandino Rodas e o vice-presidente do Grupo Globo, João Roberto Marinho.

Em 2004, ao prestar depoimento na Operação Anaconda, o juiz federal João Carlos da Rocha Mattos afirmou que Paulo Lacerda, a quem conhecia de longa data, havia se valido de bens oferecidos pela ABCF para aprimorar as investigações. O *boom* de operações

---

78 "Governo brasileiro erra ao supertaxar o tabaco, dizem especialistas", em *Correio Braziliense*, 13 mar. 2018.

da PF se dá nesse momento, inclusive com a prisão do magistrado.

Rocha Mattos diz em sua declaração que Sanches Abraços e Lacerda foram dezenas de vezes a seu gabinete pedir atuação em favor das empresas financiadoras da ABCF, "que oferecia prêmios a policiais da ativa, em especial da Polícia Civil, não excluindo o declarante, integrantes da Polícia Federal, Polícia Militar, Polícia Rodoviária Federal e da Polícia Rodoviária Estadual, diante da apresentação de flagrantes ou boletins de ocorrência relacionados a apreensões de cigarros oriundos do Paraguai e/ou falsificados, ou mesmo brasileiros, de fabricação nacional, pela Souza Cruz". Certa vez, Rocha Mattos esteve em um coquetel luxuoso no centro de São Paulo, oferecido pela ABCF a policiais, procuradores e juízes, todos devidamente agraciados com "farta distribuição de iguarias e bebidas importadas".

Em março de 2003, logo em seguida à posse de Lacerda no comando da PF, foi preso Ari Natalino da Silva, acusado de envolvimento em fraudes de combustíveis e de cigarros. Em abril, o deputado Luiz Antonio de Medeiros, próximo ao senador Romeu Tuma, apresentou requerimento para a criação da CPI da Pirataria. Tuma, por sua vez, ex-policial federal, foi padrinho na nomeação à PF de Lacerda, que o havia assessorado no Senado.

A CPI, que, vamos recordar, teve forte influência da ABCF, fez somar muitos novos documentos para comprovar os crimes cometidos por Natalino. Antes, já haviam funcionado comissões parlamentares na Câmara e no Senado com o mesmo foco: Natalino. O juiz João Carlos da Rocha Mattos relata em depoimento que Lacerda o pressionou para que autorizasse a condução coercitiva de Natalino a uma CPI presidida pelo senador Romeu Tuma. Ele relata ainda que a questão "parecia de natureza pessoal para o doutor Paulo Lacerda, que havia ficado um pouco agastado".

Em março de 2003, antes da criação da CPI, a revista *Exame* publicou uma reportagem completa sobre Ari Natalino, basicamente listando as informações que mais tarde constariam do relatório oficial.[79] Duas fontes importantes para a reportagem são o ETCO, recém-criado, e a ABCF. "Há uma clara evidência de interligação suspeita no esquema de cigarros entre as empresas Rei, Cibrasa, American Virginia e Itaba", afirmou o então diretor da ABCF, Fernando Ramazzini. Entregue o relatório da CPI, as empresas American Virgínia e Itaba acabaram impedidas de operar devido aos débitos tributários acumulados com a Receita.

Há várias ações em tramitação cobrando que o Supremo defina se a Receita tem o poder de fechar empresas que acumulam débitos tributários. Na mais importante delas, a ADI 3.952, de 2007, o ETCO foi aceito como *amicus curiae*, ou seja, como amigo da Corte. E anexou o relatório da CPI da Pirataria: um relatório que no mínimo foi influenciado por ele e pela ABCF. A alegação do instituto é de que o não pagamento de tributos provoca um desequilíbrio que, em última instância, afeta os direitos do consumidor. Como a tributação sobre o maço de cigarros é elevada, o não recolhimento acarretaria em *dumping*, ou seja, em uma estratégia deliberada para criar concorrência desleal.

O relator da ação, ministro Joaquim Barbosa, hoje já aposentado, avaliou que a Receita poderia atuar nesse sentido desde que cumpridas algumas condições, entre elas a proporcionalidade entre o que se deve e o que se ganha. Em 2010, caminhava-se para que o voto dele fosse aceito, o que na prática deixaria que a situação fosse analisada caso a caso. Mas a decisão foi interrompida por pedido de vista da ministra Cármen Lúcia, que nunca mais devolveu a ação ao plenário da Corte.

Quando tentamos conversar com o presidente do ETCO, a assessoria de imprensa disse que não haveria espaço em sua agenda e nos pediu que mandássemos as perguntas por e-mail, apesar de nossa insistência em que a conversa fosse feita ao

---

79 "O rei da maracutaia", em *Exame*, ed. 788, 21 mar. 2003. A reportagem original foi curiosamente retirada do ar no transcorrer dessa apuração, mas ainda pode ser encontrada em <http://www.bivirloc.com/ejournals/EXAME/2003/num%20788%202003.pdf>.

menos por telefone. Decidimos, então, incluir questionamentos sobre o esforço das líderes de mercado por eliminar concorrentes, sobre o papel do ETCO no Supremo neste mesmo sentido, sobre o porquê de um setor tão forte não conseguir uma solução definitiva para o contrabando e sobre o conflito de interesses surgido das ações públicas durante e após a CPI da Pirataria.

Alguns dias depois, Evandro Guimarães, então presidente do ETCO, nos telefonou:

— Há algumas perguntas cujos pressupostos não me parecem verazes — disse, afirmando que havia buscado informações com os associados do instituto. — Tem coisa que é lenda.

Guimarães disse ainda que o contrabando tem sido o principal inimigo das políticas antitabagismo, a respeito das quais a indústria não faz qualquer oposição, nem mesmo em torno dos altos tributos.

— Apoiamos a redução do hábito de fumar. Somos absolutamente legalistas.

Apesar das declarações telefônicas, Guimarães não permitiu que fizéssemos perguntas e disse que nossas questões seriam respondidas por meio de uma nota. O comunicado veio horas depois, em tom genérico: "O ETCO segue preocupado com o crescimento desenfreado do mercado ilegal de todos os produtos que, além dos prejuízos para a economia do país, traz um perigo constante para a saúde da população, já que seus produtos não têm nenhum controle de qualidade das autoridades sanitárias."

A poucos passos do Supremo Tribunal Federal, no Congresso, o ETCO também atua. Um dos alvos é a PEC 137, de 2015, apresentada por Ronaldo Caiado (DEM-GO) a pedido da entidade.[80] A ideia

---

80 "Caiado apresentou a PEC atendendo a sugestão da Federação do Comércio de Bens, Serviços e Turismo (Fecomércio), da Associação Comercial de São Paulo e do Instituto Brasileiro de Ética Concorrencial (ETCO)." Informação publicada em "PEC pretende restringir ainda mais edição de medidas provisórias sobre assuntos tributários", em *Agência Senado*, 20 jan.2016. Disponível em <http://www12.senado.leg.br/noticias/materias/2016/01/20/pec-pretende-restringir-ainda-mais-edicao-de-medidas-provisorias-sobre-assuntos-tributarios/tablet>.

é proibir a União de promover aumento de tributação por meio de medida provisória. Na visão do instituto, a situação atual provoca insegurança jurídica para as empresas.

— Não se pode aumentar mais um centavo de tributação do cigarro. Se isso acontecer, a indústria vai fechar e nós só vamos encontrar cigarro paraguaio nesse país — ameaça Ramazzini, da ABCF. — O governo tem que entender que não dá para continuar desse jeito. Se não, vamos ter aqui unicamente unidades de distribuição. O Brasil precisa ter uma indústria forte. Do jeito que o governo faz, não temos como ter um setor industrial forte.

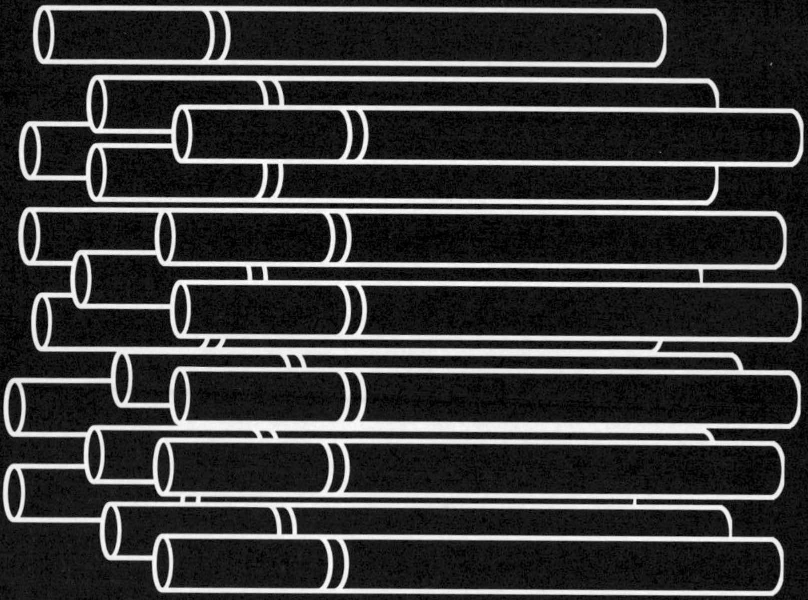

O FUTURO
JÁ COMEÇOU
18

— Gente, na minha opinião, nenhum de nós verá qualquer modificação na produção de tabaco. Não vamos ver isso. Talvez nossos netos, bisnetos.

Quando conversamos com o deputado Sérgio Moraes, em agosto de 2017, em Brasília, ele decidiu adicionar uma frase à coleção de pérolas:

— Não adianta fabricar cigarro eletrônico. O sujeito quer o tabaco. Daqui a pouco tu vai querer me convencer que uma mulher, essas inflável, vai atender à necessidade. Não vai. São coisas diferentes. São produtos diferentes. São clientes diferentes. Não vai funcionar. Não veremos a diminuição do consumo de tabaco.

Algumas semanas antes, a Philip Morris anunciara que já vislumbrava o fim do cigarro de papel. Algumas semanas depois, oficializou uma iniciativa para acelerar esse desfecho. A Foundation for a Smoke-Free World [Fundação para um mundo livre de cigarro], lançada em setembro de 2017,[81] conta com aporte de US$ 1 bilhão ao longo de doze anos para dar suporte a pesquisas, a caminhos rápidos de saída do tabagismo e à criação de alternativas aos agricultores.

À frente da iniciativa está Derek Yach, um ex-diretor da OMS que foi fundamental na elaboração da Convenção-Quadro. "Desde

---

81 Informação disponível em <https://www.smokefreeworld.org/>.

o começo, a intenção foi criar uma fundação independente que encontre os mais altos padrões de normas legais e éticas", declarou.[82] Foi uma tacada de mestre. Se Yach está no comando, quem há de duvidar das boas intenções da fundação? Além dele, foram contratados Ehan Latif, ex-diretor da Union, organização não governamental que tem um papel central na coordenação de estudos e atividades sobre o combate ao tabagismo, a diplomata Lisa Gable, dos Estados Unidos, muito atuante em questões de saúde, e Zoe Feldman, que trabalhava em iniciativas de saúde da Pepsico.

Foi justamente a gigante dos refrigerantes e salgadinhos que, anos antes, abriu um debate na comunidade científica ao contratar Yach. A discussão se dividiu entre os que acreditam na mudança feita por dentro das instituições e os que entendem que é impossível pactuar lucro e saúde.[83] A busca por um portfólio saudável, motivo da contratação do sul-africano, levou a uma queda no valor das ações, e a iniciativa foi abortada, o que causou a demissão do cientista. Em entrevista à renomada pesquisadora da área de saúde Marion Nestle, ele culpou a resistência cultural dos consumidores pelo fracasso da experiência, e não a pressão dos acionistas por uma mudança de rumos.[84]

Dois anos antes de ser anunciado como coordenador do instituto financiado pela Philip Morris, Yach havia escrito um artigo no qual cobrava que os profissionais de saúde adotassem rapidamente os cigarros eletrônicos como política de redução de danos. Para ele, a nova geração de produtos garantia os prazeres do cigarro sem os problemas graves pelos quais o produto ficou conhecido. "É hora de encerrar a guerra em torno dos cigarros

---

82 "Philip Morris International's anti-smoking drive creates fug of suspicion", em *The Times*, 14 set. 2017. Disponível em <https://www.thetimes.co.uk/article/philip-morris-international-anti-smoking-drive-creates-fug-of-suspicion-benson-hedges-marlboro-w8h7kb3rr>.
83 Argumentos dos dois lados podem ser encontrados na série de artigos encabeçada por UAUY, R. "Do we believe Derek's motives for taking his new job at PepsiCo?", em *Public Health Nutrition*, n. 11, v. 2, pp. 111-2, 2008.
84 NESTLE, Marion. *Soda Politics: taking on big soda (and winning)*. Oxford: Oxford University Press, 2015.

eletrônicos e enxergá-los como um auxiliar para a cessação do tabagismo", exortou,[85] cobrando a adoção de políticas públicas que encorajem a migração para esses dispositivos. Isso passa, na visão dele, por impor uma diferença de preço grande entre os eletrônicos e os comuns.

Nós podemos acreditar que a Philip Morris tomou jeito na vida. Ou podemos lembrar que o mundo é mais complexo. Não temos como saber qual foi a real motivação de Yach ao aceitar o cargo. Porém, baseado em sua experiência na Pepsico, é fácil entender que a decisão passa pela ideia de comandar esforços que transformem a vida de milhões de pessoas e pela convicção de que isso só é possível com a ajuda do setor privado.

Mas, e a pressa repentina da Philip Morris em dar fim ao cigarro? Embora tenha entrado tarde no mercado do cigarro eletrônico, a corporação chegou chegando, e está melhor posicionada que a concorrente British American Tobacco para aproveitar essa onda. O número de adeptos ainda é pequeno, e muitos países preferiram adotar uma linha precavida, proibindo ou limitando os dispositivos eletrônicos. É o caso do Brasil, onde, em 2009, a Anvisa editou a Resolução 46, que proibiu o comércio e a publicidade em todo o país. Em junho de 2016, o Centers for Disease Control and Prevention [Centro para o controle e prevenção de doenças], maior instituto de saúde pública dos Estados Unidos, calculava em 5,5 milhões o número de usuários habituais do produto dentro das fronteiras norte-americanas. É pouco perto do número global de fumantes, mas o crescimento tem sido expressivo.

A Philip Morris diz que o IQOS não é um cigarro eletrônico, mas um dispositivo de tabaco aquecido e, portanto, deveria ser enxergado como um aparelho eletrônico qualquer, sem possibilidade de regulação pelos órgãos de saúde.

— A discussão sobre esse produto polarizou muito a comu-

---

85 "Derek Yach: Anti-smoking advocates should embrace e-cigarettes", em National Post, 26 ago. 2015. Disponível em <http://nationalpost.com/opinion/derek-yach-anti-smoking-advocates-should-embrace-e-cigarettes>.

nidade científica. Não existe consenso. A COP recomenda regulamentar ou proibir. O que vem passando é que muitos países não proíbem, nem regulamentam, e deixam o mercado aberto a esses novos produtos, que se somam ao antigo produto. Isso gera uma complexidade adicional que, se não regulada, piora o cenário em vez de melhorar — avalia Vera Luiza, chefe do Secretariado da Convenção-Quadro. — É um processo muito novo. A gente está acompanhando para ver onde chega. A cada dia há mais estudos e mais discussão sobre o tema. O Brasil, que já tem uma proteção, ainda precisa esperar muita coisa ser entendida antes que se venha a propor alguma mudança.

Em um estudo publicado em junho de 2017,[86] a empresa de consultoria Euromonitor anunciou que no ano anterior, pela primeira vez em décadas, a proporção dos cigarros comuns na venda total de produtos derivados de tabaco caiu abaixo de 90%. Enquanto isso, já se projetava um crescimento de 691% no faturamento do cigarro eletrônico, de US$ 2 bilhões em 2016 para US$ 15,4 bilhões em 2021, quando passaria a responder por 3,5% do mercado global de produtos derivados de tabaco graças a uma participação crescente em ao menos 35 países.

Para entender a ação das empresas nessa nova frente, temos de olhar para o passado. Quando surgiram as primeiras evidências negativas contra o cigarro comum, o *Big Tobacco* apressou-se em criar versões *light*. Não faltaram propagandas dando conta de um produto mais saudável, praticamente inócuo, e que, portanto, poderia ser consumido em quantidades ainda maiores. Como a população estava sendo enganada por esse discurso, algum tempo depois os órgãos públicos descobriram e forçaram sua retirada do mercado.

---

[86] "Cigarettes to Record US$7.7 Billion Loss by 2021 as Heated Tobacco Grows 691 Percent." Material de divulgação disponível em <https://blog.euromonitor.com/2017/06/cigarettes-record-loss-heated-tobacco-grows-691-percent.html>.

No horizonte que se descortina, há dois produtos diferentes. O cigarro eletrônico e os dispositivos de tabaco aquecido. Nos dois casos, há uma tentativa de evitar o nome "cigarro", trocado por expressões mais brandas, como "vaporizador": uma máquina que produz "vapor de tabaco" em vez de fumaça e que tem uma espécie de filtro, o que, em tese, evitaria a ingestão de tantos elementos tóxicos pelo usuário. Fato é que, em ambos os casos, não existe consenso científico sobre as prometidas evoluções e os reduzidos males à saúde supostamente trazidos por esses equipamentos. Ao contrário, ainda não se tem amplo conhecimento sobre seus efeitos.

Não está claro para onde caminham os novos modelos de cigarro, mas não há dúvida de que eles rearticularam as forças da indústria em torno de três questões-chave: publicidade, desregulamentação e ciência. "Como é que o cara vai proibir você de fumar? Não estou fumando. Não tem cinza, não tem brasa, não tem fumo, não tem cheiro." Durante seis minutos, o apresentador Ratinho promoveu uma marca de cigarro eletrônico durante seu programa no SBT. Ele fumou e fez questão de fazer circular alguns dispositivos pelo público, que "brincava" de fumar. Foi justamente em agosto de 2009, logo depois de entrar em vigor a lei que proibia o cigarro em lugares fechados de São Paulo. O novo dispositivo solucionava o problema: um repórter mostrou como era possível usá-lo em elevadores, padarias e outros lugares públicos porque se tratava de um simples vapor d'água, sem causar danos a si ou aos demais.

Desde então, esse vem sendo o mote da comunicação sobre "tecnocigarros": tá tranquilo, tá favorável; fuma na boa, só de brincadeira. Aliás, não fuma não: vaporiza. A publicidade enfatiza que esse é um produto perfeito, inofensivo. "Se você é um fumante, a Philip Morris deixa claro que a melhor coisa a fazer por sua saúde é largar todos os produtos de tabaco completamente. No entanto, se você não está interessado em parar, IQOS é sua segunda melhor opção", diz um texto rasgadamente favorável à empresa publicado na internet.[87]

Bom, as coisas começam a ficar mais claras.

Uma propaganda de cigarro eletrônico mostra a mãe, feliz da vida, soprando a fumaça em um bebê dentro do carrinho. Outra exibe uma moça fumando a bordo de um avião, informando que quem fuma cigarro eletrônico não fica malcheiroso: é rico e viaja na primeira classe. "Recupere sua liberdade", diz o anúncio. Outra garante que os médicos aprovam esse produto, recomendado para fumantes.

É toda uma volta ao passado: estilo de vida, saúde, glamour, intelectualidade, liberdade. Um *cowboy* de Marlboro repaginado. A versão *hipster* ou *millenial* do "cada um na sua, mas com alguma coisa em comum".

Um estudo da Faculdade de Saúde Pública do Royal College of Physicians do Reino Unido demonstra "profunda" preocupação de que o cigarro eletrônico esteja sendo utilizado para minar as políticas públicas exitosas das últimas décadas. A instituição cobra uma ação rápida dos órgãos públicos e argumenta que "muitas dessas imagens podem muito claramente ser consideradas uma tentativa de renaturalizar e reglamourizar a imagem do fumar".

O cigarro eletrônico tem aparecido em muitos filmes e séries de TV. Na verdade, o próprio cigarro voltou com força. Nos Estados Unidos, mais uma vez as celebridades foram escolhidas como vetores da mensagem de que essa é a hora de começar a usar um produto totalmente inofensivo. Um site que vende vaporizadores comemorou: faltava o endosso de algum artista para o cigarro eletrônico realmente decolar.

Em 2010, a atriz Katherine Heigl estava em um importante *talk show* dando uma entrevista comum. Coincidentemente, havia um dispositivo desses bem ao lado da perna dela. Quem é que sai de casa hoje em dia para dar entrevista sem um cigarro

---

[87] "Philip Morris wants to extinguish the cigarette. Turn on the IQOS", em *The Slovak Spectator*, 28 ago. 2017. Disponível em <https://spectator.sme.sk/c/20634457/philip-morris-wants-to-extinguish-the-cigarette-turn-on-the-iqos.html>.

eletrônico do lado da perna, oras? Ela o sacou, começou a fumar e explicou didaticamente o funcionamento. "É vapor d'água. Eu estou umidificando o espaço", disse, extasiada, e em seguida compartilhou o produto com o apresentador David Letterman, que deu profundas bafordas antes de devolvê-lo sob delírio da plateia. "Ninguém mais tem a desculpa de usar um cigarro comum", completou a atriz, que garantiu que não havia sido paga para fazer propaganda. "É um vício, mas não faz mal pra você. Então, é um vício divertido." Foi uma tática igual à usada no Japão para alavancar vendas que até então caminhavam mal.

De lá para cá, Leonardo DiCaprio, Johnny Depp, Katy Perry, Justin Bieber e Paris Hilton, entre muitos outros, já "vaporizaram" em público, inclusive em lugares fechados. Em meio às pressões crescentes por uma mudança na posição da Anvisa, em novembro de 2017 a atriz Cleo Pires postou uma foto em redes sociais usando um dispositivo eletrônico.[88]

"Vaporiza! Todas as pessoas bacanas estão fazendo isso! De músicos a atores e a tudo que está no meio, vaporizar é ter sucesso no mundo, e celebridades não fogem a essa tarefa", diz uma página que lista astros e estrelas que usam o cigarro eletrônico. O texto encoraja a aderir a essa nova onda, deixando de lado o velho e apodrecido cigarro comum. De novo, volta ao passado: se você está fora, é um careta, um mané.

Um artigo publicado nos *Cadernos de Saúde Pública* por pesquisadores do Instituto Nacional de Câncer alertou que as grandes corporações do tabaco tomaram controle de mais da metade do mercado de cigarros eletrônicos, numa estratégia sutil, mas cada vez mais visível, de substituição de um produto com imagem negativa por um produto com uma reputação ainda por

---

[88] "Cleo Pires aparece fumando cigarro eletrônico e gera polêmica", em *Catraca Livre*, 19 nov. 2017. Disponível em <https://catracalivre.com.br/geral/inusitado/indicacao/cleo-pires-aparece-fumando-cigarro-eletronico-e-gera-polemica/>.

construir.[89] Inicialmente, o *Big Tobacco* estava de fora dessa história, mas depois se rearticulou, lançando os próprios produtos e comprando empresas menores.

Os autores analisaram o discurso contido nas principais páginas de venda (ilegal) de cigarros eletrônicos no Brasil. E encontraram quatro vertentes de argumentação: apropriação do discurso antitabagismo; comparação entre os cigarros convencional e eletrônico; apelo à crença na fidedignidade da ciência; e projeção da imagem do cigarro eletrônico.

A primeira delas é especialmente interessante, e muito comum. A própria Philip Morris adotou um discurso que enaltece os danos provocados pelo cigarro. Mas, claro, quem faz o trabalho pesado são outros vetores, como as páginas que buscam vender o cigarro eletrônico como um estilo de vida.

De acordo com o artigo,

> o cigarro convencional começou a perder o glamour projetado pelos mitos hollywoodianos justamente quando passou a ser associado aos seus efeitos observáveis incorporados à imagem do fumante. Dando ênfase à relação fumante-imagem social, com sentido falacioso de sublimação da imagem social negativa e aparente, o marketing dos cigarros eletrônicos tenta resgatar o glamour perdido, agora incorporando à sua estratégia a sedução tecnológica.
>
> Cabe às instâncias governamentais de saúde pública, profissionais de saúde e pesquisadores empreender pesquisas nas suas diversas abordagens quantitativas e qualitativas que não só comprovem ou neguem a eficácia e a segurança quanto ao consumo do produto, como também esquadrinhem os sentidos e os processos culturais subjacentes às novas linguagens e estratégias comerciais da indústria do tabaco.

---

[89] ALMEIDA, Liz Maria de, *et al.* "Névoas, vapores e outras volatilidades ilusórias dos cigarros eletrônicos", em *Cadernos de Saúde Pública*. Rio de Janeiro, v. 33, n. 15, ago. 2015. Disponível em <http://cadernos.ensp.fiocruz.br/site/artigo/219/nvoas-vapores-e-outras-volatilidades-ilusrias-dos-cigarros-eletrnicos>.

Vamos, então, mais uma vez, repensar sobre as motivações da Philip Morris. Quem costuma agir compelido pelo espírito de grupo? Quem pode garantir a renovação de mercado? Quem é o eterno alvo das grandes empresas de cigarro?

O Surgeon General, órgão de saúde pública dos Estados Unidos, condensou alguns dados sobre os vaporizadores.[90] Em 2014, o número de fumantes de cigarro eletrônico entre 18 e 24 anos superou o de adultos com mais de 25 anos pela primeira vez. Entre jovens, 13,6% afirmavam haver usado esse dispositivo nos trinta dias anteriores, índice que subia a 16% entre alunos do ensino médio. Naquele mesmo ano, os investimentos em publicidade do produto chegavam a US$ 125 milhões no país, e sete em cada dez estudantes dos ensinos fundamental e médio relatavam haver assistido a algum tipo de propaganda na internet, na TV, em filmes, jornais e revistas. Embalagens dos fluidos usados nos dispositivos se fazem escandalosamente confundir com chocolates, balas, biscoitos.

O FDA, a Anvisa norte-americana, estimava em dois milhões de pessoas entre 12 e 18 anos o público consumidor do produto. O Centers for Disease Control passou de quase nenhuma chamada telefônica a esse respeito, em 2010, para uma média de duzentas ao mês em 2014.[91] Metade delas se referia a crianças de 5 anos que haviam inalado ou ingerido a nicotina líquida. Afinal, é só uma brincadeira.

Além das alegações de que o produto é mais saudável, limpo e barato, as peças de marketing exibem jovialidade e apelos ao sabor: chocolate, caramelo, doces em geral. "É preciso refletir se

---

90 U.S. Department of Health and Human Services. *E-Cigarette Use Among Youth and Young Adults. A Report of the Surgeon General.* Atlanta, GA: U.S. Department of Health and Human Services, Centers for Disease Control and Prevention, National Center for Chronic Disease Prevention and Health Promotion, Office on Smoking and Health, 2016.
91 Centers for Disease Control and Prevention (CDC). "Tobacco product use among middle and high school students", *em Morbidity and Mortality Weekly Report.* United States, 2011-2015. v. 65, n. 14, pp. 361-67.

os cigarros eletrônicos seriam, além de um convite ao retorno ao tabagismo, também um desestímulo à cessação, e, se assim for, seria uma importante ameaça às políticas mundiais de controle do tabagismo", diz o estudo *Cigarros eletrônicos: o que sabemos*, publicado em 2016 pelo Instituto Nacional de Câncer. O trabalho foi coordenado por Stella Martins, médica e professora da Universidade Federal de São Paulo (Unifesp).

A comunidade científica nacional e internacional se divide sobre o que fazer. Há quem enxergue uma oportunidade inédita de evitar milhões de mortes provocadas pelo produto — portanto, não temos tempo a perder. Porém, há quem entenda que ainda não fomos até o fim nas políticas públicas hoje disponíveis justamente devido à grande resistência da indústria. Derrubar essa barreira é, então, mais importante. Essa seria a melhor opção do ponto de vista ético, já que não temos segurança sobre os impactos do cigarro eletrônico. No caso brasileiro, a Constituição estabelece o princípio da precaução, base para a decisão tomada na década passada pela Anvisa.

Aí surgem pessoas que defendem que muita fumaça já passou pela garganta e que agora podemos baixar a guarda em relação aos vaporizadores. É o caso de Derek Yach, o reconhecido ex-diretor da OMS. Porém, se observarmos com calma, veremos que as evidências científicas são muito contraditórias. Há poucos estudos aprofundados sobre os efeitos desses produtos sobre a saúde. Os que existem, via de regra, apresentam problemas técnicos ou foram patrocinados pelas empresas. Para além disso, os produtos apresentam grandes variações nos teores de nicotina e na maneira como a substância chega ao nosso corpo. Ainda não se tem conhecimento sobre todas as substâncias liberadas pelo aquecimento.

Uma reportagem da *Reuters* expôs uma série de falhas nos estudos encomendados pela Philip Morris na tentativa de fazer liberar o IQOS nos Estados Unidos.[92] Um dos pesquisadores admi-

---

92 "Scientists describe problems in Philip Morris e-cigarette experiments", em

tiu não saber nada sobre tabaco. Outros não falavam, o que levou a uma incompreensão sobre o foco das análises. Houve erros primários nas coletas de urina. Uma funcionária que contestou a qualidade das pesquisas e dos especialistas foi excluída das reuniões a respeito.

Mas, no final de 2017, o produto da Philip Morris já estava em trinta países. Isso mostra que a indústria do cigarro foi uma guia para as demais na manipulação das políticas públicas, mas também soube aprender com suas filhas mais novas: as *startups* da alta tecnologia são famosas por começar a funcionar antes que os governos locais possam agir, atropelando as leis existentes. É a tática do fato consumado.

No Japão, pioneiro na liberação do cigarro eletrônico, a empresa estima 2,5 milhões de consumidores — e esses números já estarão defasados quando for publicado este livro. A *Reuters* mostrou que o país foi escolhido pela capacidade de guiar tendências, e que todo o marketing do IQOS tenta copiar a Apple, numa pegada descolada, afastada da imagem dos produtos de tabaco.[93] Ao analisar os dados, vê-se que a empresa está impulsionando o dispositivo nos países onde a venda de cigarros tradicionais está em declínio, o que contradiz a narrativa oficial de que o produto é para quem não consegue deixar o cigarro.

Em agosto de 2017, a corporação organizou um evento em parceria com a *Folha de S. Paulo* para defender a linha da redução de danos. Nveed Chaudary, coordenador de comunicação científica da Philip Morris International, começou a palestra com uma história tocante. A vida dele mudou quando se deparou com um morador de rua que havia passado por traqueostomia, mas seguia fumando por meio do buraco aberto na garganta. Ou seja, se há

Reuters, 20 dez. 2017. Disponível em <https://www.reuters.com/investigates/special-report/tobacco-iqos-science/>.

93 "How Philip Morris is selling regulators on its hot new smoking device", em *Reuters*, 21 dez. 2017. Disponível em <https://www.reuters.com/article/us-tobacco-iqos-marketing-specialreport/special-report-how-philip-morris-is--selling-regulators-on-its-hot-new-smoking-device-idUSKBN1EF1H8>.

gente que não consegue superar a dependência, o melhor é elaborar produtos que nos levem a mitigar o problema.

A fala dele foi bastante franca sobre os malefícios provocados pelo cigarro comum, o que poderia ser um belo *mea culpa* da Philip Morris após mais de cem anos de história. Mas há uma contradição grande. A empresa gasta milhões com advogados para defender que o cigarro é uma questão de livre-arbítrio: fuma quem quer, o produto não provoca dependência. De repente, o discurso de seus representantes e o vídeo de divulgação da fundação recém-criada passam a enfatizar o fumante como vítima.

"Nós só podemos causar impacto na vida de fumantes que estão sofrendo há muitos anos se esses produtos forem disponibilizados para eles e se as informações sobre esses produtos também se tornam disponíveis", avisou Chaudary, e da plateia surgiram perguntas sobre quando a Anvisa liberaria o produto.

Estamos falando da boa e velha Philip Morris. A roupagem *high-tech* não muda a essência. O debate em parceria com a *Folha* foi realizado no momento em que se pressionava a agência reguladora a rever a decisão de 2009. Não é surpresa, portanto, a ênfase na redução de danos. A Associação Médica Brasileira enviou documento à Anvisa pedindo que não ceda.[94] A entidade afirma que não há comprovação da segurança do uso desses dispositivos que, de todo modo, contêm nicotina e, portanto, levam à dependência. A AMB emitiu alertas aos médicos informando que não há certeza de que sejam eficientes na cessação do tabagismo.

No começo de 2018, a Souza Cruz tratava como questão de tempo a liberação dos dispositivos no Brasil.[95] "Como essa é uma tecnologia mais nova, não conseguimos a mesma rentabilidade [do

---

94 Disponível em <http://portal.anvisa.gov.br/documents/219201/2782895/28.07.2017+Carta+-+AMB++-++Cigarros+Eletr%C3%B4nicos.pdf/eef5af78-5d-90-4502-908c-b37b4355dccc>.

95 "Dona da Souza Cruz perde participação de mercado no Brasil em 2017", em *Valor Econômico*, 22 fev.2018. Disponível em <http://www.valor.com.br/empresas/5340033/dona-da-souza-cruz-perde-participacao-de-mercado-no-brasil-em-2017>.

cigarro tradicional] porque não tem escala. Mas acreditamos que no longo prazo a escala vai ser tão grande que vai permitir que tenhamos uma margem tão boa quanto temos em tabaco hoje", disse Liel Miranda, presidente da British American Tobacco no Brasil.

Em abril de 2018, o ministro da Saúde, Gilberto Occhi, recebeu em seu gabinete a vice-presidente científica da Philip Morris, Moira Gilchrist. O fato de a empresa haver enviado ao Brasil um de seus altos quadros mostra o tamanho da pressão que estava se formando. E, claro, não é por acaso que a enviada é a responsável pela área de pesquisas, o que tenta dar ao debate uma roupagem de evidências científicas, e não de disputa de mercado.

A corporação passou a defender que o IQOS é uma questão de direito à informação. "Ao postergar essa discussão, acaba-se 'protegendo' o cigarro convencional e impedindo que milhões de brasileiros que fumam possam ter informações e acesso a produtos melhores do que o cigarro", alegou o diretor de Assuntos Corporativos da Philip Morris, Fernando Vieira.[96] Espera aí. Proteger o cigarro convencional não foi a tarefa que a Philip Morris cumpriu com unhas e dentes durante décadas e décadas e décadas?

A empresa informa ter investido US$ 3 bilhões e dez anos em pesquisas para desenvolver o IQOS. E rejeita a comparação com os cigarros eletrônicos: trata-se de um dispositivo de tabaco aquecido, que chega a no máximo trezentos graus, o que faz com que a nicotina não libere as milhares de substâncias tóxicas presentes no cigarro. Por isso, avisa, as agências reguladoras deveriam permitir apenas produtos cuja segurança foi comprovada por estudos científicos. E o único produto nessa condição é o IQOS.

Então, quando a Philip Morris fala em pressa para salvar os fumantes, nós podemos traduzir como a pressa em conquistar mercados. De novo, semelhanças com o Vale do Silício: a tática

---

96 "Correio Talks: tecnologia ajuda consumidor a fazer escolhas melhores", em *Correio Braziliense*, 11 abr. 2018. Disponível em <https://www.correiobraziliense.com.br/app/noticia/economia/2018/04/11/internas_economia,672706/correio-talks-tecnologia-ajuda-consumidor-a-fazer-escolhas-melhores.shtml>.

de que quem chega primeiro leva tudo. No Brasil, a corporação poderia largar na frente e tentar finalmente desbancar a liderança da Souza Cruz, que jamais se viu ameaçada. Uma nota de bastidores da coluna "Radar", da revista *Veja*, dava conta de que a Philip Morris tinha mais chances de ver o produto aprovado primeiro pela Anvisa que a concorrente.[97]

A alegação de que só o IQOS é seguro certamente tem a ver com a nota plantada na coluna. "As pessoas começam a fumar por vários motivos. Se analisarmos isso globalmente, tem pessoas que começam a fumar durante a adolescência, por pressão dos seus pares", disse Nveed Chaudary, negando que o produto esteja destinado à iniciação da molecada. "Sabemos que na realidade vai haver algum interesse de pessoas que não usam o tabaco atualmente. Idealmente não deveriam usar a nicotina ou o tabaco. Pessoalmente, como pessoa com problemas respiratórios, penso que, se forem começar a usar, é melhor que sejam esses produtos, mas não é esse o nosso objetivo."

No Japão, 1% dos consumidores do IQOS jamais haviam fumado. Parece pouco, mas já é bastante. E o problema é que a corporação não informa, entre os demais, quantos não fumavam regularmente, ou haviam no máximo dado umas tragadas na vida.

Tudo parece muito novo. Mas é mais do mesmo. Estamos novamente falando de uma empresa que tem muitos recursos econômicos e políticos para impor um novo produto cujo grau de necessidade é duvidoso ou não está comprovado. Em nome de salvar a própria pele, ameaçada pela imagem negativa do cigarro de papel, mais uma vez busca apresentar uma solução que já se sabe não ser boa para a saúde. No máximo, podemos considerar os dispositivos eletrônicos como um mal menor.

Diante disso, o documento coordenado pela professora Stella Martins sugere manter a cautela. Para ela, é importante que

---

[97] "Na mais nova corrida, Souza Cruz vê Philip Morris ultrapassá-la", em *Veja*, 1º dez. 2017. Disponível em <https://veja.abril.com.br/blog/radar/na-mais-nova-corrida-souza-cruz-ve-philip-morris-ultrapassa-la/>.

os órgãos públicos emitam alertas sobre esses produtos, evitando a iniciação por não fumantes e jovens. Que se adote para os eletrônicos a mesma política em relação ao fumo comum, vetado em ambientes fechados. E, por fim, que os fumantes sejam alertados sobre a falta de evidências científicas quanto à segurança dos dispositivos.

Quando falamos do cigarro, os danos à saúde são, sem dúvida, uma motivação central no debate. Mas não é só isso. Nós estamos nos perguntando se é aceitável que um mercado global seja controlado por empresas que têm práticas controversas. Se podemos tolerar que milhares de pessoas padeçam condições de trabalho ruins e falta de liberdade. Se podemos conviver com a manipulação da opinião pública e das evidências científicas em benefício do lucro privado. Se podemos permitir que as vozes roucas sigam a sufocar.

REFERÊNCIAS

ARTIGOS DE JORNAIS E PERIÓDICOS

"17 mil pessoas não ouvidas pelo CONAR". *ACTbr.*, 15/8/2016. Disponível em: <http://www.actbr.org.br/blog/index.php/17-mil-pessoas-nao-ouvidas-pelo-conar/1157>.

"6 Retail Tobacco Insights from Wells Fargo's 'Tobacco Talk' Survey". *CSP Daily News*, s/d. Disponível em: <http://www.cspdailynews.com/category-news/tobacco/articles/6-retail-tobacco-insights-wells-fargo-s-tobacco-talk-survey#page=0>.

"A máfia do cigarro pirata". *IstoÉ Dinheiro*, 10/9/2003. Disponível em: <https://www.istoedinheiro.com.br/noticias/negocios/20030910/mafia-cigarro-pirata/20816>.

ALMEIDA, Liz Maria de; et al. "Névoas, vapores e outras volatilidades ilusórias dos cigarros eletrônicos". *Cad. Saúde Pública*, v. 33, n. 15, agosto de 2015. Disponível em: <http://cadernos.ensp.fiocruz.br/site/artigo/219/nvoas-vapores-e-outras-volatilidades-ilusrias-dos-cigarros-eletrnicos>.

"Almoço-debate promovido pela LIDE SUL com patrocínio da Souza Cruz". *ConsumidorRS*, 1/3/2011. Disponível em: <http://www.consumidor-rs.com.br/2013/inicial.php?case=2&idnot=14797>.

"Análise da situação atual em matéria de preço e impostos de cigarro". *ACTbr.*, março de 2008. Disponível em: <http://actbr.org.br/uploads/arquivo/200_Precos-impostos-ACTBR.pdf>.

"Associação Brasileira de Combate à Falsificação faz protesto no Palácio dos Bandeirantes". *SPTV*, 3/3/2016. Vídeo. Disponível em: <https://globoplay.globo.com/v/4857871/>.

"Associação Médica Brasileira. Evidências científicas sobre tabagismo para subsídio ao Poder Judiciário". 12/3/2013. Disponível em: <http://www2.inca.gov.br/wps/wcm/connect/1ef15b0047df154c86dacf9ba9e4feaf/tabagismo-para-subsidio-poder-judiciario.pdf?MOD=AJPERES&CACHEID=1ef15b0047df154c86dacf9ba9e4feaf>.

"Behind Drugs' Glare, Paraguay's Illegal Cigarette Trade Flourishes". *World Politics Review*, 1/10/2015.

"Big Tobacco Still Sees Big Business in America's poor". *The Guardian*, 13/7/2017. Disponível em: <https://www.theguardian.com/world/2017/jul/13/tobacco-industry-america-poor-west-virginia-north-carolina>.

"Brasil perdeu R$ 146 bilhões para o mercado ilegal em 2017". Instituto ETCO, 5/3/2018. Disponível em: <http://www.etco.org.br/noticias/brasil-perdeu-r-146-bilhoes-para-o-mercado-ilegal-em-2017/>.

"Campanha de cigarro usa publicidade ilegal e disfarçada". *Exame*, 7/11/2017. Disponível em: <https://exame.abril.com.br/marketing/disfarcada-campanha-cigarro-kent-instagram-influencers/>.

"Can Big Tobacco Really Quit Cigarettes?". *Bloomberg*, 28/7/2017. Disponível em: <https://www.bloomberg.com/news/articles/2017-07-28/thanks-for-not-smoking-can-big-tobacco-really-quit-cigarettes>.

"Cigarros feitos com pouca higiene". *Gazeta do Povo*, 23/3/2011. Disponível em: <http://www.gazetadopovo.com.br/vida-e-cidadania/cigarros-feitos-com-pouca-higiene-er37vlzrn3jzumezex79zkci6>.

"Cigarros paraguaios têm pedaços de insetos e alto número de bactérias". *Jornal Hoje*, 18/6/2011. Disponível em: <http://g1.globo.com/jornal-hoje/noticia/2011/06/cigarros-paraguaios-tem-pedacos-de-insetos-e-alto-numero-de-bacterias.html>.

"Cleo Pires aparece fumando cigarro eletrônico e gera polêmica". *Catraca Livre*, 19/11/2017. Disponível em: <https://catracalivre.com.br/geral/inusitado/indicacao/cleo-pires-aparece-fumando-cigarro-eletronico-e-gera-polemica/>.

"Comer, beber e dançar: passeio pela Oktoberfest de Santa Cruz do Sul". *Zero Hora*, 13/10/2016. Disponível em: <https://gauchazh.clicrbs.com.br/comportamento/viagem/noticia/2016/10/comer-beber-e-dancar-passeio-pela-oktoberfest-de-santa-cruz-do-sul-7775368.html>.

"Conar irá julgar comercial sobre imposto do cigarro e contrabando". *G1*, 13/6/2016. Disponível em: <http://g1.globo.com/economia/midia-e-marketing/noticia/2016/06/conar-ira-julgar-comercial-sobre-imposto-do-cigarro-e-contrabando.html>.

"Correio Talks: tecnologia ajuda consumidor a fazer escolhas melhores". *Correio Braziliense*, 11/4/2018. Disponível em: <https://www.correiobraziliense.com.br/app/noticia/economia/2018/04/11/internas_economia,672706/correio-talks-tecnologia-ajuda-consumidor-a-fazer-escolhas-melhores.shtml>.

"Derek Yach: Anti-smoking Advocates Should Embrace E-cigarettes". *National Post*, 26/8/2015. Disponível em: <http://nationalpost.com/opinion/derek-yach-anti-smoking-advocates-should-embrace-e-cigarettes>.

"Deve o STF tratar a indústria do tabaco como qualquer outra?". *Folha de S. Paulo*, 09/11/2017. Disponível em: <http://www1.folha.uol.com.br/opiniao/2017/11/1933905-deve-o-stf-tratar-a-industria-do-tabaco-como-qualquer-outra.shtml>.

"Doença da Folha Verde do Tabaco pauta revista científica". *AgroLink*, 23/1/2017. Disponível em: <https://www.agrolink.com.br/noticias/doenca-da-folha-verde-do-tabaco-pauta-revista-cientifica_368686.html>.

"Dona da Marlboro anuncia plano para parar de fabricar cigarros". *Exame*, 9/1/2018. Disponível em: <https://exame.abril.com.br/negocios/dona-da-marlboro-anuncia-plano-para-parar-de-fabricar-cigarros/>.

"Dona da Souza Cruz perde participação de mercado no Brasil em 2017". *Valor Econômico*, 22/2/2018. Disponível em: <http://www.valor.com.br/empresas/5340033/dona-da-souza-cruz-perde-participacao-de-mercado-no-brasil-em-2017>.

"Do We Believe Derek's Motives for Taking his New Job at PepsiCo?". *Public Health Nutrition*, n. 11, v. 2, pp. 111–112, 2008.

"El Gran 'Duty Free'". *The International Consortium of Investigative Journalists*, 29/6/2009.

"Em Bologna, Cida se reúne com diretoria da Phillip Morris". *Agência Paraná de Notícias*, 27/9/2017. Disponível em: <http://www.aen.pr.gov.br/modules/noticias/article.php?storyid=95615&tit=Em-Bologna-Cida-se-reune-com-diretoria-da-Phillip-Morris>.

"Em nome da 'liberdade', Áustria desiste de banir cigarro em bares e restaurantes". *O Globo*, 12/12/2017. Disponível em: <https://oglobo.

globo.com/sociedade/saude/em-nome-da-liberdade-austria-desiste-de-banir-cigarro-em-bares-restaurantes-22179767>.

"Em vídeo, deputado diz que índios, gays e quilombolas 'não prestam'". *G1 Rio Grande do Sul*, 12/2/2014. Disponível em: <http://g1.globo.com/rs/rio-grande-do-sul/noticia/2014/02/em-video-deputado-diz-que-indios-gays-e-quilombos-nao-prestam.html>.

"Emenda representa um retrocesso". *O Estado de S. Paulo*, 28/9/2011.

"Entidades orientam produtores rurais a reduzir a área". *Gazeta do Sul*, 16/5/2017. Disponível em: <http://www.gaz.com.br/conteudos/regional/2017/05/16/94936-entidades_orientam_produtores_rurais_a_reduzir_a_area.html.php>.

"Entidades se armam para batalha judicial sobre cigarro com sabor". *Folha de S. Paulo*, 2/2/2018. Disponível em: <http://actbr.org.br/post/entidades-se-armam-para-batalha-judicial-sobre-cigarro--com-sabor/17132/>.

"Especialistas divergem quanto ao impacto do cigarro eletrônico na saúde". *Folha de S. Paulo*, 23/8/2017. Disponível em: <http://www1.folha.uol.com.br/seminariosfolha/2017/08/1912287-cigarro-eletronico--pode-reduzir-dano-a-saude-dizem-especialistas.shtml>.

"Especialistas mostram a importância do artigo 146-A da Constituição". *Revista ETCO*, n. 16, setembro de 2016. Disponível em: <http://www.etco.org.br/etco-na-midia/especialistas-mostram-a-importancia--do-artigo-146-a-da-constituicao/>.

"Fears over E-cigarettes Leading to Smoking for Young People Unfounded — Study". *The Guardian*, 29/8/2017. Disponível em: <https://www.theguardian.com/society/2017/aug/29/fears-over-e-cigarettes-leading-to-smoking-for-young-people-unfounded-study>.

FIGUEIREDO, Valeska Carvalho; TURCI, Silvana Rubano; CAMACHO, Luiz Antonio Bastos. "Controle do tabaco no Brasil: avanços e desafios de uma política bem-sucedida". *Cad. Saúde Pública*, v. 33, n. 15, junho de 2017. Disponível em: <http://cadernos.ensp.fiocruz.br/site/artigo/207/controle-do-tabaco-no-brasil-avanos-e-desafios-de-uma--poltica-bem-sucedida>.

"Futuro do cigarro: indústria prevê substituição de cigarro tradicional por eletrônicos". *G1*, 27/7/2017. Disponível em: <https://g1.globo.com/bemestar/noticia/futuro-do-cigarro-industria-preve-substituicao-de-cigarro-tradicional-por-eletronicos.ghtml>.

GUARDINO S. D.; DAYNARD, R. A. "Tobacco Industry Lawyers as 'Disease Vectors'". *Tobacco Control*, n. 16, 2007, pp. 224–228.

"Governo brasileiro erra ao supertaxar o tabaco, dizem especialistas". *Correio Braziliense*, 13/3/2018. Disponível em: <https://www.correiobraziliense.com.br/app/noticia/correiodebate/tributacao/2018/03/13/noticias-tributacao,665649/governo-brasileiro-erra-ao-supertaxar-o-tabaco-dizem-especialistas.shtml>.

"Green Tobacco Sickness among Tobacco Farmers in Southern Brazil". *American Journal of Industrial Medicine*, v. 57, n. 6, 2014, pp. 726–735.

"How Big Tobacco has Survived Death and Taxes". *The Guardian*, 12/7/2017. Disponível em: <https://www.theguardian.com/world/2017/jul/11/how-big-tobacco-has-survived-death-and-taxes>.

"How Philip Morris Is Selling Regulators on Its Hot New Smoking Device". *Reuters*, 21/12/2017. Disponível em: <https://www.reuters.com/article/us-tobacco-iqos-marketing-specialreport/special-report-how-philip-morris-is-selling-regulators-on-its-hot-new-smoking-device-idUSKBN1EF1H8>.

"Importador da Souza Cruz é investigado". *Folha de S. Paulo*, 23/2/2000. Disponível em: <http://www1.folha.uol.com.br/fsp/dinheiro/fi2302200015.htm>.

"Inside Philip Morris' Campaign to Subvert the Global Anti-smoking Treaty". *Reuters*, 13/7/2017. Disponível em: <https://www.reuters.com/investigates/special-report/pmi-who-fctc/>.

"João Doria apresenta medidas de combate ao contrabando em São Paulo". *Poder360*, 15/9/2017. Disponível em: <https://www.poder360.com.br/brasil/joao-doria-apresenta-medidas-de-combate-ao-contrabando-em-sao-paulo/>.

JOHNS, Paula. "Debate sobre o artigo de Costa e Silva et al.". *Cad. Saúde Pública*, v. 33, n. 15, outubro de 2017. Disponível em: <http://cadernos.ensp.fiocruz.br/site/artigo/247/debate-sobre-o-artigo-de-costa-e-silva-et-al>.

JOHNS, Paula; MONTEIRO, Anna. "Responsabilidade social empresarial: a nova face da indústria do tabaco". *ONG Tabaco Zero*, 2005. Disponível em: <http://actbr.org.br/uploads/conteudo/50_662_PUBLICACAO_RSE.pdf>.

JOOSSENS, L.; GILMORE, A. B. "The Transnational Tobacco Companies' Strategy to Promote Codentify, their Inadequate Tracking and Tracing Standard". *Tobacco Control*, 12/3/2013.

"Justiça aprecia 52 ações indenizatórias de ex-fumantes em 2013". *Migalhas*, 16/1/2014. Disponível em: <http://www.migalhas.com.br/Quentes/17,MI193741,101048-Justica+aprecia+52+acoes+indenizatorias+de+exfumantes+em+2013>.

"LIDE homenageia Petrobras e empreendedores em almoço no Copa". *Janela Publicitária*, 13/12/2017. Disponível em: <https://www.janela.com.br/2017/12/13/lide-homenageia-petrobras-e-empreendedores--em-almoco-no-copa/>.

MENDES, Andréa Cristina Rosa; *et al.* "Custos do Programa de Tratamento do Tabagismo no Brasil". *Rev. Saúde Pública*, v. 50, 2016, p. 66.

"Mercado ilegal de cigarros no Brasil: aproximações através da estimativa do saldo de tabaco". *ACTbr.*, julho de 2012. Disponível em: <http://actbr.org.br/post/mercado-ilegal-de-cigarros-no-brasil-aproximacoes-atraves-da-estimativa-do-saldo-de-tabaco/691/>.

"Ministro da Justiça anuncia criação de comitê nacional para combater o contrabando de cigarros". *Investimentos e notícias*, 18/5/2017. Disponível em: <http://www.investimentosenoticias.com.br/noticias/negocios/ministro-da-justica-anuncia-criacao-de-comite-nacional-para-combater-o-contrabando-de-cigarros>.

"Ministro da Saúde baixa a guarda e ouve setor do tabaco". *Gazeta do Sul*, 12/10/2016. Disponível em: <http://gaz.com.br/conteudos/geral/2016/10/12/82155-ministro_da_saude_baixa_a_guarda_e_ouve_setor_do_tabaco.html.php>.

"Ministro da Saúde recua e se diz contra restaurante para fumante". *O Estado de S. Paulo*, 29/9/2011.

"Movimento Legalidade intensifica combate ao comércio ilegal em São Paulo". Prefeitura de São Paulo, 15/9/17. Disponível em: <http://

www.capital.sp.gov.br/noticia/movimento-legalidade-quer-intensificar-combate-ao-comercio-ilegal-em-sao-paulo>.

"MP em estudo favorece indústria do fumo". *O Estado de S. Paulo*, 23/9/2011.

"Na era da pós-verdade, os fatos precisam de defensores". *Folha de S. Paulo*, 10/3/2017. Disponível em: <http://www1.folha.uol.com.br/mundo/2017/03/1865256-na-era-da-pos-verdade-os-fatos-precisam-de-defensores.shtml>.

"Na mais nova corrida, Souza Cruz vê Philip Morris ultrapassá-la". *Veja*, 1/12/2017.

"O Brasil corre o risco de retroceder". ETCO, 28/9/2015. Disponível em: <http://www.etco.org.br/noticias/o-brasil-corre-o-risco-de-retroceder/>.

OLIVEIRA, Patricia Pereira Vasconcelos de; *et al.* "First Reported Outbreak of Green Tobacco Sickness in Brazil". *Cad. Saúde Pública*, v. 26, n. 12, dezembro de 2010, p. 2.263-2.269.

"O rei da maracutaia". *Exame*, 21/3/2003.

"O veredicto final: trechos do processo Estados Unidos x Philip Morris". ACTBr., 2008. Disponível em: <http://www.actbr.org.br/uploads/conteudo/176_sentencaKesslertraducao.pdf>.

"Para Instituto Etco, governo está atento no combate ao contrabando". *Planalto*, 28/7/2016. Disponível em: <http://www2.planalto.gov.br/acompanhe-planalto/noticias/2016/07/para-instituto-etco-governo-esta-atento-no-combate-ao-contrabando>.

PASQUALOTTO, Adalberto. "O direito dos fumantes à indenização". *Revista da Ajuris*, março de 2014.

PAUMGARTTEN, Francisco José Roma; CARNEIRO, Maria Regina Gomes; OLIVEIRA, Ana Cecilia Amado Xavier de. "O impacto dos aditivos do tabaco na toxicidade da fumaça do cigarro: uma avaliação crítica dos estudos patrocinados pela indústria do fumo". *Cad. Saúde Pública*, v. 33, n. 15, agosto de 2015. Disponível em: <http://cadernos.ensp.fiocruz.br/site/artigo/210/o-impacto-dos-aditivos-do-tabaco-na-toxicidade-da-fumaa-do-cigarro-uma-avaliao-crtica-dos-estudos-patrocinados-pela-indstria-do-fumo>.

"PEC pretende restringir ainda mais edição de medidas provisórias sobre assuntos tributários". 20/1/2016. Disponível em: <http://www12.senado.leg.br/noticias/materias/2016/01/20/pec-pretende-restringir-ainda-mais-edicao-de-medidas-provisorias-sobre-assuntos-tributarios/tablet>.

PERTENCE, Sepúlveda; BARROSO, Luís Roberto. "Resolução da Anvisa que proíbe o uso nos cigarros de ingredientes que não oferecem risco à saúde. Invalidade formal e material da medida. Incompetência, desvio de finalidade e asfixia regulatória". *Revista de Direito Administrativo*, v. 269, maio/agosto de 2015, pp. 281-320.

"Pesquisa prevê estabilização do mercado de tabaco". *Gazeta do Sul*, 1/12/2014. Disponível em: <http://portaldotabaco.com.br/pesquisa-preve-estabilizacao-do-mercado-de-tabaco-no-mundo/>.

"Philip Morris começa a explorar mercado de tabaco aquecido". *Folha de S. Paulo*, 17/1/2016. Disponível em: <http://www1.folha.uol.com.br/mercado/2016/01/1730349-philip-morris-comeca-a-explorar-mercado-de-tabaco-aquecido.shtml>.

"Philip Morris International's Anti-smoking Drive Creates Fug of Suspicion". *The Times*, 14/9/2017. Disponível em: <https://www.thetimes.co.uk/article/philip-morris-international-anti-smoking-drive-creates-fug-of-suspicion-benson-hedges-marlboro-w8h7kb3rr>.

"Philip Morris Pledges Almost $1 Billion to Anti-smoking Fight". *Fortune*, 13/9/2017. Disponível em: <http://fortune.com/2017/09/13/philip-morris-billion-smoke-free-foundation/>.

"Philip Morris Takes Aim at Young People in India, and Health Officials are Fuming". *Reuters*, 18/7/2017. Disponível em: <https://www.reuters.com/investigates/special-report/pmi-india/>.

"Philip Morris tenta trazer cigarro eletrônico para o mercado brasileiro". *Valor Econômico*, 5/12/2017. Disponível em: <http://www.valor.com.br/empresas/5217561/philip-morris-tenta-trazer-cigarro-eletronico-para-o-mercado-brasileiro>.

"Philip Morris Wants to Extinguish the Cigarette. Turn on the IQOS". *The Slovak Spectator*, 28/8/2017. Disponível em: <https://spectator.sme.sk/c/20634457/philip-morris-wants-to-extinguish-the-cigarette-turn-on-the-iqos.html>.

"Philip Morris: no futuro, o mundo estará livre da fumaça". *Valor Econômico*, 25/10/2016. Disponível em: <http://www.valor.com.br/empresas/4755299/philip-morris-no-futuro-o-mundo-estara-livre-da-fumaca>.

PINTO, Márcia Teixeira. "Estimativa da carga do tabagismo no Brasil: mortalidade, morbidade e custos". *Cad. Saúde Pública*, n. 31, v. 6, junho de 2015, pp. 1.283-1.297.

"Por direito de imagem, Anvisa encurta prazo para troca de advertências antifumo". *ACTbr.*, 19/2/2018. Disponível em: <http://actbr.org.br/post/por-direito-de-imagem-anvisa-encurta-prazo-para-troca-de-advertencias-antifumo-abifumo/17153/>.

"Por que, mesmo sem aparecer há 10 anos, gigante do cigarro paga R$ 600 mi e até 'manda' na Ferrari". *ESPN.com.br*, 5/9/2017. Disponível em: <http://espn.uol.com.br/noticia/724432_por-que-mesmo-sem-aparecer-ha-10-anos-gigante-do-cigarro-paga-r-600-mi-e-ate-manda-na-ferrari>.

"Preço baixo do maço ameaça combate ao tabagismo". *O Estado de S. Paulo*, 17/3/2008.

"PRÊMIO LIDE homenageia destaques do setor público e privado durante o 14º Fórum de Comandatuba". *UOL Economia*, 20/4/2015. Disponível em: <https://economia.uol.com.br/noticias/pr-newswire/2015/04/20/premio-lide-homenageia-destaques-do-setor-publico-e-privado-durante-o-14-forum-de-comandatuba.htm>.

"Produtores de fumo reclamam de restrições no acesso ao crédito do Pronaf". *Agência Câmara*, 17/7/2012. Disponível em: <http://www2.camara.leg.br/camaranoticias/noticias/AGROPECUARIA/422699-PRODUTORES-DE-FUMO-RECLAMAM-DE-RESTRICOES-NO-ACESSO-AO-CREDITO-DO-PRONAF.html>.

"Regulamentação de cigarros eletrônicos ficará para 2018". Blog do Lauro Jardim, *O Globo*, 12/12/2017. Disponível em: <http://blogs.oglobo.globo.com/lauro-jardim/post/regulamentacao-de-cigarros-eletronicos-ficara-para-2018.html>.

REIS, Marcelo Moreno dos; *et al.* "Conhecimentos, atitudes e práticas de agricultoras sobre o processo de produção de tabaco em um município da Região Sul do Brasil". *Cad. Saúde Pública*, v. 33, supl. 3, janeiro de 2017. Disponível em <http://www.scielo.br/scielo.php?script=sci_arttext&pid=S0102-311X2017001505007&lng=en&nrm=iso>.

RIQUINHO, Deise Lisboa; HENNINGTON, Elida Azevedo. "Health, Environment and Working Conditions in Tobacco Cultivation: A Review of the Literature". *Ciência & Saúde Coletiva*, v. 17, n. 6, junho de 2012, pp. 1.587–1.600. Disponível em: <http://www.scielo.br/scielo.php?script=sci_arttext&pid=S1413-81232012000600022&lng=pt&nrm=iso>.

RODRIGUES, Paulo Henrique de Almeida. "Dificuldades para a classificação dos riscos das parcerias público-privadas na área da saúde pública". *Cad. Saúde Pública*, v. 33, n. 15, outubro de 2017. Disponível em: <http://cadernos.ensp.fiocruz.br/site/artigo/249/dificuldades-para-a-classificao-dos-riscos-das-parcerias-pblico-privadas-na-rea-da-sade-pblica>.

"RS é a principal porta de entrada do país para bebidas e cigarros contrabandeados". RBS TV, 7/10/2015.

SAMPAIO, Marília de Ávila e Silva. "Tabagismo, livre-arbítrio e dignidade da pessoa humana. Parâmetros científicos e dogmáticos para (re)pensar a jurisprudência brasileira sobre o tema". *Revista de Informação Legislativa*, ano 49, n. 193 janeiro-março de 2012.

"Scientists Describe Problems in Philip Morris E-cigarette Experiments". *Reuters*, 20/12/2017. Disponível em: <https://www.reuters.com/investigates/special-report/tobacco-iqos-science/>.

SELMI, Giuliana; LESLIE CORREA, Cristiana; ZAMBRONE, Flávio. "Avaliação da vestimenta-padrão utilizada durante a colheita das folhas do tabaco e implicações na prevenção da Green Tobacco Sickness (GTS)". *Revista Brasileira de Medicina do Trabalho*, 2016.

"Senador pede vistas e projeto sobre novas restrições ao cigarro não é votado". *Gazeta do Sul*, 2/3/2016. Disponível em: <http://www.gaz.com.br/conteudos/regional/2016/03/02/67535-senador_pede_vistas_e_projeto_sobre_novas_restricoes_ao_cigarro_nao_e_votado.html.php>.

"Sérgio Pacheco segue à frente da diretoria". *Rio Vale Jornal*, 20/1/2016. Disponível em: <http://www.riovalejornal.com.br/materias/

15499-sergio_pacheco_segue_a_frente_da_diretoria>.

"Servidora da União é acusada de espionar para a Souza Cruz". *Folha de S. Paulo*, 14/7/2011. Disponível em: <http://www1.folha.uol.com.br/fsp/cotidian/ff1407201111.htm>.

"Sindifumo SP e Fipecafi (USP) anunciam estudo inédito sobre impacto da guerra fiscal no setor fumageiro". *Migalhas*, 13/11/2006. Disponível em: <http://www.migalhas.com.br/Quentes/17,MI32510,-31047-Sindifumo+SP+e+Fipecafi+USP+anunciam+estudo+inedito+sobre+impacto+da>.

"Sindifumo-SP pede multa à venda de cigarro por menos de R$ 3". *Valor Econômico*, 2/5/2012. Disponível em: <http://www.valor.com.br/empresas/2641684/sindifumo-sp-pede-multa-venda-de-cigarro-por-menos-de-r-3>.

SKOLAUDE, Mateus Silva. "História, identidade e representação social: o caso da comunidade afrodescendente de Santa Cruz do Sul". Artigo apresentado no 5º Encontro Escravidão e Liberdade do Brasil Meridional, 2010. Disponível em: <http://www.escravidaoeliberdade.com.br/site/images/Textos5/skolaude%20mateus%20silva.pdf>.

"Sneaking a Smoke. Paraguay's Tobacco Business Fuels Latin America's Black Market". *Foreign Affairs*, 5/5/2016. Disponível em: <https://www.foreignaffairs.com/articles/paraguay/2016-02-05/sneaking-smoke>.

"Souza Cruz não deve indenizar fumante com câncer". *Consultor Jurídico*, 27/4/2010. Disponível em: <https://www.conjur.com.br/2010-abr-27/stj-define-souza-cruz-nao-indenizar-fumantes-cancer>.

"Souza Cruz traça plano para o cigarro eletrônico". *Valor Econômico*, 23/2/2018. Disponível em: <http://www.valor.com.br/empresas/5341463/souza-cruz-traca-plano-para-o-cigarro-eletronico>.

"Souza Cruz utiliza 300 mil pontos de venda para fazer marketing". *PropMark*, 23/4/2016. Disponível em: <http://propmark.com.br/mercado/souza-cruz-utiliza-300-mil-pontos-de-venda-para-fazer-marketing>.

"STF mantém regra da Anvisa que proíbe cigarro com sabor". *Folha de S. Paulo*, 1/2/2018. Disponível em: <https://www1.folha.uol.com.br/

equilibrioesaude/2018/02/stf-mantem-regra-da-anvisa-que-proibe-aditivos-em-cigarros.shtml>.

SZKLO, A.S.; IGLESIAS, R. M.; DE SOUZA, M. C.; SZKLO, M.; CAVALCANTE, T. M.; DE ALMEIDA, L. M. "Understanding the Relationship between Sales of Legal Cigarettes and Deaths: A Case-study in Brazil". *Prev Med*, v. 94, janeiro de 2017, pp. 55-59.

"TCU aponta falta de pessoal para fiscalização e contrabando cresce". *Folha de S. Paulo*, 9/9/2015. Disponível em: <http://www1.folha.uol.com.br/mercado/2015/09/1679409-tcu-aponta-falta-de-pessoal-para-fiscalizacao-e-contrabando-cresce.shtml?cmpid=softassinanteuol>.

TEIXEIRA, Dinair Velleda. "O (in)sustentável discurso da sustentabilidade da empresa de tabaco Souza Cruz". *Comunicação e Inovação*, v. 13, n. 24 (37-43), janeiro-julho de 2012.

"'The Harvest is in My Blood'. Hazardous Child Labor in Tobacco Farming in Indonesia". *Human Rights Watch*, 24/5/2016. Disponível em: <https://www.hrw.org/report/2016/05/24/harvest-my-blood/hazardous-child-labor-tobacco-farming-indonesia>.

"Tobacco Underground. The Global Trade in Smuggled Cigarettes". *International Consortium of Investigative Journalists*, 2008. Disponível em: <https://www.icij.org/investigations/tobacco-underground/>.

"Tóquio, que já foi o paraíso dos fumantes, pode finalmente se livrar deles". *Zero Hora*, 11/12/2017. Disponível em: <https://gauchazh.clicrbs.com.br/mundo/noticia/2017/12/toquio-que-ja-foi-o-paraiso-dos-fumantes-pode-finalmente-se-livrar-deles-cjb2cnhrs0aen01mkdcxndqs3.html>.

TURCI, Silvana Rubano Barretto; *et al*. "Observatório sobre as Estratégias da Indústria do Tabaco: uma nova perspectiva para o monitoramento da interferência da indústria nas políticas de controle do tabaco no Brasil e no mundo". *Cad. Saúde Pública*, v. 33, n. 15, setembro de 2015. Disponível em: <http://cadernos.ensp.fiocruz.br/site/artigo/209/observatrio-sobre-as-estratgias-da-indstria-do-tabaco-uma-nova-perspectiva-para-o-monitoramento-da-interferncia-da-indstria-nas-polticas-de-controle-do-tabaco-no-brasil-e-no-mundo>.

"Why a Tobacco Giant CEO Is Cheering the FDA's War on Nicotine". *Fortune*, 22/8/2017. Disponível em: <http://fortune.com/2017/08/22/cigarettes-nicotine-limits-philip-morris/>.

LIVROS E RELATÓRIOS

ALMEIDA, Guilherme Eidt Gonçalves de. *Fumo: servidão moderna e violações de direitos humanos*. Curitiba: Terra de Direitos, 2005, p. 168. Disponível em: <https://terradedireitos.org.br/uploads/arquivos/594_Fumo_serv_moderna_livro.pdf>.

BELING, Romar Rudolfo. *A história de muita gente*. Santa Cruz do Sul: Afubra, 2006.

BONATO, Amadeu; ZOTTI, Cleimary; ANGELIS, Thiago. *Tabaco. Da produção ao consumo: uma cadeia de dependência*. Curitiba: DESER/ACT-BR, 2010.

BORGES, Renata de Lacerda Antunes. *O tabaco no Rio Grande do Sul: análise da cadeia agroindustrial e dos possíveis impactos das políticas derivadas da Convenção-Quadro para o Controle do Tabaco sobre a economia fumageira*. Porto Alegre: Universidade Federal do Rio Grande do Sul, 2011.

BRASIL. AGÊNCIA NACIONAL DE VIGILÂNCIA SANITÁRIA. *Report of the Working Group on Tobacco Additives*. Rio de Janeiro: Agência Nacional de Vigilância Sanitária, 2014.

BRASIL. MINISTÉRIO DA AGRICULTURA, PECUÁRIA E ABASTECIMENTO. SECRETARIA EXECUTIVA. *Agenda estratégica 2010-2015: tabaco*. Brasília: Mapa/ACS, 2011.

BRASIL. MINISTÉRIO PÚBLICO DO TRABALHO. PROCURADORIA REGIONAL DO TRABALHO DA 9ª REGIÃO. *Ação civil pública em face de Souza Cruz, Afubra e Sindifumo*. Curitiba, 2007.

BRASIL. CONSELHO NACIONAL DE JUSTIÇA. *Censo do Poder Judiciário: VIDE: Vetores Iniciais e Dados Estatísticos*. Brasília: Conselho Nacional de Justiça (CNJ), 2016.

BRASIL. INSTITUTO NACIONAL DE CÂNCER JOSÉ ALENCAR GOMES DA SILVA. *Cigarros eletrônicos: o que sabemos? Estudo sobre a composição do vapor e danos à saúde, o papel na redução de danos e no tratamento da dependência de nicotina*. Organização de Stella Regina Martins. Rio de Janeiro: INCA, 2016.

BRASIL. INSTITUTO NACIONAL DE CÂNCER JOSÉ ALENCAR GOMES DA SILVA, COORDENAÇÃO GERAL DE AÇÕES ESTRATÉGICAS, COORDENAÇÃO DE PREVENÇÃO E VIGILÂNCIA, ÁREA DE VIGILÂNCIA DO CÂNCER RELACIONADO AO TRABALHO E AO AMBIENTE. *Diretrizes para a vigilância do câncer relacionado ao trabalho.* Organização de Fátima Sueli Neto Ribeiro. Rio de Janeiro: Inca, 2012.

BRASIL. COMISSÃO DE CIDADANIA E DIREITOS HUMANOS DA ASSEMBLEIA LEGISLATIVA DO RIO GRANDE DO SUL. *Relatório Azul 1995*. Porto Alegre: Assembleia Legislativa do Rio Grande do Sul, 1995. Disponível em: <http://www.al.rs.gov.br/download/CCDH/RelAzul/relatorioazul-95.pdf>.

BRASIL. MINISTÉRIO DO DESENVOLVIMENTO AGRÁRIO. Tobacco Growing, Family Farmers and Diversification Strategies in Brazil: Current Prospects and Future Potential for Alternative Crops. Brasília: Ministério do Desenvolvimento Agrário, 2007.

BRASIL. MINISTÉRIO DA SAÚDE, SECRETARIA DE VIGILÂNCIA EM SAÚDE, DEPARTAMENTO DE VIGILÂNCIA DE DOENÇAS E AGRAVOS NÃO TRANSMISSÍVEIS E PROMOÇÃO DA SAÚDE. *Vigitel Brasil 2016: vigilância de fatores de risco e proteção para doenças crônicas por inquérito telefônico: estimativas sobre frequência e distribuição sociodemográfica de fatores de risco e proteção para doenças crônicas nas capitais dos 26 estados brasileiros e no Distrito Federal em 2016.* Brasília: Ministério da Saúde, 2017.

BUAINAIN, Antônio Márcio; SOUZA FILHO, Hildo Meirelles de (coords.). *Organização e funcionamento do mercado de tabaco no Sul do Brasil.* Campinas: Editora Unicamp, 2009.

CARVALHO, Cleonice de; et al. *Anuário brasileiro do tabaco 2014.* Santa Cruz do Sul: Editora Gazeta, 2014.

CASTELLS, Manuel. *A sociedade em rede.* São Paulo: Paz e Terra, 1999, v. 1.

ERIKSEN, Michael P.; et al. *The Tobacco Atlas.* Nova York: American Cancer Society, 2015.

EUA. *Master Settlement Agreement.* Washington, D.C., 1998. Disponível em: <http://www.publichealthlawcenter.org/sites/default/files/resources/master-settlement-agreement.pdf>.

FGV PROJETOS. *Estudo dos efeitos socioeconômicos da regulamentação, pela Anvisa, dos assuntos que tratam as Consultas Públicas 112 e 117.* S/loc.: Fundação Getulio Vargas, 2010.

FIESP. *Mercados ilícitos transnacionais em São Paulo: a economia criminal transnacional.* São Paulo: Fiesp, 2017.

FRAMEWORK CONVENTION ALLIANCE. *El comercio ilícito de productos de tabaco en los países del Mercosur.* Disponível em: <http://www.fctc.org/images/stories/2013/INB3_fact_sheet_illicit_trade_MERCOSUR_report_Spanish.pdf>.

HOMSI, Clarissa Menezes (coord.). *Controle do tabaco e ordenamento jurídico brasileiro.* Rio de Janeiro: Lumen Juris, 2011.

IDESF. *Características das sociedades de fronteira.* Foz do Iguaçu: Idesf, 2015.

____. *Operações de segurança nas áreas de fronteira.* Foz do Iguaçu: Idesf, 2015.

____. *O custo do contrabando.* Foz do Iguaçu: Idesf, 2015.

____. *Relatório Final II Seminário Fronteiras do Brasil.* Foz do Iguaçu: Idesf, 2015.

____. *Rotas do crime: as encruzilhadas do contrabando.* Foz do Iguaçu: Idesf, 2016.

IGLESIAS, Roberto. *Comércio ilegal de cigarros no Brasil: fatos e perspectivas.* Rio de Janeiro: ACT, 2016.

IGLESIAS, Roberto; et al. *Controle do tabagismo no Brasil.* Coleção Health, Nutrition and Population. Washington, D.C.: The World Bank, 2007.

ITC. *The International Tobacco Control Policy Evaluation Project.* ITC Uruguay National Report (2006-2011). Agosto de 2012. Disponível em: <http://www.itcproject.org/files/ITC_Uruguay_NR-Aug8-web-v2.pdf>.

KIST, Benno Bernardo; et al. *Anuário brasileiro do tabaco 2016.* Santa Cruz do Sul: Editora Gazeta, 2016.

LOPEZ, Teresa Ancona (org.). *Estudos e pareceres sobre livre-arbítrio, responsabilidade e produto de risco inerente — o paradigma do tabaco: aspectos civis e processuais.* Rio de Janeiro: Renovar, 2009.

MENDES, Letícia; et al. *Anuário brasileiro do tabaco 2015.* Santa Cruz do Sul: Editora Gazeta, 2015.

NESTLE, Marion. *Soda Politics: Taking on Big Soda (and Winning).* Oxford:

Oxford University Press, 2015.

OLIVEIRA, Ana Paula Natividade de; *et al.* "O risco de parcerias público-privadas em saúde pública pode ser classificado?". *Cad. Saúde Pública*, v. 33, n. 15, maio de 2016. Disponível em: <http://cadernos.ensp.fiocruz.br/site/artigo/244/o-risco-de-parcerias-pblico-privadas-em-sade-pblica-pode-ser-classificado>.

OMS. *Convenção-Quadro para o Controle do Tabaco*. Genebra, 2003. Disponível em português em: <http://www2.inca.gov.br/wps/wcm/connect/5a3abd004eb68a22a09bb2f11faeo0ee/Conven%C3%A7%-C3%A30-Quadro+para+o+Controle+do+Tabaco+em+portugu%C3%AAs.pdf?MOD=AJPERES&CACHEID=5a3abd004eb68a22a09bb2f11faeo0ee>.

____. *Tobacco and its Environmental Impact: An Overview*. Genebra: World Health Organization, 2017. Disponível em: <http://apps.who.int/iris/bitstream/10665/255574/1/9789241512497-eng.pdf?ua=1>.

PANTANI, Daniela; PINSK, Ilana; MONTEIRO, Anna. *Publicidade de tabaco no ponto de venda*. São Paulo: Editora do Autor, 2011.

PINTO, M.; BARDACH, A.; PALACIOS, A., BIZ, A.N.; ALCARAZ, A.; RODRÍGUEZ, B., AUGUSTOVSKI, F.; PICHON-RIVIERE, A. "Carga de doença atribuível ao uso do tabaco no Brasil e potencial impacto do aumento de preços por meio de impostos". *Documento técnico* IECS, n. 21 (maio de 2017). Buenos Aires: Instituto de Efectividad Clínica y Sanitaria, 2017.

RAMOS, Alejandro. "Illegal Trade in Tobacco in Mercosur Countries. Working Paper". *Trends Organised Crime 2009* (Centro de Investigación de la epidemia del tabaquismo), 209, v. 12, pp. 267-306.

SALAZAR, Andrea Lazzarini; GROU, Karina Bozola. *Ações indenizatórias contra a indústria do tabaco: estudo de casos e jurisprudência*. Rio de Janeiro: ACTbr/ Campaign for Tobacco Free Kids, 2011.

SANTOS, Cleiton Evandro dos; *et al. Anuário Brasileiro do Tabaco 2017*. Santa Cruz do Sul: Editora Gazeta, 2017.

SCHUSTER, Patrícia Regina. *Braços cruzados: o discurso do jornal Gazeta do Sul sobre o movimento grevista da década de 1980*. Santa Cruz do Sul: Unisc, 2011.

SHAFEY, O.; COKKINIDES, V.; CAVALCANTE, T. M., *et al.* "Case Studies in International Tobacco Surveillance: Cigarette Smuggling in Brazil Tobacco Control". v. 11, 2002, pp, 215-219.

SILVA, Cleber Pinto da. *Caracterização e avaliação da qualidade dos cigarros contrabandeados no Brasil.* Ponta Grossa: Universidade Estadual de Ponta Grossa, 2015.

SLONGO, Luiz Antonio; *et al. Produtor de tabaco da região Sul do Brasil: perfil socioeconômico.* Porto Alegre: Centro de Estudos e Pesquisas em Administração/Universidade Federal do Rio Grande do Sul, 2016.

TOBACCO FREE INITIATIVE; WORLD HEALTH ORGANIZATION. *The Tobacco Industry and Scientific Groups ILSI: A Case Study.* UCSF: Center for Tobacco Control Research and Education, 2001.

UK FACULTY OF PUBLIC HEALTH. *UK Faculty of Public Health Response to the Committee of Advertising Practice (CAP) and Broadcast Committee of Advertising Practice (BACP.) Consultation on the marketing of e-cigarettes.* Disponível em: <http://www.fph.org.uk/consultations>.

U.S. DEPARTMENT OF HEALTH AND HUMAN SERVICES. *E-Cigarette Use Among Youth and Young Adults. A Report of the Surgeon General.* Atlanta, GA: U.S. Department of Health and Human Services, Centers for Disease Control and Prevention, National Center for Chronic Disease Prevention and Health Promotion, Office on Smoking and Health, 2016.

U.S. NATIONAL CANCER INSTITUTE AND WORLD HEALTH ORGANIZATION. *The Economics of Tobacco and Tobacco Control.* National Cancer Institute Tobacco Control Monograph, n. 21. NIH Publication n. 16-CA-8029A. Bethesda, MD/Genebra: U.S. Department of Health and Human Services, National Institutes of Health, National Cancer Institute/World Health Organization, 2016. Disponível em: <https://cancercontrol.cancer.gov/brp/tcrb/monographs/21/docs/m21_complete.pdf>.

VOGT, Olgário Paulo. *A produção de fumo em Santa Cruz do Sul, RS (1849-1993).* Universidade Federal do Paraná: Curitiba, 1994.

WAISELFISZ, J. J. *Mapa da violência 2014. Os jovens do Brasil.* Rio de Janeiro: Flacso, 2014. Disponível em: <https://www.mapadaviolencia.org.br/pdf2014/Mapa2014_JovensBrasil.pdf>.

SOBRE OS AUTORES

JOÃO PERES é autor de *Corumbiara, caso enterrado* (Elefante, 2015), livro-reportagem que esteve entre os finalistas do Prêmio Jabuti em 2016 e foi agraciado com o segundo lugar no Prêmio Direitos Humanos de Jornalismo em 2015. Foi editor e repórter da *Rede Brasil Atual* entre abril de 2009 e novembro de 2014, após ter passado pelas redações das rádios Jovem Pan AM e BandNews FM. É tradutor do livro *Uberização: a nova onda do trabalho precarizado*, de Tom Slee (Elefante, 2017). Nos últimos anos tem se dedicado a investigar o setor privado. É um dos fundadores do site *O joio e o trigo*, especializado em política alimentar.

MORITI NETO é jornalista, com passagens pelo site *Rede Brasil Atual*, pelas revistas *Fórum* e *Caros Amigos*, e pelo blog *Nota de Rodapé*. Também colaborou com jornais e sites do interior paulista. Recebeu o primeiro e o segundo lugar no Prêmio Direitos Humanos de Jornalismo em 2014 e 2015, e o Prêmio Anamatra de Direitos Humanos em 2016, por reportagens produzidas para a *Agência Pública*. Como professor, coordenou o jornal *Matéria-Prima*, do curso de jornalismo da Unifaat, que em 2013 recebeu quatro menções no Prêmio Yara de Comunicação. É um dos fundadores do site *O joio e o trigo*, especializado em política alimentar.

CETAB

Criado em março de 2012, o Centro de Estudos sobre Tabaco e Saúde está alinhado com as prioridades estabelecidas pelo Brasil como Estado-Parte da CQCT. Nosso centro, voltado inicialmente para o tema tabaco, tem a perspectiva de atuar sobre outros fatores de risco das doenças crônicas não transmissíveis (DCNTS), especialmente sedentarismo, alimentação inadequada e uso prejudicial do álcool.

O CETAB tem por mandato colocar foco nas áreas de ensino, pesquisa, cooperação técnica e políticas assistenciais, subsidiando políticas nacionais para o controle das DCNTs, assim como contribuir com a Comissão Nacional para a Implementação da Convenção-Quadro no Brasil (Conicq) nas ações de controle do tabagismo. Também desenvolve pesquisas em consonância com os eixos e as metas do Plano de Ações Estratégicas para o Enfrentamento das DCNTs no Brasil 2011–2022. Desta forma, obteve credenciamento do grupo de pesquisa Tabaco e Saúde pelo pelo CNPq e desenvolve seus trabalhos no âmbito da Escola Nacional de Saúde Pública da Fundação Oswaldo Cruz (ENSP/Fiocruz).

Desde março de 2016, o CETAB mantém uma plataforma de livre acesso online — o Observatório sobre as Estratégias da Indústria do Tabaco — que reúne documentos sobre as táticas da indústria, demonstrando que ela se utiliza da parte mais vulnerável da cadeia produtiva (os fumicultores) como massa de manobra para fazer valer seus interesses, especialmente disseminando a informação errônea de que estes perderão seu ganha-pão com a implementação da Conferência-Quadro sobre Controle do Tabaco (CQCT). O Observatório compõe a rede de observatórios do Secretariado da CQCT.

ACT PROMOÇÃO DA SAÚDE

A ACT Promoção da Saúde surgiu em 2006, chamando-se Aliança de Controle do Tabagismo, com a missão de monitorar a implementação e o cumprimento das medidas preconizadas pela Convenção-Quadro e seus protocolos, e desenvolver a capacidade de controle do tabagismo nas cinco regiões do país.

A experiência acumulada na construção de coalizões e *advocacy* para a elaboração e implantação de políticas de controle do tabagismo permitiu, em 2013, a expansão de nosso escopo de atuação para apoiar a prevenção e o controle das doenças crônicas não transmissíveis no Brasil. Passamos a nos chamar, então, Aliança de Controle do Tabagismo e Saúde.

Atualmente, somos uma organização com formação em rede, que inclui representantes da sociedade civil comprometidos em fomentar ações pelo controle do tabagismo, alimentação saudável, controle do uso abusivo do álcool e promoção da atividade física. São mais de mil membros, sendo cerca de 140 organizações e movimentos de todo o Brasil.

The Union

Este documento foi produzido com a ajuda financeira da Vital Strategies, gerida pela União Internacional contra a Tuberculose e Doenças Pulmonares (The Union) e financiado pela Bloomberg Philanthropies. O conteúdo deste documento é de exclusiva responsabilidade dos autores e, em nenhuma circunstância, pode ser considerado como refletindo as posições de Vital Strategies e da The Union ou de seus doadores.

Campaign for Tobacco-Free Kids

Este livro foi produzido com a ajuda financeira da Campaign for Tobacco-Free Kids. Seu conteúdo é de exclusiva responsabilidade dos autores, e em nenhuma circunstância pode ser considerado como refletindo a posição da Campaign for Tobacco-Free Kids ou de seus doadores.

Este livro contou parcialmente com o apoio do Secretariado da Convenção-Quadro para o Controle do Tabaco da Organização Mundial da Saúde, por meio de um projeto financiado pela União Europeia. Os conteúdos desta publicação são de responsabilidade exclusiva dos autores e não refletem necessariamente a posição do Secretariado ou da União Europeia.